KB133380

THE
인물과사상

THE
인물과사상

01

단독자 김종인의 명암

강준만 지음

인물과
사상사

차 례

석열 악마화' । '검수완박'의 복수혈전을 넘어서 । 문재인 정권의 '윤나땡'·'반사체' 타령 । 노무현, "나는 발광체가 아니라 반사체다"

제3장 왜 문재인은 바뀌지 않을까? —— 85
'고집'을 '소신'으로 착각하는 비극

문재인은 "한번 입력되면 변하지 않는 사람" । 야당 동의 없는 인사 31번째라는 대기록 । "착한 소녀가 나쁠 때는 정말 못 말렸다" । '혼밥 질문' 이후 문재인을 만나지 못한 문희상 । '혼밥 고립'으로 인한 '근자감 고집' । 문재인은 부족 수장이 아니라 전 국민의 대통령이다 । "그 정도 하시지요. 좀스럽고, 민망한 일입니다" । 문재인의 도량은 '좀스럽지' 않은가? । '문재인 독재' 개념은 얼마나 타당한가? । 독재 판별의 기준은 '상호 관용'과 '제도적 자제' । 문재인, 넬슨 만델라에게 배우면 안 되나? । '증오 마케팅'을 하는 '증오 산업'의 번창 । 문재인의 사전에 소통은 있는가? । 화합과 통합이 밥 먹여준다

제4장 고민정, 왜 몸에 맞지 않는 옷을 입나? —— 123
'문재인 정권 지킴이' 역할은 할 만큼 했다

왜 고민정은 시민을 껴안고 펑펑 울었나? । "화살은 저에게 쏘아 주십시오" । 고민정 기사에 대한 정청래의 분노 । "고민정의 당선은 문재인 대통령이 기뻐하실 것" । 문 정권 대변하는 상징적 인물의 뉴스 가치 । 고민정이 선봉에 선 '정치 개혁'을 기대한다

등 민주화 운동 유공자들의 비판 | 설훈, 현실 감각과 공감 능력을 잃었나? | 20대 비난은 꼰대의 특권인가? | "20대 보수화는 이명박·박근혜 정권의 교육 탓" | '보수 꼰대'와 '진보 꼰대'의 차이 | 인간의 귀는 둘인데 입은 하나인 이유

사람이
중요하다

우리는 어떤 사람들에 대해
그들을 속속들이 안다고 말한다.
그러나 이 같은 생각과 관련해
명심해야 할 것은 사람이라면
누구나 다른 사람에게는
완전히 알 수 없는 존재일 수 있다는 점이다.[1]
● 영국 철학자 루트비히 비트겐슈타인

어떤 사회적 문제에 대해 구조의 책임을 묻는 건 꼭 필요한 일이다. 구조는 그대로 둔 채 아무리 사람 탓을 해봐야 답은 나오지 않는다. 그러나, 동시에 잘 생각해보자. 대부분의 사람들이 '구조 탓'을 면죄부로 삼아 자신이 마땅히 해야 할 일을 하지 않거나 결코 해선 안 될 일을 한다면, 어찌할 것인가? 구조를 바꿀 수 있는 힘은 어디에서 나올까?

한국 사회는 특유의 연고주의와 정실주의 문화로 인해 '사람 탓'을 해야 할 일마저 '구조 탓'으로 돌리는 몹쓸 병에 걸려 있는 건 아닐까? '구조 탓'은 누구도 불쾌하게 만들지 않지만 '사람 탓', 그것도 특정인의 실명을 거론하면서 책임을 묻는 일은 '원수'를 만들기 십상이다. 한국은 전형적인 '보은報恩 사회'다. 보은이라는 인간적 도리는 공사公私 구분 의식을 죽여버린다. 이런 풍토는 실명 비판에 기반한 책임 추궁을 매우 어렵게 만든다.

한국은 입신양명立身揚名이 책임 윤리를 압도하는 나라다. 자신과 가문의 영광을 위해 고위 공직을 탐하면서도 자신이 한 일에 대해 책임을 지지 않고, 국민도 그런 책임을 잘 묻지 않는다. 그저 한자리

했다는 것만 높이 평가한다. 참 희한한 일이 아닐 수 없다. 엘리트는 한사코 책임을 피하려 드는 반면, 보통 사람, 특히 실패한 사람들은 책임을 적극 껴안으니 말이다. 물론 이들은 세상 탓을 하긴 하지만, 최종적으론 '내 탓'이라는 결론을 받아들인다. 이거 이상하지 않은 가? 직책이 높건 낮건, 공직자이건 아니건, 자신이 져야 할 책임을 두렵게 생각하면서 자신의 이름을 소중히 여기는 문화나 풍토를 정 착시켜 나가야 하지 않겠는가?

나는 20여 년 전 그런 문제의식을 갖고 '저널룩journalook: journalism+book'이라는 무크지 형식의 『인물과사상』 시리즈를 출간 했었다. '실명 비판'이니 '출판의 언론화'니 하는 말을 외치면서 책 임 윤리를 논할 수 있는 기록의 중요성을 역설했다. 그 작업은 7년 간 이루어지다가 이런저런 사정으로 중단되고 말았지만, 나는 이 제 다시 그 작업을 재개하고자 한다. 몸담고 있던 대학에서 정년퇴 직을 했으니 이젠 전업 작가로 처음부터 다시 시작한다는 기분으로 『THE 인물과사상』 제1권을 내놓게 되었다.

이전과 달라진 건 무엇인가? 이제 나에게 책임윤리 못지않게 중 요해진 건 소통, 화이부동和而不同, 화합, 선의의 경쟁 등과 같은 개 념들이다. 나라를 망가뜨리는 '증오와 혐오의 정치'를 반드시 넘어 서야 한다고 보기 때문이다. 혹 이 책이 그 어떤 강한 지향성이나 편 향성을 갖고 있다면, 그건 바로 그런 문제의식에 투철하다는 점일 게다. 나는 현재 우리 사회의 '소통 불능' 상태에 대한 가장 큰 책임은 문재인 정권에게 있다고 보기 때문에, 문 정권이 크게 바뀌기 전까지는 주로 문 정권 인사들을 탐구할 수밖에 없음을 이해해주시기 바란다. 물론 앞으론 달라질 것이고, 하루 빨리 그렇게 되기를 빈다.

이전과 달라진 또 하나는 인물 자체에 대한 관심의 증대다. 사람들의 정치적 언행에 있어서 이념이나 정치적 지향성 못지않게 각자의 성격과 기질도 영향을 미치기 마련이다. 나는 정치 담론에서 이게 비교적 누락되어 있다고 생각한다. 그런 누락된 점에 대한 이해와 감상도 충실히 병행하겠다는 것이 이전과 달라진 또 하나의 차이점이다. 늘 느끼고 있던 것이긴 하지만, 새삼 인간을 이해하는 게 어려운 동시에 재미있다는 생각을 많이 하게 되었다. 특히 정치와 관련해서 말이다.

알베르트 아인슈타인은 "정치는 물리학보다 훨씬 더 복잡하다"는 명언을 남겼는데,[2] 그건 아마도 정치가 도무지 종잡을 수 없는 인간의 문제이기 때문일 게다. 존 애덤스는 "다른 모든 과학은 진보하고 있는데도 정치만은 옛날 그대로이다. 지금도 3, 4천 년 전과 거의 차이가 없다"고 했고,[3] 헨리 애덤스는 "인간 본성에 대한 지식이 정치적 교육의 전부다"고 했다. 동의하지 않을 도리가 없다. 특히 정치는 21세기 인간을 순식간에 부족 시대의 인간으로 되돌려놓는 무서운 힘을 갖고 있으니 말이다. 비관하거나 개탄하는 게 아니다. 그게 바로 우리 자신임을 인정하면서 인간에 대한 애정을 갖고 그런 모습을 이해하고 감상해보는 게 어떻겠느냐는 제안을 하려는 것이다.

사람 연구에 일가견이 있는 정신과 전문의 정혜신은 "나는 모든 사람이 대단하다고 느끼며, 동시에 대단하지 않다고 생각한다"고 했다. 말장난이 아니다. 심오한 뜻이 있다. "외적으로 이룬 성취나 사회적 위치를 감안하면 '대단하다'는 소리가 절로 터져 나오지만, 휘장을 걷고 한 발짝만 안으로 다가서면 대단한 사람이란 애초에 존재하지 않는다는 걸 반복적으로 체험했기 때문이다."[4]

전적으로 동의한다. "나는 인류를 사랑하지만 사람은 참을 수가 없다"는 오래된 농담이 있다. 추상적인 존재는 사랑하기 쉽지만, 직접 접촉하고 경험해야 하는 사람은 결코 그렇지 않으며 그럴 수도 없다는 말이다. 그러나 어쩌겠는가. 우리는 더불어 살아가야 하는 존재가 아닌가. '우분투ubuntu'라는 아프리카 세계관의 핵심 슬로건이라고 할 수 있는 "한 사람은 다른 사람들을 통해서 비로소 한 사람이다"는 말의 의미를 음미해보면서,[5] 더불어 살아가는 삶을 수긍해야 하지 않겠는가.

나는 '우분투' 정신에 따라 비판적 인물 탐구라 하더라도 인간에 대한 따뜻한 애정과 시선을 놓지 않기 위해 애써보련다. 이 작업을 3개월에 한 권 꼴로, 건강히 허락하는 한 계속 해볼 생각이다. 소셜 미디어 시대에 시대착오적인 시도가 아니냐고 할 분들도 있겠지만, 나는 이런 식의 '아날로그 글쓰기'가 좋은 걸 어이하랴. 내겐 그 어떤 사명감도 있긴 하지만 우선적으론 마음을 비운 채 나 스스로 좋아서, 그리고 즐기기 위해 하는 일이다. 문재인 정권은 "사람이 먼저다"는 지키지도 못할 허황된 광고 슬로건을 내세웠지만, 나는 "사람이 중요하다"와 "사람이 재미있다"는 말을 이 작업의 슬로건으로 삼으련다.

2021년 5월

강준만 올림

1   테렌스 브레이크(Terence Brake) 외, 정우찬 옮김, 『국제협상 문화를 알아야 성공한다』(21세기북스, 1995/1997), 71~72쪽.

2   Michael A. Genovese, 『The Presidential Dilemma: Leadership in the American System』, 2nd ed.(New York: Longman, 2003), p.57.

3   바바라 터크먼(Barbara W. Tuchman), 조민·조석현 옮김, 『독선과 아집의 역사 1: 권력에 눈먼 통치자들은 한 나라를 어떻게 망치는가』(자작나무, 1984/1997), 17쪽.

4   정혜신, 『사람 vs 사람: 정혜신의 심리평전 II』(개마고원, 2005), 7~8쪽.

5   강남순, 『용서에 대하여: 용서의 가능성과 불가능성』(동녘, 2017), 139쪽.

제1장

왜 김종인은 늘 '배신'을 당하는가?

'돌직구 품성'과 '단독자 기질'의 명암

나는 학자 출신 관료들의
어떤 인맥에도 들어 있지 않고,
정치적 파벌에도 속해 있지 않고,
내가 따르는 정치적 보스도
있어본 적이 없다.
그것이 지금껏 어디에도
휘둘리지 않고
살아온 배경 가운데 하나다.[1]
● 김종인

'정당 소생술사'의 '할배이즘'

2021년 3월 23일 야권의 서울시장 후보가 오세훈으로 결정되면서 국민의힘 비상대책위원장 김종인의 주가가 치솟았다. 『한겨레』 선임기자 성한용은 「설마 이번엔 '윤석열 대통령' 만드시려고요?」라는 제목의 글에서 "주식으로 치면 김종인 위원장은 이번에 상종가를 쳤다고 봐야 한다"며 "정치인들과 정치부 기자들 사이에서는 김종인 위원장의 '실력'을 인정할 수밖에 없다는 의견이 지배적"이라고 했다. 정치부 기자들은 김종인 위원장의 리더십과 정치적 성과에 대해 '할배이즘'과 '정당 소생술사'라는 단어까지 만들어 냈다는데, 이런 뜻이라고 한다.

"할배이즘: 고령의 김종인 위원장이 가진 독특한 이념 체계와 정치적 리더십을 뜻하는 말. 1940년생으로 80살이 넘은 김종인 위원장이 젊은 정치인들에 비해 훨씬 진취적인 정책 노선과 강력한 리더십을 보이면서 형성된 개념.

정당 소생술사: 2012년 총선과 대선을 앞둔 새누리당, 2016년 총선을 앞둔 더불어민주당, 2020년 총선에서 참패한 미래통합당을 소생시킨 이력으로 얻은 별명임. 특히 2020년 미래통합당을 국민의힘으로 바꾸고 2021년 4·7 서울시장 보궐선거를 앞둔 야권 후보 단일화 국면에서 능력을 발휘한 것으로 평가됨."[2]

나 역시 김종인의 정치적 역량을 높게 평가한다. 나는 그가 박근혜·문재인 대통령의 탄생에 결정적 역할을 했다고 본다. 특히 그가 2020년 8월 광주민주화운동 성지인 5·18 묘역을 찾아 무릎을 꿇었고, 단일화 승리 뒤 첫 지역 방문지로 광주를 택한 것에 대해선 칭찬을 아끼지 않고 싶다. 이명박·박근혜 전 대통령 구속 사태에 대해 사과한 것도 긍정 평가를 받아 마땅하다. 그런데 지금 나는 정치 이야기를 하려는 게 아니다. 사람의 성격에 관한 이야기를 하고 싶다. 물론 주인공은 김종인이다.

우리는 언론 매체를 통해 정치인을 비롯한 유명인들에 관해 많은 걸 보고 들으면서 나름 그 사람에 대한 어떤 그림을 그려보게 된다. 물론 그 그림은 그 사람의 실제 모습과는 동떨어진 것일 경우도 많지만, 어차피 멀리 떨어져 있는 우리는 실제 모습은 영영 알 길이 없다. 우리에게 가능한 건 미디어를 통해 알려진 언행의 축적에 근거해 우리 스스로 만들어낸 일관된 패턴일 뿐이다.

내가 그린 그림 속에서 4·7 서울시장 보궐선거 국면에서 그리고 이후에 나온 김종인의 일련의 발언들은 영 '김종인답지' 않은 것이었다. 김종인다운 건 무엇일까? 여러 가지가 있겠지만, 내가 여기서 말하고자 하는 건 개인적 감정을 개입시키지 않는 냉정함이다. 그의 인생 역정에서 냉정함이 돋보이는 수많은 사례들이 있다. 그러나 그는 서울시장 보궐선거에선 냉정과는 거리가 먼 발언을 많이 했다.

나는 이게 궁금했고, 그 이유가 알고 싶었다. 때론 굳이 설명이나 해석을 달지 않더라도 사건의 전개 과정만을 소개하는 것만으로도 어떤 메시지를 전할 수 있다. 나는 이 선거에서 '생태탕'이나 '페라가모'보다는 '할배이즘'의 주인공이자 '정당 소생술사'인 김종인의 말이 더 재미있었다. 그의 '막말'이 나오기 시작한 지난 3월 중순부터 시작해보자.

●

김종인의 집요한 '안철수 때리기'

"그렇게 자신이 없는 사람이 왜 출마하려고 하느냐. 토론도 못하면서 어떻게 시장 노릇을 할 거냐." "그 사람은 내가 보기엔 정신이 이상한 사람 같다." 3월 15일 김종인이 국민의당 서울시장 보궐선거 후보 안철수에 대해 한 말이다. "떼쓴다"느니, "세상 물정 모른다"는 말도 했다. 뜻밖이었다. 정치판의 산전수전을 다 겪은 백전노장이 이런 감정적 대응을 한다는 게 말이다. 아니 감정적 대응을 할 수

19

는 있다. 문제는 그가 국민의힘에 영입된 이유에 반하는 자해적 성격의 감정적 대응이라는 점이다. 국민의힘이 원하는 시나리오에 따르자면, 국민의힘 후보인 오세훈이 서울시장이 되는 것이 최선이겠지만, 차선은 민주당 후보 박영선보다는 안철수일 것이라는 점에서 말이다.

'김종인답지' 않은 불일치에 대해 나만 궁금했던 건 아닌가 보다. 「김종인은 박영선보다 安을 더 싫어한다?…이 말 나오는 이유」라는 기사가 나의 궁금증을 일부나마 해소해주었다. 두 사람 사이에 10년 묵은 '감정적 앙금'이 있어 김종인이 '안철수' 이름 석 자만 나와도 불편해 한다는 것이다. 이 기사에 따르면, 두 사람의 인연은 2011년으로 거슬러 올라간다. 당시 안철수는 정치에 입문하며 김종인에게 정치적 조언을 구했다고 한다. 김종인은 훗날(2020년 9월) 방송기자클럽 초청 토론회에서 당시 상황을 이렇게 전했다. "처음 그분(안철수)에게 '정치를 하고 싶으면 국회부터 들어가서 제대로 배워야 한다'고 했더니 '국회의원은 아무것도 하는 일이 없는 사람들인데 왜 의원을 하라고 하느냐'고 하더라. 이분이 정치를 제대로 아는가 하는 생각이 들어서 말을 더 이어가지 않고 자리를 떴다."[3]

이후 김종인은 안철수를 향한 독설을 양산해 냈다. 2016년 20대 총선을 앞두고 새정치민주연합을 탈당한 안철수를 향해 "정치란 그렇게 잔머리를 굴려서 하면 안 된다", "정치를 잘못 배웠다"고 직격했다. "2011년 이후 보여준 게 없다", "어리석다", "정상적인 사고를 안 한다"는 비난까지 나왔다. 이에 질세라 안철수도 20대 총선 기간 내내 김종인을 '차르(러시아 황제)', '낡은 리더십'이라고 부르며 날을 세웠다. "여왕(박근혜)과 차르의 시대라면 국민이 불쌍하다"는 말도 남겼다. 2020년 한 세미나에 참석한 김종인은 안철수에 대해 "대통령감이 아닌 것 같다"라고 혹평했다.[4]

바로 이런 생각이 2021년까지 이어진 것이라고 보면 되겠다. 그러나 안철수의 그런 문제가 김종인이 퍼부은 일련의 독설을 정당화할 수 있는 건 아니다. 심리적 배경은 설명할 수 있어도, 공적 업무 수행이라는 관점에서 보자면 무리수가 많았다는 이야기다.

국민의힘 의원 장제원의 비판도 바로 그 점을 지적했다. 그는 3월 18일 "안철수 국민의당 서울시장 후보를 어린애 취급하더니 급기야 정신이 이상하다며 환자 취급까지 한다. 어린애와 뭐하러 단일화를 하나. 정신병이 의심되는 분과 왜 단일화를 하나"라면서 "안 후보를 지지하는 서울시민들, 국민의당을 지지하는 서울시민들을 적으로 돌려세우는 것이 선거에 어떤 도움이 되는가"라고 물었다. "본인 정신이 이상해진 거 아닌가"라는 말까지 했다.

장제원이 "김 위원장은 지금까지 단 한 번이라도 박영선 더불어민주당 후보를 비판한 적이 있나. 박 후보를 안 후보의 100분의 1만큼이라도 비판한 적이 있나"라고 물은 게 흥미롭다.[5] 김종인과 박영선의 돈독한 사적 친분 관계를 두고 한 말이었는지는 몰라도, 그간 나온 김종인의 발언만 놓고 보자면 김종인은 공적으로도 박영선보다는 안철수를 더 싫어했으니 말이다.

언젠가 언론인 강양구가 던진 다음 질문에 답이 있는 건지도 모르겠다. "대부분의 사람들은 특정 정당이나 특정 정치인을 지지할 때 '좋고' '싫고'의 문제로 접근합니다. 그러고 나서 좋은 이유, 싫은 이유를 덧붙이지요. 이게 진실 아닐까요?"[6] 옳은 말씀이다. 물론 우리가 늘 그러는 건 아니며, 또 그래선 안 되는 위치에 있는 사람도 있다. 김종인은 바로 그런 위치에 있었다.

하지만 김종인에겐 강한 고집이 있다. '고집'이 아니라 '소신'일 수도 있지만, 특정인에 대한 싫음을 소신이라고 부르긴 어렵다. 소신이라면 애초에 안철수와의 후보 단일화를 거부했어야 옳았다. 차마 그럴 순 없어서 "3자(오세훈·안철수·박영선) 대결로 해도 우리가 이긴다"고 큰소리를 친 건지는 모르겠지만, 이 주장이야말로 '싫음'이라는 감정이 이성을 압도한 대표적 사례가 아니고 무엇이겠는가.

●

"안철수는 오세훈 아닌 김종인에게 졌다"

3월 21일 우여곡절 끝에 오세훈과 안철수가 여론조사에 의한 후보 단일화에 합의한 후에도 김종인의 '안철수 때리기'는 계속되었다. 집요하다고 해도 좋을 정도였다. 그는 "두 후보에게 감사한다"면서도 "오 후보가 확실히 단일 후보가 될 것"이라며 "여론조사를 냉정

하게 분석해보면 결과를 예측할 수 있는데, 박빙으로 나오든 10%
포인트 차이로 나오든 이기는 사람은 정해져 있다"고 했다. "단일화
여론조사에서 안 후보가 이겨도 승복할 것이냐"는 질문에는 "나는
그런 가정假定의 질문에 답하지 않는다"고 했다.[7]

승복할 수 없다는 말로 들린다. 반드시 오세훈이 이기게 되어 있
다는 자신감에서 나온 말일망정 아이들 장난도 아닌 어른들의 진지
하고 심각한 정치적 행위를 두고 할 수 있는 말은 아니었다. 오세훈
을 선택하라는, 야권 지지자들에게 보내는 메시지였을지라도, 우스
운 건 마찬가지다. 생각해보라. 선거에 임하는 후보에게 "패배해도
선거 결과에 승복할 것이냐"고 묻는 것도 우습지만, 자신감에 넘친
후보가 "나는 그런 가정의 질문에 답하지 않는다"고 말하는 게 얼마
나 생뚱맞고 유치한 개그냐 이 말이다.

그러나 이 개그는 속된 말로 '대박'을 쳤다. 3월 23일 여론조사
결과는 오세훈의 승리로 나타났으니 말이다. 김종인은 "오 후보가
선출됐으니 제가 국민의힘에 와서 할 일의 90%는 다했다고 생각한
다. 나머지 10%는 오 후보를 서울시장에 당선시키는 것"이라고 했
다. 다음과 같은 기사 제목들이 말해주듯이, 언론은 승리의 공을 김
종인에게 돌렸다. 「안철수와 신경전 불사 김종인의 '고집'…결국 단
일화 승리」(『한국경제』), 「김종인이 또 맞았다… '킹메이커'의 승부
수 통해」(『매일경제』), 「후보 단일화 승자는 김종인이 맞다」(『중앙일
보』), 「김종인의 매직?…"안철수는 오세훈 아닌 김종인에게 졌다"」

(『한겨레』). 의기양양해진 김종인은 자신의 퇴진을 주장했던 4인방 (홍준표, 김무성, 이재오, 김문수)에 대해 "그런 사람들이 당을 맡아왔으니 당이 오늘날 이 꼴이 됐다"고 비난했다.

안철수는 패배했다고 해서 김종인의 비판으로부터 자유로워진 건 아니었다. 김종인은 24일 〈JTBC 뉴스룸〉에 출연해 "어제 안 대표가 계속 전진하겠다고 했는데 대선에 나갈 거라고 보느냐"는 앵커의 질문에 "기자회견 내용 보니 앞으로 대선 행보에 있어서도 또 한 번 해보겠다 그런 뉘앙스를 비췄다"면서 "그게 가능하리라 생각하지 않는다"고 말했다. 그는 이어 "본인이 누누이 이야기하기를 정권 교체가 절체절명이라 하는데 내년 대통령 후보를 선출함에 있어서 본인이 결정적으로 정권 교체에 지장을 초래할 텐데 그 짓 할 수 있겠나"고 반문했다. 앵커가 "안 대표가 정권 교체에 장애가 될 수 있냐고 생각하느냐"고 다시 묻자 김종인은 "그럴 가능성이 농후하다고 본다"고 말했다.[8]

이에 홍준표는 김종인을 향해 "자신에 대한 비판을 참지 못하고 분노와 감정으로 대응하는 것은 어른답지 않은 행동"이라며 "군소 야당 출신인 안철수 후보 하나 제쳤다고 모두 이긴 양 오만 방자한 모습은 큰 정치인답지 않다"고 했다. 그러면서 "아름다운 단일화 흥행을 해준 안철수 대표를 끝까지 비방하면 서울시장 선거에도 좋지 않다"며 "마무리 잘하시고 아름답게 퇴임하라. 그게 어른다운 행동"이라고 꼬집었다.[9]

아무리 홍준표를 싫어하는 사람일지라도 이 말만큼은 옳다는 걸 부정하기 어려웠을 게다. 안철수는 지지해도 국민의힘을 지지하는 건 꺼려진다는 유권자들도 적잖이 있을 텐데, 자꾸 안철수를 비난해서 좋을 일이 뭐가 있단 말인가. 안철수가 정권 교체에 장애가 될 것 같아 미리 손을 볼 필요가 있다는 심모원려深謀遠慮일지라도 아직 서울시장 선거가 끝나지 않은 상황에서 "떡 줄 사람은 생각도 않는데 김칫국부터 마신다"와 "호랑이는 토끼를 잡을 때도 최선을 다한다"는 속담의 이치에 충실해야 했던 게 아닐까?

그럼에도 자신의 싫음을 감추지 못하는 성격은 어쩔 수 없었던가 보다. 언론을 활용해야 하는 김종인으로선 기자나 진행자가 자꾸 물어보는 걸 어이하랴. 그는 26일 CBS라디오 〈김현정의 뉴스쇼〉 인터뷰에서 "안 대표를 왜 그렇게 안 좋아하느냐"는 질문에 "나는 안 대표를 안 좋아하는 게 아니다. 그 사람을 나만큼 많이 만나본 사람이 없다"고 말했다. 김종인은 "인격이나 모든 점에서 지도자로서의 훌륭한 자질이 있다고 확신을 가졌으면 안 대표로 단일화하는데 찬성도 했을지 모른다"라며 "그런데 그런 확신이 없는 한은 그런 짓을 못 하겠다"고 말했다. "리더로서의 자질까지는 발견을 못 한건가"라는 질문에 김종인은 "솔직히 그런 생각을 한다"고 답했다.[10]

이즈음 대세는 김종인의 편이었다. 앞서 소개한 성한용의 「설마 이번엔 '윤석열 대통령' 만드시려고요?」(3월 28일)라는 제목의 글이 그걸 잘 말해주었다. '할배이즘'의 주인공인 '정당 소생술사' 앞에 거칠 것은 없었다. 4·7 보궐선거는 서울과 부산에서 모두 국민의힘의 압승으로 끝났으니 말이다. 오세훈은 57.5퍼센트를 득표해 39.2퍼센트에 그친 박영선을 18.3퍼센트포인트 격차로, 박형준은 62.7퍼센트 득표로, 34.4퍼센트에 그친 김영춘을 28.3퍼센트포인트 격차로 이겼다.

김종인의 주가는 더욱 치솟았고, 4월 8일 채널A〈뉴스A〉에 출연해 "(윤 전 총장이) 만나자고 하면 만나보려고 한다"며 "한 번 만나보고 대통령 후보감으로 적절하다 판단되면 그때 가서 도와줄 건지 안 도와줄 건지 판단하겠다"고 말하기에 이른다. 이 말은 나중에 '감별사 정치'라는 신조어를 낳게 하는 근거가 된다.

●

오세훈 당선 후에도 계속된 '안철수 때리기'

김종인은 약속대로 4월 8일 국민의힘 비상대책위원장직을 사퇴했다. 이날 국민의힘 사무처 노조는 성명을 통해 "민심을 읽는 정확한 시선, 상식과 원칙에 따른 정치, 바람에 흔들리지 않는 거목을 곁에서 지켜"봤다며 "그와 함께한 지난 11개월이 '별의 순간'이었다"고 했다. 이 얼마나 감동적인 찬사인가. 그러나 이런 화기애애한 평화는 오래 가지 않았다.

3일 만인 4월 11일 김종인은 『연합뉴스』 인터뷰에서 4·7 재보궐선거 당일 안철수가 오세훈의 서울시장 당선을 축하하면서 "야권의 승리"라고 말한 것을 문제 삼으면서 강하게 비판했다. 김종인은 "어떻게 건방지게 그런 말을 하나. 자기가 이번 승리를 가져왔다는 건가"라며 "유권자들은 '국민의힘 오세훈'을 찍었다. 안철수는 '국민의힘 승리'를 축하해야 했다"고 말했다. 그러면서 "그 소리를 듣고 '내가 역시 사람을 잘 알아봤다' 했다"며 "그 정도 수준의 정치인밖에 안 된다고 확신했다"고 했다.

국민의힘과 국민의당의 합당 논의에 대해서는 "안철수는 지금 국민의힘과 합당해서 대선 후보가 되겠다는 욕심이 딱 보인다"며 "서울시장에 출마하면서 대선은 포기한다고 하지 않았나. 그런 사람이 대통령 되면 나라가 또 엉망이 된다"고 했다. 오세훈과 안철수의 단일화 효과에 대해서도 "처음부터 3자(오세훈·안철수·박영선) 대결로 해도 우리가 이긴다"고 했다. 김종인은 안철수와 윤석열의 연대 가능성에 대해 "윤석열하고 안철수는 합쳐질 수 없다"며 "아무 관계도 없는데 안철수가 마음대로 남의 이름 가져다가 얘기한 것"이라고 했다.

김종인은 국민의힘 안팎의 '야권 통합론'에 대해서도 "내가 대한민국 야당 생리를 1960년대부터 본 사람인데 자신이 없으면 집어치워버릴 것이지 밤낮 '통합, 통합'한다"며 "국민의당은 비례대표 세 사람뿐으로 실체가 없다. 야권이란 것도 몇몇 사람이 자기네 욕구를 충족하기 위해서 부르짖는 것으로 실체가 없는데 무슨 놈의 야권인가"라고 밝혔다. 이어 "국민의힘은 바깥을 기웃거리지 말고 내부를 단속해서 자생력을 갖는 정당이 돼야 한다"고 강조했다.[11]

"야권의 승리"라는 말이 그렇게까지 노발대발怒發大發해야 할 망언이었는지 도무지 이해가 안 간다. 굳이 이해를 하겠다고 들면, 자신이 독식해 마땅한 승리의 공로에 안철수가 숟가락 들이미는 걸 참을 수 없다는 것인가? 아무래도 그런 것 같아 그 욕심에 슬그머니 웃음이 나오지만, 국민의힘 안팎의 '야권 통합론'에 대해서까지 그렇게까지 말씀하시는 것도 영 이상하다. 김대중과 노무현도 통합으로 정권 잡은 대통령들인바, "통합보다는 자강自强에 집중해야 한다"는 점잖은 메시지로 충분하지 않았을까?

그런데 말씀을 잘 음미해보면 '통합' 그 자체에 대해서라기보다는 안철수와 국민의당에 대한 반감의 표현인 것 같다. 그 표현 욕구를 참지 못해 언젠가 다시 돌아갈지도 모를 국민의힘과의 갈등까지 키울 필요는 없잖은가. 아니면 겉으로 알려지진 않았지만 이미 그 어떤 중대한 갈등이 있었던 것인가. 김종인의 이런 일련의 주장이 국민의힘 일각의 강한 반발을 초래했기에 하는 말이다.

장제원은 "선거 이후 가장 경계해야 할 말들을 전임 비대위원장이 쏟아내고 있다"며 "재임 시절엔 당을 흔들지 말라고 하더니, 자신은 나가자마자 당을 흔들어 대고 있다"고 지적했다. 이어 그는 "뜬금없이 안철수 대표를 향해 토사구팽식 막말로 야권 통합에 침까지 뱉고 있으니, 자아도취에 빠져 주체를 못하는 모습으로밖에 보이질 않는다"며 "그래도 팔을 걷어붙이고 우리를 도와준 상대에게 고맙다는 말은 하지 못할망정 '건방지다'라는 막말을 돌려주는 게 더 건방진 것 아니냐"고 반문했다.●

국민의힘 의원 조해진은 "범야권의 승리지 국민의힘만의 승리라고 할 수 없다"라며 "선거 과정에서 안철수 대표 등의 역할과 존재가 모두 큰 힘이 됐음은 분명하다"라고 했다. 국민의힘 의원 홍문표는 "김 전 비대위원장님, 인내를 가지고 참아달라. 우리가 자강의 힘을 바탕으로 잘하겠다"라며 "사사건건 앞으로도 '감 놔라 팥 놔라' 하지 말라"고 했다.[12]

김종인의 비난에 펄펄 뛴 국민의당에선 더 험한 말도 나왔으니, 이게 과연 속된 말로 '남는 장사'였는지 모르겠다. 최고위원 구혁모는 최고위원회의에서 "야권은 오로지 국민의힘만 있다는 오만불손함과 정당을 단순히 국회의원 수로만 평가하고 이를 폄훼하는 행태는 구태 정치인의 표본이며 국민에게 매우 건방진 행동"이라며 대국민 사과를 요구했다. 이어 "단일화 필요성에 유불리를 따져가며

● 또 장제원은 김종인을 향해 '태상왕', '심술', '교만', '옹졸함' 등의 용어를 사용하며 "이미 야권이 하나가 되기로 하고 선거를 치렀는데 '통합이냐 자강(自强)이냐'를 놓고 논란을 벌이는 것 자체가 난센스"라며 "모든 승리의 공을 독점해서 대선 정국을 장악해보려는 탐욕적 청부 정치, 가슴 없는 기술자 정치는 이제 끝냈으면 좋겠다"고 했다. 최규민, 「장제원, 安 때린 김종인 향해 "당이 안 붙잡아 삐졌나"」, 『조선일보』, 2021년 4월 12일.

매번 말을 바꾸는 가벼운 행동은 본인이 오랜 세월 쌓았던 공을 스스로 무너뜨리는 모습"이라며 "애초에 국회의원 시절 뇌물 수수로 징역형을 받아 의원직이 박탈된 범죄자 신분이었으니 쌓았던 공도 그렇게 크진 않은 것 같다"고 비꼬았다.[13]

●

"도를 넘는 상왕 정치와 감별사 정치"

그러나 김종인은 그런 비판에도 굴하지 않고 4월 13일 『매일경제』 인터뷰에서 비대위 체제가 종료된 국민의힘 상황에 대해 혹독한 평가를 내놨다. 그는 "의원들이 정강·정책에 따라 입법 활동하는 것도 전혀 안 보인다. 그러니 국민이 '저 당이 진짜 변했나'라는 말을 한다"며 "이런 식으로 끌고 가서는 국민의힘으로 대선을 해볼 도리가 없다"고 평가했다. 그러면서 당권 다툼이 벌어진 국민의힘을 "아사리판"이라고까지 표현하며 "더 이상 애정이 없다. 당 중진이라는 사람들이 단일화를 앞두고 우리 당 후보를 내는 데 관심이 없었다. 이런 행동을 보고는 선거가 끝나면 바로 당을 떠나야겠다고 생각했다. 국민의힘에는 절대로 안 갈 것"이라고 강조했다.

김종인은 "누가 당 대표가 되는 게 낫다고 보나"라는 질문을 받고 "차라리 아주 새로운 모습을 보여주려면 초선 의원을 내세우는 것도 한 가지 방법"이라며 '초선 대표론'에 힘을 실었다. 그는 국민의힘과의 합당을 타진하고 있는 안철수를 향해 거듭 날을 세웠다. 그는 "명색이 선대위원장인데 금태섭 전 의원도 입은 국민의힘 당 점퍼를 한 번도 입지 않은 사람이 안철수"라며 "(선거운동을 도운 것은) 내년 대선을 위한 자기 홍보였다고 본다"고 말했다.[14]

안철수 비난이야 새로울 게 전혀 없지만, 국민의힘을 '아사리판' 이라고까지 비난한 건 너무 나간 것 같다. 국민의힘 내부의 판을 뒤흔들려는 깊은 뜻이 있어서 한 말이겠지만, 그로 인해 피차 상처 줄 수 있는 말을 양산해내다 보면 '아사리판'은 실제로 실현되는 '자기 이행적 예언self-fulfilling prophesy'이 될 수 있는 게 아닐까? 우선 점잖은 반론부터 살펴보자.

국민의힘 의원 권영세는 "마시던 물에 침을 뱉고 돌아서는 것은 현명한 분이 할 행동이 아니다"고 비판했다. 재보선 과정에 적극적으로 지원 유세를 나선 안철수를 '마시던 물'로, 퇴임 후에도 연일 안철수에 대한 공세 수위를 높이고 있는 김종인의 행보를 '침을 뱉고 돌아서는 것'으로 비유하며 비판한 것이다. 홍문표는 보도자료에서 "도를 넘는 상왕 정치와 감별사 정치를 멈춰 주기를 고언 드린다"고 했다.[15]

장제원은 "국민의힘이 김 전 위원장의 훈수를 가장한 탐욕에 현혹된다면 그의 함정에 빠져드는 꼴이 될 것"이라며 당원들에 경계를 당부했다. 그는 "김 전 위원장의 노욕에 찬 기술자 정치가 대선 국면을 분열과 혼탁에 빠지게 할 수도 있어 보인다"며 "끝없이 가

31

능성 높은 대선 주자를 헌팅한다"고 지적했다. 장제원은 "마치 자신이 도와주면 대권을 차지할 수 있는 것처럼 현혹시켜, 과도한 정치적 청구서를 내밀고, 청구서가 받아들여지지 않으면, 또 다시 떨어져 나가 총질하는 기술자 정치"라고 김종인의 행태를 정의하며 "반드시 청산해야 할 구악"이라고 비판했다.[16]

전 자유한국당(국민의힘 전신) 비상대책위원장 김병준은 "김종인 전 비대위원장이 윤석열 전 검찰총장을 향해 손짓을 보내고 있는 것 같다"면서 "하지만 그가 말한 바와 같이 윤 전 총장은 공정의 가치를 높이 들고 있다"고 했다. 그러면서 "그런 그가 30년 전 그때 돈으로 2억 1,000만 원, 그 어마어마한 뇌물을 받은 전과자와 손을 잡겠느냐"고 했다. 김종인이 지난 1993년 '동화은행 비자금 사건'과 관련해 2억 1,000만 원의 뇌물을 받은 혐의로 기소돼 징역 2년 6개월에 집행유예 4년의 형이 확정되었던 일을 꺼내든 것이다. 이어 "그의 손을 잡는 순간 공정도, 정의의 가치도 무너지고 말 것"이라고 했다.

김병준은 "김종인 전 위원장은 (4·7 재보궐선거에서) 감표 요인이었다"며 "안철수 국민의당 대표에 대한 무례한 언행 등 조마조마한 일이 많았다. 적지 않은 지지자들이 선거 승리가 행여 그를 당 대표로 추대하는 일로 이어질까봐 두려워 표를 못 찍겠다고 했다"고 했다. 그러면서 "그는 좋은 관리자나 개혁가가 아니다"라며 "겪어 본 사람은 알겠지만, 그의 일 처리 방식은 대체로 일방적"이라고 했다.

이어 "기분에 조금 맞지 않으면 '때려치우고 집에 간다'고 하고, 이를 압박 카드로 쓴다"며 "이번처럼 스스로 책임진 당을 향해 침을 뱉는 일도 그렇다. 조직에 책임 의식이 있다면 하지 못할 일"이라고 했다.[17]

●

갈수록 거칠어지는 김종인 – 국민의힘 갈등

양쪽 모두 거칠어도 너무 거칠었지만, 이게 끝이 아니었다. 4월 20일엔 『경향신문』 인터뷰 폭탄'이 터졌다. 김종인은 유력 당권 주자로 꼽히는 원내대표 겸 대표 권한 대행 주호영을 겨냥해 "안철수를 서울시장 후보로 만들려던 사람"이라며 "내가 그 사람은 도저히 이해를 못 하겠다"고 했다. 그는 "나한테는 차마 그 말을 못 하고, 뒤로는 안철수와 작당을 했다"며 "내가 그런 사람들을 억누르고 오세훈을 후보로 만들어 당선시켰는데, 그 사람들이 또 지금 엉뚱한 소리를 하고 있다"고 했다. 김종인은 김병준이 자신에게 '뇌물을 받은 전과자'라고 한 것을 두고 "진짜 하류적인 사고방식을 가진 사람"이라 했다. 또 자신을 비판한 장제원에 대해선 "홍준표 의원 꼬붕"이라며 "상대도 안 한다. 지가 짖고 싶으면 짖으라는 것"이라고 했다.

김종인은 "지금도 똑같은 현상이 일어나고 있다"며 "윤석열 지지율이 높으니까 자기들이 윤석열만 입당시키면 다 될 것이라고 생각하는데 그런 식의 정치를 해선 국민의 마음을 끌 수가 없다"고 했다. 윤석열의 향후 거취에 대해 "지금 정돈되지도 않은 곳(국민의힘)에 불쑥 들어가려고 하겠느냐"며 "지금 국민의힘에 들어가서 흙탕물에서 같이 놀면 똑같은 사람이 되는 것"이라고 했다. 이어 "백조가 오리 밭에 가면 오리가 돼버리는 것과 똑같다"고 덧붙였다.[18]

이에 주호영은 "선거 승리를 위해 단일화가 깨지지 않는 쪽으로 노력했을 뿐 특정인을 도운 적이 전혀 없다"고 즉각 반박했다. 이어 윤석열의 거취에 대해 '국민의힘 불가론'을 펼친 김종인을 겨냥해 "우리 당이 별로라면 (서울시장 보궐선거를 앞두고 김 전 위원장은) 안 대표에게 왜 입당하라고 했느냐"고 받아쳤다.●

장제원은 "'김종인 꼬붕'이 아니어서 참으로 다행"이라며 "더군다나 노태우 꼬붕께서 하실 말씀은 아닌 듯하다"고 비난했다. 그는 "비판자의 말 모두가 정치적 의도와 배경이 있다고 생각하는 저렴한 인식이 역시 정치 거간꾼답다"며 "자신의 처지나 상황에 따라 그

● 　주호영은 4월 28일 퇴임 기자간담회에서 다시 김종인의 비난에 대해 "억울하다. 그런 일이 없었으니까"라고 항변했다. 그는 "안 대표를 비판하지 말아달라는 요구를 의원들로부터 많이 받아서 그 뜻을 (김 전 위원장에게) 한두 번 전했고, 단일화 여론조사 방법 관련해서 '이렇게 합의했으니 좀 받아들여달라'는 오세훈 후보의 부탁을 받아 전했는데 그런 부분들을 오해하실 수 있었다고 본다"고 말했다. 강경석, 「김종인, 국민의힘-윤석열 갈라놓고…尹에겐 사실상 '대권 코칭'」, 『동아일보』, 2021년 4월 21일; 심진용, 「임기 마치는 주호영 "안철수 대표와 작당? 김종인 전 위원장의 비판 억울"」, 『경향신문』, 2021년 4월 29일.

때그때 말을 바꾸어도 일말의 부끄러움조차 느끼지 못하는 중증 인지부조화부터 치료하시는 것이 시급해 보인다"고 비난했다.[•]

왜 이렇게들 거칠게 싸운 걸까? 원내 절반 이상을 차지하는 초선 의원들은 김종인에게 우호적인 태도를 보이고 있었다는 점에서 답을 찾아야 할지도 모르겠다. 김종인에게도 '믿는 구석'이 있었으며, 비판자들은 이를 경계했을 거라는 이야기다.

30여 명의 초선 의원들은 4월 14일 모임을 가진 뒤 "우리 당을 이끌어주신 김 전 위원장에게 감사드린다는 말씀을 전하고 싶다"는 메시지를 전했다. 중진 의원들이 연석회의에서 김종인에 대한 비토를 쏟아낸 바로 그날이었다. 이날 회의에 참석한 한 초선 의원은 "김 전 위원장이 발언이 세서 그렇지 틀린 말이 하나라도 있냐"며 "모두가 안 대표가 된다고 했을 때 오세훈 후보를 당선시킨 것에 대해서는 감사를 전할 필요가 있다"고 했다. 김종인의 독설을 '대선 승리 전략'이자, '입에 쓴 약'으로 받아들이자는 주장이었다.[19]

[•] 그러면서 장제원은 "당 밖에 있는 야권의 유력 대선 후보에 대한 입당 불가론은 유력 대권 후보와 제1야당을 이간질하려는 유치한 말장난에 불과한 것"이라며 "이런 이간질 속에 거간(居間)할 수 있는 공간이 생기는 것"이라고 했다. 그는 "대한민국 중도 보수의 총본산인 제1야당 국민의힘은 대권을 노리는 분들에게는 가장 매력적인 플랫폼이며 문재인 정권 교체를 열망하는 국민들이 가장 많이 지지하는 정당"이라며 윤석열의 입당을 촉구했다. 허유진, 「장제원 "김종인 꼬붕이 아니어서 참으로 다행"」, 『조선일보』, 2021년 4월 20일.

•

"김종인 떠나자 '도로 한국당'"

『조선일보』논설위원 배성규도 초선 의원들의 김종인에 대한 호감에 주목했다. 얼마 전까지만 해도 초선 의원들을 비롯한 친김종인계 의원들 사이에선 전당대회를 하지 말고 김종인 비대위원장 체제로 그대로 가자는 목소리가 적지 않았으며, 일각에선 김종인이 비대위원장에서 물러나겠다고 하면 정식 당대표로 추대하자는 말도 있었다고 한다. 김종인을 앞세워 유력 대선 주자인 윤석열을 영입해서 대선을 치르자는 얘기였다는 것이다.

하지만 주호영을 비롯한 당권 주자들과 상당수 중진들은 김종인이 유임하거나 대선에서 킹메이커 역할을 하는 것에 대해 부정적이었다고 한다. 일부 중진들은 "김 전 위원장이 노욕을 부린다"고까지 했다. 당 관계자는 "김 전 위원장 취임 이후 중진들과 갈등이 심했고 중진들을 불신해서 아무런 역할도 주지 않았다"며 "이 때문에 중진들 상당수가 김 전 위원장에 대한 불만이 컸다"고 했다. 김종인과 국민의힘 중진들 간 뿌리 깊은 불신과 불화가 이번 날선 공방전의 배경이라는 것이다.

이 기사가 인용한 국민의힘 관계자에 따르면, 김종인은 서울·부산시장 선거 승리 후 열린 비상대책위 회의에서 주호영의 말에 상당히 기분이 상했던 것으로 알려졌다. 이 자리에서 일부 비대위원은 "김 위원장님이 이대로 떠나시면 안 될 것 같다"면서 "기회가 되는 대로 다시 돌아오셔서 함께 했으면 좋겠다"고 말했다고 한다.

그런데 주호영이 곧이어 "김 위원장님 수고하셨다. 우리가 잘해서 다시 모시는 일은 없도록 하겠다"고 말한 것으로 전해졌다. 표면적으론 김종인이 말한 대로 당을 쇄신하고 자강自强해서 비대위 체제가 다시 오는 일은 없도록 하겠다는 취지였지만, 듣기에 따라서는 김종인을 다시 모실 일은 없으니 그냥 물러나시라는 의미로 해석될 수 있었다는 것이다. 그러고 나서 주호영은 김종인에게 사전 상의도 없이 "당 상임고문을 맡아달라"고 요청했다. 이에 대해 김종인은 "난 그런 자리 맡을 생각도 관심도 없다"며 거절했지만, 주호영은 다음 날 언론에 상임고문 제안 사실을 공개함으로써 김종인을 불쾌하게 만들었다는 것이다.

이 기사는 "하지만 더 근본적으로는 국민의힘과 김 전 위원장이 윤석열을 두고 벌이는 쟁탈전의 성격이 짙다"고 했다. 국민의힘 관계자는 "김 전 위원장은 자신이 윤석열의 킹메이커가 되길 원하고, 국민의힘 중진들은 김종인을 배제한 채 윤석열을 직접 국민의힘으로 영입하고 싶어 한다"고 했다. 결국 윤석열을 누가 끌어안느냐를 두고 김종인과 국민의힘 간 본격적인 힘겨루기가 시작되었다는 것이다.[20]

『경향신문』은 「김종인 떠나자 '도로 한국당'」(4월 22일), 「국민의힘 요요 현상」(4월 23일)이라는 제목의 기사들을 통해 국민의힘이

'김종인 비상대책위원회' 전으로 조금씩 '유턴'하면서 과거로 역행하고 있다고 했다. 김종인이 퇴임하자 '박근혜 탄핵'을 부정하는 목소리가 나오고, 자유한국당 시절 주역들이 다시 얼굴을 드러내고 있다는 것이다. 이 신문은 당 지도부 선거에 출마한 주요 인사들은 대다수 영남권이라는 점에 주목했다. "'김종인 체제'에서 내세웠던 '탈영남', '중도정당화' 기조가 흔들리기 시작한 것이다. 지도부 공백 상태가 되자 국민의힘이 가진 영남 중심의 구조적 특성이 다시 발현되고 있는 것으로 해석된다. 원내대표 선거와 전당대회를 거치며 보수·영남 중심으로의 흐름이 더 강화될 수 있다는 관측도 나온다."

『중앙일보』(4월 26일)도 4·7 재보궐선거에서의 승리가 국민의힘에게 독이 되고 있는 현실을 짚은 기사를 게재했다. 이 기사는 이런 사태를 김종인이 이미 9개월 전에 예측했었다는 흥미로운 이야기를 소개했다. 다음과 같은 내용이다.

2020년 7월 9일 서울 소공동 롯데호텔. 국민의힘 지도부가 연 김종인 비상대책위원장의 팔순 잔치가 한창이었다. 오후 6시 무렵 '박원순 서울시장 실종'이란 뉴스 속보가 떴다. 이후 상황이 심각해지면서 참석자들은 "서울시장 보궐선거를 준비해야 하는 것 아니냐"는 말들을 주고받았다. 개 중엔 "보궐선거 이기고 대선까지 잡자"는 말도 나왔는데, 이를 들은 김 위원장은 "하늘이 준 기회는 맞는데 독이 될 수도…"라며 말끝을 흐렸다고 한다. 당시 그 자리에 있던 한 인사는 이런 얘기를 기자에게 전하면서 "한참 지나 '그때 그게 무슨 말이냐'고 물었더니 '재보선 승리가 당 개혁을 더디게 해 대선에 외려 독이 될 수 있다'고 하더라. 뜬금없는 소리 같았는데 요즘 당 상황을 보면 알 것도 같다"고 덧붙였다.[21]

그런 우려를 했던 김종인이 왜 그렇게 서울에서 국민의힘 단독으로 재보선 승리를 해야 한다며 안철수를 거칠게 몰아붙였는지 의문이다. 또한 독이 점점 퍼져가는 국민의힘에 다시 돌아가 독을 빼는 작업을 할 수 있는 길을 스스로 차단한 건지 그것도 의문이다. 혹 냉정해야 할 정치적 고려와 판단을 압도하는 그 어떤 기질과 성격 때문은 아닌지 모르겠다.

●

'아사리판'이 만든 '김종인의 역설'

우리는 앞으로 한동안 윤석열을 둘러싸고 김종인과 국민의힘 사이에서 벌어지는 치열한 갈등을 구경하게 될 것이다. 김종인이 윤석열에 대한 돌발 변수에 대비해 '플랜B(대안)'로 전 경제부총리 김동연에 주목하고 있다는 기사도 나오고 있는 바,[22] 만약 그런 일이 벌어진다면 갈등의 양상은 더욱 복잡해질 것이다.

어떤 일이 벌어지건, 나는 국민의힘이 앞으로도 김종인의 지휘

또는 조언에 충실히 따르는 것이 대선에서 승리할 수 있는 최상의 길이라고 생각한다. 하지만 정치인은 정당보다는 자신의 이익에 더 민감하기 마련이다. 김종인 체제하에선 설 땅이 없다고 생각하는 중진들은 정권 교체를 못하는 한이 있더라도 김종인에게 일방적으로 당하지 않는 쪽을 택할 게 분명하다.

국민의힘 사무처 노조의 말마따나, 김종인은 11개월간 "민심을 읽는 정확한 시선, 상식과 원칙에 따른 정치, 바람에 흔들리지 않는 거목"으로서 '별의 순간'을 누려왔고, 뜨거운 박수를 받으면서 떠나왔다. 그러나 그는 국민의힘을 '아사리판'으로 규정하고 침을 뱉음으로써 듣기에 거북하고 민망한 온갖 비난과 욕설을 들어야 했다.

김종인의 입장에선 국민의힘에서 벌어지는 당권 다툼이 한심하거니와 나름의 깊은 뜻이 있어서 그랬겠지만, 여기서 문제가 되는 건 김종인의 방법론이다. 우선 일관성의 문제다. 국민의힘에 들어오지 않는다는 이유로 안철수에게 맹공을 퍼부었던 그가 이젠 윤석열에게 국민의힘에 들어가면 망한다고 경고하고 있으니 도대체 어느 장단에 춤을 추어야 하는가? 기준은 딱 하나. 중요한 건 국민의힘이 아니라 그 자신이다. 자신이 통제하는 국민의힘엔 들어와야 하지만 자신이 통제할 수 없는, 그리고 배신의 기운이 흘러넘치는 국민의힘은 들어가선 절대 안 되는 곳이다.

자신이 떠난 후 국민의힘에서 벌어진 일에 대한 비판도 정교하지 못했다. 당권 다툼이란 정상적인 민주주의의 한 과정이 아닌가. 이

지구상에 그런 다툼 없는 정당이 어디에 있겠는가. 당권 다툼에서 자유로운 자신의 입지와 관점에 너무 몰입한 건 아닐까? 게다가 "제 3지대는 없다"는 자신의 소신에 비추어 보자면 국민의힘 이외에 어떤 대안이 가능하다는 걸까? 김종인이 제시한 '초선 대표론'은 신선하거니와 반갑긴 하지만, 이 또한 "제3지대는 없다"는 그의 방법론적 현실주의 노선과는 충돌하는 게 아닌가. '초선 대표'나 '0선 대표(이준석 대표)'가 탄생한다면 '김종인 효과'로 긍정적 평가를 받을 수 있겠지만, 그런 파격적인 변화가 기존 거대 양당 체제엔 결코 일어날 수 없는 것처럼 단정하는 건 앞뒤가 맞지 않거나 너무 '김종인 중심적' 사고가 아니냐는 것이다. 그가 의도한 건 아니었겠지만, 그의 주장에선 이른바 '반反정치antipolitics'의 기운마저 느껴진다. 아니면 안철수에 대한 자세처럼 '싫음'이 이성적 판단에 앞선 건 아닐까?

물론 달리 볼 수도 있다. 김종인을 가리켜 '상왕' 운운하는 건 부정적 의미지만, 그 말을 좋게 바꾸자면 '강력한 구심점'이다. 독재 정권 시절과는 다른 의미에서 '강력한 구심점'을 필요로 하는 한국 정당의 '사분오열' 수준을 감안하지 않을 수 없다. 더모아 정치분석 실장 윤태곤은 CBS라디오 인터뷰(3월 19일)에서 "김 위원장이 (야권을 정상화시키는) 성공을 거둔다면 거꾸로 쓰임이 없는 것"이라며 "지금도 '(서울시장) 후보가 안 보이고 위원장이 많이 보인다'는 이야기가 나오는데, 앞으로는 '우리가 후보 중심으로 가야 할 거 아니냐. 고생한 건 인정하는데 이제는 당신이 별 쓰임이 없다'는 식의 흐름도 있을 것"이라고 전망했었다.[23]

성공을 거둘수록 쓰임이 사라지는 성공의 역설이라는 이야긴데, 이는 애초부터 예정되어 있었던 것이라고 보는 게 옳을 것 같다. 생각해보라. 김종인은 아버지의 후광에 의존하는 박근혜에겐 콘텐츠를, 리더십 자질과 능력이 모자란 문재인에겐 국민 눈높이에 맞는 당의 이미지 쇄신을, 구심점도 없는데다 민심이 무엇인지도 잘 모르는 국민의힘엔 상식의 회복을 가져다주었다.

그러나 여야를 막론하고 정당이 낙후된 현실에서 그의 존재는 그 자체로 역설이었다. '아사리판'이 만든 '김종인의 역설'이라고 할 수 있겠다. 문제 해결 과정에선 그의 소신과 뚝심이 빛나지만, 해결이 끝나면 고집과 독선이 두드러질 수밖에 없는 숙명이 처음부터 내장되어 있었다는 이야기다.

●

문재인의 집요한 읍소에 넘어간 김종인

소신과 고집의 차이는 그것이 머무르는 영역이 어디냐에 따라 결정된다. 이성의 영역에 머무르면 소신이지만, 감정의 영역에 머무르면 고집이다. 고집이건 소신이건, 김종인은 소신과 고집의 경계선상을 넘나드는 것 같다. 나는 그의 회고록『영원한 권력은 없다』를 읽으면서 그걸 절감했다. 저절로 고개가 수그러지는 대목들도 있었다.

자신이 큰 도움을 준 정치인들로부터 여러 차례 배신을 당하곤 했던 것도 바로 그런 성격 때문이었는지도 모르겠다. 그는 "영원한 권력은 없다"는 건 간파했지만, "권력은 복종을 요구한다"는 건 몰랐거나 알고서도 따르지 않았다. 나는 이 글의 제목에서 '배신'이라는 단어에 외따옴표를 붙였는데, 그건 김종인이 일방적으로 당한 것인 동시에 상당 부분 자신에게도 책임이 있다는 걸 암시하기 위해서였다.

김종인은 "정치인들의 약속을 믿어도 되는 걸까?"라는 질문을 던지면서 이렇게 말한다. "불신 풍토를 부추긴다고 비난할지 모르지만, 50년간 한국 정치를 겪어온 나로서는 짙은 회의가 앞선다. 약속의 이면에는 언제나 야욕이 있었다. 분수와 능력에 맞지 않는 자리를 꿈꾸는 정치인들의 욕심 앞에 국민의 삶은 제물로 바쳐졌다. 권력은 그들의 전리품이 되었다."[24]

김종인은 회고록의 결론 부분에선 "어쩌면 나는 국민 앞에 두 번 사과해야 한다"며 이렇게 말한다. "하나는 박근혜 정부가 태어날 수 있도록 했던 일이고, 다른 하나는 문재인 정부가 태어날 수 있도록 했던 일이다. 모두 국민의 선택이었지만, 국민이 그런 선택을 할 수밖에 없는 '조건'을 만들어준 책임이 크다고 통감한다."[25]

박근혜와 문재인, 두 번이나 사람을 크게 잘못 본 김종인이 '안철수 불가'를 외치는 건 설득력이 떨어진다. 그런데 문제는 그게 아니라 김종인이 읍소에 약하다는 점이다. 김종인의 회고록엔 김종인이 문재인에 대해 느낀 배신감이 잘 표현되었지만, 더욱 실감나는 건 김종인의 부인 김미경의 증언이다. 『중앙일보』 논설위원 강찬호의 「선거 이기자 입 싹 씻은 문재인, 선거 이기자 바로 오만해진 국민의힘」이라는 칼럼에 잘 소개되어 있다.

이 칼럼에 따르면, 20대 총선을 넉 달 앞둔 2016년 벽두에 당시 더불어민주당 대표 문재인은 김종인의 집에 다짜고짜 쳐들어갔다. "난 당신 볼일 없으니 가시오!"라고 뿌리치는 김종인을 무시한 채 거실 소파에 눌러앉아 "우리 당 비대위원장이 되달라"며 읍소했다. 이걸 옆에서 목격한 김종인의 부인 김미경은 다음과 같이 말했다.

"새벽 1시 넘도록 앉아 있더라. 소파에 등을 기대지도 못하고 끝자락에 걸터앉아, 무릎 꿇고 있는 줄 알았을 정도였다. 그분(문재인), 남편(김종인)에겐 아무 얘기도 못해. 그러다 나랑 눈이 마주치니까 '사모님 도와주십시오'라고 했다. '우리 당 비대위원장 돼주시면 비례 남자 1번(전체 순번은 2번) 드리고요…'라면서. 내가 '남편 보고 위원장 또 하라구요? 욕먹을 텐데' 하니까 문 대통령은 '제가 다 막아드리겠다…이제 허락 하시나요?'고 하더라. 딱해서 '남편이 한 70%쯤 (허락)했다. 이제 저희도 자야 하니까 그만 가달라'고 했다."

김종인의 고집도 대단하지만, 문재인의 고집이 한 수 위였던 것 같다. 오랜 기다림 끝에 문재인이 결국 김종인을 영입하는 데 성공했으니 말이다. 그러나 이내 문제가 터졌다. 민주당이 '비례 2번 준다'는 약속을 뒤집고 '10번대'를 제안하자 김종인이 당무를 거부하고 칩거한 것이다. 다시 김미경의 증언을 들어보자.

"선거 보름 앞둔 때였다. 문 대통령이 급하니까 집에 다시 왔다. 또 그 거실 소파에 앉아 읍소하더라. 남편은 화가 나 말을 안 하니까 나만 쳐다보며 '사모님 제가 약속한 것, 거의 다 들어드렸지 않습니까' 하더라. 실은 약속 안 지킨 게 얼마나 많은데. 그래서 내가 문 대통령에게 약속 위반 사례를 30분 넘게 줄줄이 얘기했다. 그러자 얼굴이 벌게지면서 '이제 와 어떡합니까?' 하더라. '2번 주기로 했으면 그렇게 하세요'라고 일갈했다. 그러면서 '김종인에 2번이 웬 말이냐'며 남편을 맹공했던 조국 욕을 좀 했다. 그러자 그날 밤 조국이 갑자기 '김종인에 2번 주는 건 괜찮다'고 SNS에 쓰더라. 내 참…."[26]

●

'단독자' 김종인이 극복하지 못한 한 가지

이런 우여곡절 끝에 문재인의 '김종인 붙잡기'는 성공했다. 그 결과 민주당은 20대 총선에서 원내 1당에 오르는 대박을 쳤다. 그런데 총선 끝나자마자 "문 대통령이 입을 싹 씻더라"고 김종인은 회고했다. "총선 뒤 1주일이 넘도록 연락 한 번 안 하더라. 보다 못해 '저녁 먹자'고 불렀다. 대뜸 '당대표 출마하실 겁니까?' 묻더라. 어이가 없어서 '여보쇼! 내가 대표하려고 민주당 오겠다 했소?'라고 쏘아붙

였다. 이어서 '당신, 대통령 하려는 모양인데 어떻게 할 생각인가?'
물었다. 문 대통령은 '호남 김홍걸(김대중 전 대통령 3남)과 영남 김
현철(김영삼 전 대통령 차남) 쌍두마차로 대선 후보 하겠다'고 하더라.
어이가 없어 주변에 '저 사람 대통령 되면 나라 엉망될 것'이라 했
다. 4년 뒤 보니 딱 맞지 않나."[27]

하지만 문재인의 대통령 후보 자격은 20대 총선 실적에 근거한
것이었기에 그 총선을 승리로 이끄는 데에 결정적 역할을 한 김종
인이 그렇게 말할 처지는 못 된다. 나는 김종인이 읍소에 약한 이유
가 읍소와 정반대되는 '돌직구 품성'을 가졌기 때문이라고 생각한
다. 원래 극과 극은 통하는 법이다. 그는 전두환의 면전에서 "잘 모
르는 걸 왜 하려고 하십니까?"라는 돌직구를 날리는 배포를 가진 인
물이었다. 어디 그뿐인가. 그는 늘 '단독자'였다. 노태우 정권에서
청와대 경제수석을 지낼 때의 이야기를 직접 들어보자.

"이루 말할 수 없는 유무형의 압력이 밀려들었다. 공산주의자, 겉
은 파란데 속은 시뻘건 놈, 나쁜 놈, 건방진 놈……. 온갖 악담을 다
들었다. 한국에서 경제학을 공부하지 않는 나는 국내에선 스승님도
없고 선배 후배도 없다. 나는 학자 출신 관료들의 어떤 인맥에도 들
어 있지 않고, 정치적 파벌에도 속해 있지 않고, 내가 따르는 정치적
보스도 있어 본 적이 없다. (그것이 지금껏 어디에도 휘둘리지 않고 살아
온 배경 가운데 하나다.) 그러니 학연이든 지연이든 혈연이든 정치적
인맥이든 나에게 접근할 방법이 없어 재벌들은 더욱 안달이었다."[28]

경의를 표할 만한 품성이지만, 이는 각종 주종 관계로 얽혀진 정치판에선 큰 도움이 되지 않는다. 강자엔 강하고 약자엔 약한 품성을 갖고 있는 김종인은 읍소엔 약한 반면, 자신의 '단독자 기질'을 갖고 있는 다른 사람은 싫어한다. 안철수는 읍소를 하기는커녕 자신의 조언조차 고분고분하게 따르지 않은 채 혼자 잘난 척했다. 그러니 싫어할 수밖에. 안철수 역시 '단독자 기질'이 강해 그간 많은 사람들이 그의 곁을 떠났다. 겉보기엔 여러모로 크게 다르지만, 김종인과 안철수는 이 점에선 닮았다. 이른바 '투사projection'의 가능성이 있는 건 아닌지 살펴볼 필요가 있겠다.

김종인이 탁월한 분석력과 민심을 꿰뚫는 비전을 갖고 있음에도 정치판에서 번번이 배신을 당하는 이유도 바로 그런 단독자 기질과 무관치 않을 게다. 권력과 파벌에 복종하지 않으면서 단독자의 길을 걷는 건 아름다운 소신이지만, 소신과 고집의 거리는 그리 멀지 않다. 아니 동전의 양면 관계다. 양면을 나누는 기준은 단 하나, 바로 명분이다. 명분이 있으면 소신이지만, 그게 없거나 약하면 고집이다. 특정인에 대한 소신에 근거한 신뢰가 배신으로 끝난 경험을 여러 차례 겪었다면, 자신의 소신과 고집의 경계에 대해 의심해볼 필요가 있겠다. 나는 '단독자' 김종인이 극복하지 못한 한 가지가 바로 이 문제라고 생각한다.

김종인은 적어도 세상을 보는 시각에선 상식에 투철하다는 장점이 있다. "그까짓 상식이 뭐 그리 대단하다고?"라고 생각할 사람들도 많겠지만, 그걸 갖고 지키는 게 그리 쉬운 일이 아니다. 문 정권이 무너져가는 가장 큰 이유도, 국민의힘의 치명적인 약점도 바로 그 문제 때문이 아닌가. 앞으로 어떻게 될지는 김종인이 자신의 고집을 어떻게 다스릴 것인지에 달려 있는 문제가 아닐까?

●

"김종인은 현실 정치에서 완전히 손을 떼야 한다"?

나는 정파성이나 진영 논리와 거리두기를 한 채 이 글을 쓰고 있지만, 정파성이나 진영 논리로부터 자유롭지 못한 사람들에게 김종인은 전혀 다른 의미로 다가갈 것이다. 앞서 소개한 성한용의 글은 '김종인 예찬론'이 아니다. "김종인 위원장이 4·7 재보선을 끝으로 현실 정치에서 완전히 손을 떼야 한다"는 주장을 하기 위한 서문이었다. 성한용은 "무엇보다도 더 이상의 질주는 김종인 위원장 스스로에게도 너무나 위험하기 때문"이라고 말한다. 어떤 위험일까?

"정치권력에 들러붙어서 이권을 챙기려는 사람들보다 더 위험한 사람들이 있습니다. 역대 대통령 선거 때마다 대선 주자 자격이 없는 사람을 부추겨 대통령으로 만들려고 했던 일부 지식인과 논객들 말입니다. 과거 정주영 현대 회장, 안철수 교수 주위에 모여들었던 일부 지식인과 논객들 말입니다. 문재인 정부에 대한 반감에 눈이 멀어 윤석열 전 총장이 대통령 될 수 있고, 잘할 수도 있다고 부추기는 일부 지식인과 논객들 말입니다."[29]

그런데 구체적으로 무엇이 위험하다는 건지 이에 대한 말은 없다. 정주영은 재벌 회장이었으니 그렇다 치더라도, 안철수가 문재인보다 위험하며, 윤석열이 문재인 후계자보다 위험하다는 걸까? 2012년 대선에서 박근혜를 당선시킨 1등 공신은 문재인이었다는 점에서 당시 문재인을 부추겼던 일부 지식인과 논객들이 반성해야 하는 게 아닐까? 성한용이 우려하는 위험은 문 정권이 만든 건데, 왜 문 정권에 대해선 아무런 말이 없는 걸까? 나는 『부족국가 대한민국』에서 그 점을 다음과 같이 지적한 바 있다.

"나는 윤석열의 대선 출마에 부정적인 입장이지만, 굳이 그런 글을 쓸 생각은 없다. 문 정권이 사실상 대선 출마하라고 그의 등을 떠밀었다고 보기 때문이다. 사람은 명예로 먹고사는 법인데 멀쩡한 사람을 그렇게 악마화했으니, 윤석열로선 '나라가 이렇게 가선 큰일 난다'거나 '내가 아무리 부족해도 문재인보다 못할까'라는 생각을 해보지 않았을까? 성한용을 비롯한 『한겨레』 논객들은 '윤석열 총장, 정치하지 마시라'고 열변을 토하고 있지만, 문 정권이 윤석열의 등을 떠밀 때에 '문재인 대통령, 그러지 마시라'고 외쳤더라면 더욱 좋았을 게다."

나는 문 정권의 정권 재창출을 위험하지 않은 대안으로 보는 성한용의 생각은 존중하겠지만, 이렇다 할 근거도 없이 자신과 생각을 달리하는 사람들을 위험하다고 보는 성한용의 주장엔 동의하기 어렵다. 이 모든 게 성한용이 대통령 자격을 흔쾌히 인정했던 문재인에 대한 실망과 환멸 때문에 빚어진 일일 텐데, 그건 전혀 거론하지 않으면서 자꾸 그러시면 어떡하나? 일부 언론과 지식인의 '윤석열 띄우기'에 짜증이 나서 그러는 것이겠지만, 그런 일은 문재인 때에도 진보 진영에서 나타났던 현상이라는 걸 감안해야 하지 않을까?

나는 김종인이 현실 정치에서 완전히 손을 떼지 않으면 김종인 스스로에게도 너무나 위험하다는 성한용의 주장에도 결코 동의할 수 없다. 그건 김종인 스스로 알아서 결정할 일이다. 그가 현실 정치에서 완전히 손을 뗀다면 그건 위험을 깨달았기 때문이 아니라 자신의 기질과 성격 탓이라는 게 내 생각이다.

김종인은 한국 정치의 후진성이 불러들인 현상이며, 이 현상엔 정당과 다를 바 없는 정파성으로 무장한 언론과 언론인에게도 큰 책임이 있다고 생각한다. 별 애정도 없는 남의 위험을 그렇게 걱정할 일이 아니라 자신이 애정을 갖고 있는 정치 세력이 집권할 수 있게끔 그 내부의 위험을 지적하는 게 훨씬 더 바람직하다고 본다. 나는 이 점에 한해서만큼은 정파성과 진영 논리로부터 자유로운 김종인의 '단독자 기질'을 기꺼이 긍정 평가하련다.

1 　김종인, 『영원한 권력은 없다: 대통령들의 지략가 김종인 회고록』(시공사, 2020), 240쪽.

2 　성한용, 「설마 이번엔 '윤석열 대통령' 만드시려고요?」, 『한겨레』, 2021년 3월 28일.

3 　현일훈, 「김종인은 박영선보다 安을 더 싫어한다?…이 말 나오는 이유」, 『중앙일보』, 2021년 3월 16일.

4 　최경민, 「김종인은 왜 안철수를 대놓고 '디스'할까…10년째 맹비난」, 『머니투데이』, 2021년 3월 26일.

5 　이사민, 「장제원 "김종인, 본인 정신이 이상해…단일화 막고 있어"」, 『머니투데이』, 2021년 3월 18일.

6 　박성민·강양구, 『정치의 몰락: 보수 시대의 종언과 새로운 권력의 탄생』(민음사, 2012), 42쪽.

7 　송혜진, 「김종인 "두 후보 용단에 감사…오세훈이 될 것"」, 『조선일보』, 2021년 3월 23일.

8 　임지선, 「김종인 "안철수, 정권 교체에 지장 초래할 것"」, 『경향신문』, 2021년 3월 24일.

9 　김지은, 「홍준표 "김종인 대응 어른답지 못해…아름답게 퇴임하라"」, 『뉴시스』, 2021년 3월 25일.

10 　최경민, 「김종인은 왜 안철수를 대놓고 '디스'할까…10년째 맹비난」, 『머니투데이』, 2021년 3월 26일.

11 　홍정규, 「김종인 "무슨 대통합 타령…국힘, 바깥 기웃거리지 말라"」, 『연합뉴스』, 2021년 4월 11일.

12 　김은중, 「野, 떠난 김종인 일제히 저격 "감 놔라 배 놔라 말라"」, 『조선일보』, 2021년 4월 12일.

13 　이가영, 「"안철수 건방지다" 발언에 국민의당 "김종인, 오만불손·범죄자"」, 『중앙일보』, 2021년 4월 12일.

14 　김미나, 「김종인 "'아사리판' 국민의힘 절대 안 간다, 윤석열도 안 갈 것"」, 『한겨레』, 2021년 4월 14일.

15 　조의준, 「김종인 연일 독설 "국민의힘 아사리판…두 달은 저 모양일 것"」, 『조선일보』, 2021년 4월 15일.

16 　양소리, 「장제원, 김종인 맹비난…"노욕에 찬 정치 기술자"」, 『뉴시스』, 2021년

4월 15일.

17 노석조, 「김병준 "윤석열이 '뇌물 전과자' 김종인과 손잡겠나"」, 『조선일보』, 2021년 4월 15일.

18 박주연, 「[박주연의 색다른 인터뷰] 김종인 "윤석열, 지금 국민의힘 들어가 흙탕물서 놀면 백조가 오리 되는 것"」, 『경향신문』, 2021년 4월 20일.

19 장나래, 「노정객은 사라지지 않았다…야권에 짙어지는 '김종인 그림자'」, 『한겨레』, 2021년 4월 21일.

20 배성규, 「"다시 모시는 일 없게…" 주호영-김종인 갈등 이렇게 터졌다」, 『조선일보』, 2021년 4월 21일.

21 현일훈, 「팔순 잔칫날 터진 '박원순 실종'…그날 김종인 예견, 현실 됐다」, 『중앙일보』, 2021년 4월 26일.

22 김기정, 「[단독] 김종인의 '플랜B'는 김동연? 사석서 '尹 대안' 흘렸다」, 『중앙일보』, 2021년 4월 27일.

23 허진, 「불 끄면 거추장스러워진다? 김종인 역설, 벌써 그런 조짐」, 『중앙일보』, 2021년 3월 20일.

24 김종인, 『영원한 권력은 없다: 대통령들의 지략가 김종인 회고록』(시공사, 2020), 27~28쪽.

25 김종인, 『영원한 권력은 없다: 대통령들의 지략가 김종인 회고록』(시공사, 2020), 382~383쪽.

26 강찬호, 「[강찬호의 시선] 선거 이기자 입 싹 씻은 문재인, 선거 이기자 바로 오만해진 국민의힘」, 『중앙일보』, 2021년 4월 15일.

27 강찬호, 「[강찬호의 시선] 선거 이기자 입 싹 씻은 문재인, 선거 이기자 바로 오만해진 국민의힘」, 『중앙일보』, 2021년 4월 15일.

28 김종인, 『영원한 권력은 없다: 대통령들의 지략가 김종인 회고록』(시공사, 2020), 239~240쪽.

29 성한용, 「설마 이번엔 '윤석열 대통령' 만드시려고요?」, 『한겨레』, 2021년 3월 28일.

제2장

추미애와
윤석열은
서로
이용했나?

국민은
'발광체'를
원하는 게 아니다

절대로 적을 미워하지 마라.
판단력이 흐려진다.[1]
●영화 〈대부3〉에서 대부 마이클 콜레오네

•

"문 정권 수사 '윤석열 측근'을
죄다 자른 '1·8 대학살'"

"이른바 '추-윤 갈등' 국면에서 그의 존재감과 맷집을 키워준 것은 다름 아닌 문재인 정부였다. 그럼에도 이번 사퇴에 따른 윤석열 전 총장의 책임이 무거울 수밖에 없는 것은 자신이 그토록 강조해온 검찰의 정치적 중립성과 독립성이란 원칙을 스스로 저버렸기 때문이다. '결국, 정치하려고 재임 기간 검찰을 움직인 게 아니냐'는 비판에서 자유로울 수 없는 상황을 몰고온 장본인은 다름 아닌 윤 전 총장이다."[2]

『한겨레』 법조팀장 김경욱의 말이다. 윤석열 대선 출마 반대론의 주요 논거를 잘 제시한 것 같아 인용했다. 물론 김경욱 외에도 많은 이들이 "결국, 정치하려고 재임 기간 검찰을 움직인 게 아니냐"는 의심이나 비판을 하고 있다. 정당한 의심이요 비판이라고 생각하지만, 균형의 문제가 있다는 생각이 든다. 전 법무부 장관 추미애에게

"결국, 정치하려고 재임 기간 검찰을 무리하게 공격한 게 아니냐"는 의심이나 비판은 거의 나오지 않고 있기 때문이다. 혹 대선 후보로서의 존재감이 덜해서 그렇다면, 추미애로선 이만저만 섭섭한 일이 아닐 게다. 공정성을 위해 추미애의 경우도 살펴보기로 하자.

2019년 12월 5일 문재인이 법무부 장관에 민주당 의원 추미애를 지명하자 언론은 검찰과의 '전면전'을 예고한 것으로 해석했다. 여당 일각에선 "당대표를 지낸 인물이 대통령 밑의 내각에 들어가는 것은 격格에 맞지 않는다"는 비판도 나왔지만,[3] 정작 문제는 '격'보다는 '법무부 장관직의 정치화'에 있었다고 보는 게 옳으리라.

추미애 지명 직전인 11월 중순에 터진 청와대의 울산시장 '선거 개입' 의혹 사건을 보자. 2018년 울산시장 선거 당시 지원 유세를 왔던 추미애 대표는 "'인권변호사 친구, 동지 송철호가 됐으면 좋겠다'고 하는 게 문 대통령 마음"이라고 했던 정치인이다.[4] 그랬던 그가 이제 법무부 장관이 되었다고 해서 검찰의 수사를 공정한 자세로 지켜볼 수 있었을까? 추미애는 장관에 임명된 지 1주일도 안 된 2020년 1월 8일 검찰 고위 인사에서 청와대 울산시장 선거 개입 수사를 총괄한 대검찰청 공공수사부장 박찬호를 제주로 보냈다.

『중앙일보』는 「文 정권 수사 '윤석열 측근' 죄다 잘랐다…추미애 '1·8 대학살'」이라는 제목의 기사에서 이렇게 말했다. "8일 단행된 검찰 고위 인사에서 이른바 '윤석열 사단'으로 불리는 검찰 간부들이 줄줄이 좌천됐다. 울산 선거 개입 의혹 사건이나 조국 전 법무부 장관 일가 비리 수사를 지휘해온 특수통 검사들도 뿔뿔이 흩어져 수사의 맥이 끊길 수 있다는 우려가 나온다. 반면 노무현 정권 또는 현 정권과 인연이 있는 검사들이 대거 전진 배치됐다."[5]

그럼에도 추미애는 정당한 인사였다고 주장한다. 훗날 언론 인터 뷰에서 "당시 울산 사건의 경우 울산시청, 울산지방경찰청 등을 전격 압수 수색하며 본격적으로 현 정권을 겨눌 때였는데, 부장을 제주로 보냈어요. 수사에 있어 간부의 역할이 중요한 것 아닌가요"라는 기자의 질문에 이렇게 답했다. "수사 검사가 중요하죠. 간부급 인사는 인사 시기에 맞춰 해야 하는 것이고요. 안 그러면 모든 검사는 수사를 하고 있는데, 장관은 인사를 하지 말라는 거죠(웃음)."[6]

따라서 웃는 수밖에 없을 것 같다. 물론 각자 웃음의 의미는 다르겠지만 말이다. 그 밖에 추미애의 재임 기간 중 어떤 일이 벌어졌는지는 아직 많은 사람들의 기억에 생생하게 살아남아 있을 것인바, 그건 건너뛰기로 하자. 추미애가 거칠고 도발적인 자세로 법무부 장관직을 수행했다는 것에 대해선 대부분의 사람들이 동의할 게다. 그런데 이게 바로 여권에선 추미애가 누린 인기의 비결이었다.

●

"윤석열을 제물로 정치 게임을 하고 있다"

6월 25일 추미애가 여당 초선 의원들을 대상으로 한 강연은 추미애의 그런 진면목을 잘 보여준 '원맨쇼'였다. 추미애는 "검찰총장이 제 지시를 절반 잘라먹었다"며 "장관 지휘를 겸허히 받아들이면 좋게 지나갈 일을 (윤 총장이) 새삼 지휘랍시고 일을 더 꼬이게 만들었다"고 했다. 추미애는 말하는 도중 책상을 쿵쿵 치면서 "역대 검찰총장 중 이런 말 안 듣는 총장과 일해본 장관이 없다"며 "장관이 이럴 정도로 (총장이) 개혁 주체가 아니라 개혁 대상이 됐구나 증명한 것"이라고 했다.

추미애는 윤석열을 이렇듯 거칠게 비판한 건 물론이고 의원들을 아랫사람들을 대하듯 오만한 훈계를 했음에도 의원들은 열광했다. 황운하는 "장관이 빛이 나더라"고 했고, 양경숙은 "저희들이 어떻게 힘을 모아드리면 되나"라고 물었다. 추미애가 "문정복 의원님이 옆에서 귓속말로 추임새를 넣었다"고 하자 문정복은 "대통령!"이라고 외쳤다나.[7]

그래도 민주당에 사람이 전혀 없진 않았다. 민주당 의원 조응천은 "최근 추미애 장관의 윤석열 총장에 대한 일련의 언행은 30년 가까이 법조 부근에 머무르면서 한 번도 경험해보지 못한 낯선 광경"이라며 "당혹스럽기까지 하여 말문을 잃을 정도"라고 비판했다.[8] 진중권은 "차기 대권을 노리는 추미애 장관의 돌발행동일 가능성"에 무게를 두었다.[9]

추미애 아들의 군 휴가 미복귀 의혹 사건이 불거지면서 추미애는 조국처럼 친문 지지자들의 수호 대상이 되었다. 1년 전 '조국 수호'

촛불 집회를 주도했던 '개싸움 국민운동 본부' 대표 이종원은 9월 9일 자신의 유튜브 방송 '시사타파TV'에서 "추미애를 지키기 위해서 우리가 무엇을 해야 되나. 오늘부터는 우리 모두 추미애가 되는 겁니다"라고 주장했다. 그는 "추미애가 무너지면 검찰개혁 날아가고, 결국 문재인 정부 위기로 간다"며 '#우리가추미애다' 해시태그hashtag 달기 운동을 제안했으며, 댓글 공세는 곧바로 시작되었다. 방송 채팅창과 다음 날 〈김어준의 뉴스공장〉 유튜브 방송 채팅창은 '#우리가추미애다' 구호로 도배되었다.

트위터와 페이스북 등 SNS에서도 '#우리가추미애다'는 줄줄이 이어졌다. 민주당 당원 게시판엔 당의 소극적인 대응을 질타하는 글이 올라왔다. 지지층이 결집하자 당 지도부도 수세守勢에서 공세攻勢로 전환했다. 11일 최고위원회의에선 최고위원 3명이 "모든 의혹은 거의 사실이 아니다"라며 야당 성토에 나섰고, 14일 회의에선 이낙연 대표가 "야당이 정치공세를 계속하면 우리는 사실로 대응하고 차단할 것"이라고 선언했다. 당 안팎에서는 "문파가 소극적이던 당 지도부를 견인했다"는 분석까지 나왔다.[10]

그런 지지층 결집에 힘을 받은 추미애가 10월 19일 수사지휘권을 발동해 '라임 비리' 수사에 대한 윤석열의 지휘권을 박탈하자 여권은 "강단 있다", "속 시원하다"며 환호했다. 민주당 의원 정청래의 환호가 가장 돋보였다. 그는 즉각 페이스북에 법무부 입장문을 전문全文 게재하고 "이렇게 강단 있고 속 시원한 법무부 장관은 처음 본다"고 했다. 다음 날 아침엔 라디오에 출연해 "추 장관의 수사 지휘가 나왔고 대검에서 풀 죽은 모습으로 수용했다"며 "'추미애 범(호랑이)'이 내려왔다. 범이 내려와서 검찰들이 자라처럼 목을 움츠리고 있는 형국"이라고 했다.[11]

왜 이렇게까지 해야 하지? 많은 이들이 궁금해하는 가운데 전 정의당 의원 박원석이 보다 확실한 답을 내놓았다. 그는 10월 21일 CBS라디오 〈김현정의 뉴스쇼〉 인터뷰에서 "법무부 장관의 검찰총장에 대한 지휘권의 무게감을 추 장관이 서푼짜리로 만들고 있다"며 "추 장관이 지지층을 동원하고 윤석열을 제물로 정치 게임을 하고 있다"고 말했다. 이어 박원석은 "추 장관은 정무직 공무원 하다가 끝내지 않고, 다시 정치로 돌아올 것이지 않느냐"며 "그러면 뭔가 사냥감을, 노획물을 가지고 돌아가야 한다"고 했다. '노획물'의 대상이 바로 윤석열이라는 것이다.[12]

2004년 노무현 전 대통령 탄핵에 찬성했던 과거 때문에 여전히 친문 지지자들로부터 '의심'을 받고 있던 추미애로선 대권에 도전하려면 그 누구보다 더 친문 강성 지지자들의 지지가 필요했을 게다. 이 점에선 적잖은 성공을 거둔 것으로 보인다. 추미애의 윤석열 비판과 공격이 거칠고 원색적일수록 친문 인터넷 커뮤니티에는 추미애를 "추느님", "추 다르크"라고 부르며 "추 장관이 인사권자(문 대통령) 힘을 제대로 보여줬다", "(윤 총장을) 작살내라" 등의 지지 글이 올라오곤 했다.[13]

추미애의 그런 활약상을 알린 기사에 달린 댓글들에도 "역시 추다르크", "추 장관님, 멋쟁이" 등과 같은 친문 지지자들의 '영웅 찬가'가 울려 퍼졌다. 치어리더들까지 가세해 '영웅 숭배'를 고취시켰다. 민주당의 비례당인 더불어시민당 대표를 지낸 건국대학교 경제학과 교수 최배근은 "자기 몸에 흙탕물 튀기며 국민을 위해 쓰레기를 치우는 추미애 장관에게 응원의 글과 꽃을 보내자"고 독려했으며, 급기야 "추미애 법무부 장관은 2020년 이순신 장군"이라고 주장하는 지경에까지 이르렀다.[14]

●

"나라를 구하고자 몸을 던진 논개 정신"

그런 열화와 같은 지지를 업고 추미애는 11월 24일 윤석열 직무 배제라는 초강수를 두었지만, 12월 1일 서울행정법원의 효력 중단 결정이 내려지면서 최대 위기에 처하고 말았다. 추미애는 자신이 닮고 싶은 정신이 "나라를 구하고자 몸을 던진 논개 정신"이라고 말한 바 있는데, 그 정신에 따른 것인지는 몰라도 그는 12월 16일 사의를 표명했다.

가만있을 추미애 팬덤이 아니었다. 다음 날인 17일 추미애 법무부 장관을 재신임해달라는 청와대 국민청원이 등록되더니 단 하루만에 20만 명을 넘었고,[15] 나중에 42만 명에까지 도달했다. 이게 바로 추미애의 힘이었지만, 거기까지였다. 대단하긴 했지만 그 정도론 판을 뒤엎기엔 역부족이었다. 이게 바로 팬덤 정치의 명암明暗이기도 했다. 문재인 팬덤이 막강하긴 했지만, 전면적인 민심 이탈까지 막을 수는 없으며 오히려 나중엔 문재인의 발목을 잡는 이치와 비슷했다.•

퇴임 직전인 2021년 1월 하순에 가진 언론 인터뷰에서 "내가 사퇴하면 윤석열도 사퇴할 줄 알았다"고 했지만, 윤석열이 추미애의 뒤를 따르지 않음으로써 '논개 작전'도 실패로 돌아가고 말았다. 그는 이 인터뷰에서 대권 도전 계획에 대해 묻는 기자의 질문에 "일단 여유를 많이 가져야 한다. 저에 대한 위로, 보듬어줄 시간이 필요하다"며 말을 아꼈다.[16]

•   훗날 『조선일보』 논설주간 김창균은 이 국민청원에 대해 "정상적 뇌 구조로는 도저히 이해할 수 없는 내용이다"며 이렇게 주장했다. "이른바 '대가리가 깨져도 문 대통령을 지지한다'는 대깨문들이다. 여러 아이디로 중복 서명이 가능한 만큼 많아야 전체 유권자의 1%를 밑돈다. 집권당은 이 한 줌 문빠들의 포로가 돼버렸다. 그래서 정치적으로 죽음에 이르는 병을 앓으며 시들어 가고 있다.……야당 입장에서 문빠들이 지금처럼 계속 나대주면 땡큐다. 대선을 거저주워 먹을 수 있다. 대깨문들은 집권당을 살려보려는 자성 목소리마저 바이러스 취급하며 일망타진한다. 문재인 보스를 지키려는 빗나간 충성심의 결과다. 이들의 과잉 면역 반응이 일으키는 사이토카인 폭풍이 숙주인 집권당을 죽음으로 몰아간다. 지난 4년 동안 한국 정치를 황폐화시켰던 대깨문들이 자기 파멸 과정을 거치며 단말마의 비명을 지르고 있다." 김창균, 「문빠들이 계속 나대 주면 땡큐다」, 『조선일보』, 2021년 5월 6일.

윤석열은 신임 법무부 장관 박범계가 '추미애 시즌2'를 본격화한 시점인 3월 4일에 사퇴했다. 정치권과 언론이 윤석열의 정치 참여를 사실상 기정사실화하자 그간 비교적 조용히 지내던 추미애가 즉각 나섰다. 추미애가 윤석열의 사퇴에 대해 "마치 피해자 코스프레를 하면서 정치 대선에 참여하고 싶은 명분으로 삼는 해괴망측한 일"이라고 비판하자 친문 지지층이 다시 환호하기 시작했다.[17] 더불어 추미애의 대선 출마도 시동을 거는 듯 보였으니 둘은 '적대적 공생' 관계였는지도 모르겠다.

3월 5일 방송된 '김어준의 다스뵈이다'에 출연한 추미애가 김어준과 나눈 대화 한 토막을 들어보자. "(대선 출마 선언은) 언제 할 건가." "제가 정하는 건 아니다." "'시대가 나를 원하면 자연스럽게 하겠다'는 건가." "그렇게 우아하게 말씀해주시면 좋다.……저의 진심을 담아 집중하고 있으면 그 느낌이 올 때가 있을 거라고 막연하게 말씀드릴 수 있을 거 같다."

3월 18일 KBS라디오 〈최경영의 최강시사〉에서 추미애는 윤석열이 대선 지지율 1위를 기록한 것에 대해 "윤 전 총장에 대해서는 관심이 없다"면서도 "역사를 퇴보시키는 것에 대해서는 좌시하면 안 된다는 그런 생각을 가지고 있다. 역사의 진보 또는 역사의 발전에 대한 저 나름의 무거운 책임감이 있다"고 했다.

3월 23일 추미애는 라디오 인터뷰에서 "국민이 부르면 나갈 준비하고 있다"고 했다. 『중앙일보』는 이 발언을 '대선 출마 초읽기'

로 부르면서 이런 관전평을 내놓았다. "추 전 장관의 대선 출마 가능성이 거론되는 배경엔 추미애-윤석열 갈등 때 다져진 강성 문파 지지층이 있다. 최근 추 전 장관이 정치적 위기에 몰릴 때마다 친문 세력은 SNS에서 #우리가추미애다, #고마워요추미애 등 '해시태그 달기 운동'을 통해 화력을 집중했다. 추 전 장관은 최근 경제, 부동산, 환경 등 다양한 분야에 대한 의견을 페이스북에 올리는데 친문 지지자들이 보통 약 5,000개씩의 '좋아요'를 누른다."[18]

3월 26일 추미애는 윤석열을 겨냥해 "30년이 지나서 촛불로 세운 나라의 정치 검사가 등장한다는 것은 이렇게 어렵게 가꾼 민주주의의 정원을 망치는 독초"라며 "대선 지지율 좀 높다고 해서 마케팅용으로 쓴다든지 하면 책임을 반드시 국민이 물을 수밖에 없을 것"이라고 했다.[19]

3월 29일엔 추미애는 윤석열을 "야당과 보수 언론이 키운 괴물이자 기획 상품"이라는 원색적 표현으로 비난하면서 "지금 지지율이 높지만 검증이 시작되면 '윤두사미(윤석열과 용두사미의 합성어)'가 될 것"이라고 평가절하했다.[20] 문제는 언젠가 '윤두사미'는 이루어질망정 추미애 자신의 지지율이 좀처럼 오르지 않은 채 2~3퍼센트 수준에 머무르고 있다는 점일 게다.*

추미애는 자신의 '우아한 꿈'의 실현을 위해 윤석열을 맹비난한 건 물론이고 악화된 미세먼지 농도를 우려하고, LH 투기 문제와 관련 '토지공개념 3법' 부활을 주장하고, '포스트 코로나'에 대해 말하는 등 다른 주요 국정 현안에 대해서도 적극적인 발언을 이어갔다. 민주당에서조차 이런 행보를 달갑지 않게 여긴다는 기사들이 나오기도 했지만, 부디 그 꿈이 우아하게 잘 이루어지길 빈다.

●

문 정권 책임 8할, 윤석열 책임 2할

이제 핵심 질문을 던져보자. 추미애와 윤석열은 둘 다 대통령의 꿈을 위해 서로 이용했나? 어떤 답을 하건 입증할 수 없는 질문이다. 질문을 이렇게 바꿔보자. 이용을 했건 하지 않았건 각자의 지지층에서 두 사람의 존재감을 키워준 '추-윤 갈등'의 주도권은 누구에게 있었는가? 물론 답은 추미애다. 법무부 장관은 '식물 검찰총장'을 만들 수 있었지만, 검찰총장이 '식물 법무부 장관'을 만들 수는 없는 일이었다. 추미애로선 "내 명을 거역"하고 "내 지시를 잘라먹은" 윤석열에게 주도권이 있었다고 말할 수도 있겠지만, 결국 '식물

●　예컨대, 한국사회여론연구소(KSOI)가 TBS 의뢰로 4월 23~24일 전국 성인남녀 1,010명을 대상으로 한 '차기 대선 후보 적합도' 조사에서 윤석열 31.2퍼센트, 이재명 24.1퍼센트, 이낙연 11.1퍼센트, 홍준표 5.6퍼센트, 안철수 4.9퍼센트, 오세훈 4.7퍼센트, 정세균 4.0퍼센트, 추미애·유승민 2.5퍼센트 등으로 나타났다. 김형원, 「윤석열 31.2%, 이재명 24.1%…핵심 지지층서 동반 하락」, 『조선일보』, 2021년 4월 26일.

검찰총장'을 만드는 데에 성공하지 않았던가.

똑같은 결과라고 해서 '의도한 결과'와 '의도하지 않은 결과'가 같은 무게를 갖는 건 아니다. 어차피 둘 다 입증할 수 없긴 하지만, 일반적인 선의 해석의 원칙을 적용한다면, 윤석열의 정치 참여에 대한 더 큰 책임은 추미애와 문재인에게 물어야 하는 게 아닐까? 문 정권의 책임이 8할이라고 하는 사람들이 많은데,• 그렇다면 윤석열에겐 2할에 해당하는 매를 때리는 게 공정할 게다.

그런 의미에서 나는 노무현 정부 시절 청와대 홍보수석을 지낸 이화여대 교수 조기숙의 주장에 동의한다. 그는 민주당의 '정권 재 창출'에 대한 의견을 내면서, 윤석열이 지지를 받는 이유에 대한 성찰을 민주당에 주문했다. "윤석열은 기업의 대표를 지낸 안철수와 평생 소신 없이 공직을 역임한 반기문과는 다르다"면서 "그는 신념과 철학을 가진 공직자로서 일관된 삶을 살아왔기에 자꾸 건드려서 키우지 말라고 그 동안 내가 수없이 경고했다"고 했다. 이어 조기숙

• 예컨대, 한신대학교 교수 윤평중은 "윤석열 총장은 '정무 감각도 없고' 정치를 하겠다고 한 적도 없다. 그런 그를 잠재적 야권 대권 주자로 키운 건 8할이 문재인 정권 난정(亂政) 때문이다"고 했다. 『경향신문』 편집인 양권모는 "검찰주의자 윤석열을 반문의 구심으로 만들어준 팔 할의 책임은 여권에 있다. 여전히 '윤나땡(윤석열이 대선 주자로 나오면 땡큐)'이라고 낙락할 때가 아니다. 여권이 직시할 것은 윤석열을 매개로 분출되고 있는 분노한 민심이다"고 했다. 윤평중, 「윤석열 죽이기」, 『조선일보』, 2020년 7월 3일; 양권모, 「'윤석열 현상'의 음영」, 『경향신문』, 2021년 3월 17일.

은 "검찰 개혁 과정에서 민주당은 윤석열에게 명분마저 빼앗겼다" 면서 "여기에 대한 성찰 없는 민주당 쇄신은 모두 헛수고가 될 것" 이라고 경고했다.[21]

그러나 '성찰 있는 민주당 쇄신'은 이미 물 건너간 것 같다. 무엇 보다도 민주당 사람들이 '윤석열 악마화'에 중독되어 있기 때문이 다. 이미 2020년 7월 민주당 의원 김경협은 "문재인 정부에 항거하 는 모습으로 수구 세력의 대권 주자가 되고픈 마음 이해 못 하는 바 는 아니지만, 그래 봤자 '물불 안 가린 건달 두목'이란 평에서 벗어 나긴 힘들 것"이라고 주장했다.[22] 이게 김경협 혼자만의 생각이 아 니라는 점이 중요하다. 그간 윤석열에게 쏟아진 여권의 그런 식의 비난과 욕설은 한 권의 책을 만들기에 충분할 정도로 많았으며, 이 는 지금까지도 계속되고 있다.

그렇게 윤석열의 미래를 잘 꿰뚫어본 여권 사람들이 어쩌자고 '수구 세력의 대권 주자'로 가는 길을 열심히 닦아 주었는지 모르겠 다. 윤석열을 '물불 안 가린 건달 두목'으로 보고 싶다면, 뭘 그렇게 두려워 할 필요가 있단 말인가. 여권엔 '윤나땡(윤석열이 대선 주자로 나오면 땡큐)'라고 반기는 사람들도 적지 않다고 하니,[23] 축배를 들어 도 좋을 일 아닌가.

●

박범계가 이어가는 '추미애 시즌2'

게다가 박범계는 어떤가? 그는 '추미애 시즌2'에 부응하기 위해 추미애 못지않은 '법무부 장관직의 정치화'를 열심히 시도하지 않았던가. 여권의 중대범죄수사청 추진에 대해 문재인이 속도 조절을 요청했다는 논란과 관련해 그는 여당의 당론을 따르겠다며 "나는 장관이기 전에 여당 국회의원"이라고 하지 않았던가. 검찰 내부에선 "박범계 장관이 정치인인지 공무원인지 모르겠다"거나 "집권여당 위해 장관직 이용하나요"라는 말이 나왔는데,[24] 이게 과연 검찰 개혁에 저항하기 위해서인지 아니면 정말 '법무부 장관직의 정치화'에 대한 문제 제기인지는 시간이 좀더 흐른 후에 분명해질 것이다.

아니 지금 당장 분명해진 것도 있다. 박범계는 4월 23일 검찰총장 후보 추천 요건을 묻는 기자의 질문에 "검찰총장은 대통령이 검찰 기관을 이끌 수장을 임명하는 것이기 때문에 대통령의 국정 철학에 대한 상관성이 크다"고 답변했다. 세상에, 이렇게 속셈을 다 드러내도 되는 건가? 오죽하면 민주당 의원 조응천은 "귀를 의심했다"며 "검찰총장의 덕목으로 제일 중요한 것은 여전히 정치권력으로부터 독립하여 공정한 결정을 하려는 결연한 의지와 용기"라고 말했을까. 그는 "말 잘 듣는 검찰을 원한다는 걸 장관이 너무 쿨하게 인정해버린 것 같아 당황스럽다"며 "이런 식이라면 장관이 생각

68

하는 검찰 개혁이 무엇인지 정말 우려스럽다"고 비판했다.[25]

물론 그런 우려는 현실이 되었다. 문재인은 5월 3일 차기 검찰총장 후보로 전 법무부 차관 김오수를 지명했다. 그는 "문 정권에서 대통령 수족인 이성윤 서울중앙지검장과 함께 '친정권 검사 투 톱'"으로 불린 인물이다.[26] '법무부 장관·검찰총장직의 정치화'는 윤석열의 대선 출마에 면죄부가 될 수 있다는 걸 모르는 걸까? 아니면 혹 딴 마음이 있는 건가? 문 정권이 겉으론 윤석열에게 비난을 퍼부으면서도 실은 '윤나땡'을 위해 애쓰고 있다고 봐야 하는 건가? '추미애 시즌2'를 넘어 '추미애 시즌3'를 원하는 사람들은 추미애의 우아한 도전이 일단 민주당 내에서 성공하기를 빌지도 모르겠다. 나 역시 가치 판단을 잠시 접고 구경꾼의 입장에서만 말하자면 그런 기원에 일조하고 싶다. 재미있지 않은가.

재미는 있을망정, 나라를 생각하면 이 모든 갈등이 불행한 일이 아닐 수 없다. 이젠 시간이 꽤 흘러 이 사건의 진상이 분명해졌다고 보아야 하지 않을까? 물론 여전히 동의하지 않을 사람들이 많긴 하겠지만, 나는 세 여성 검사(서아람·박민희·김은수)가 함께 쓴 『여자사람 검사』라는 책을 읽으면서 내가 이미 내린 바 있는 진단을 재확인할 수 있었다. 그건 바로 '윤석열 악마화'다.

●

문재인 정권의 치명적 실수, '윤석열 악마화'

"'할 말 다하는 고검 할머니 검사'가 꿈이라는 이들을 보고 있노라면 검사에 대한 편견이 살살 녹는다."[27] 『한겨레』 기자 최윤아가 『여자 사람 검사』에 대한 서평 기사에서 한 말이다. 나는 이 책을 재미있게 읽으면서 한 걸음 더 나아간 생각을 했다. 이 책이 좀더 일찍 나와 많은 사람들에게 읽혔더라면 문재인 정권의 검찰 개혁이 올바른 방향으로 가는 데에 일조할 수 있었을 것이라는 아쉬움을 떨치기 어려웠다.

문 정권의 치명적인 실수는 '윤석열 악마화'였다. '윤석열 악마화'의 명분을 보강하기 위해 전방위적인 '검찰 악마화'가 시도되었다. '악마화'를 해도 좋을 정도의 심각한 문제가 검찰에게 있었다 해도, 그건 검찰의 일부 모습일 뿐 전체의 모습은 아니었다. 게다가 그 문제는 검찰을 권력의 도구로 활용해온 역대 정권들에게 더 큰 책임을 물어야 할 일이었다.

그러나 늘 허풍을 좋아하는 문 정권은 검찰을 싸잡아 비난하면서 사실상의 '검찰 죽이기'를 시도했다. 그러면서도 자신들의 정권 안보를 위해선 이전 정권들이 해온 악습을 유지하는 내로남불의 극치를 보였다. 그러니 검찰 개혁이 제대로 될 리 만무했고, 이미 힘으로 밀어붙여 처리한 제도 개혁도 앞으로 큰 부작용을 낳으면서 두고두고 욕먹을 게 분명해 보인다.

대다수 검사들은 민생의 현장에서 악전고투惡戰苦鬪 하듯이 살아간다. "방대한 업무량, 끊임없는 야근에 특근, 2년마다 주거지 변동, 결정의 중요성에서 오는 압박, 여론의 질타. 내 인권을 챙길 틈은 조금도 주어지지 않았다. 그리고 검사들이 인권을 포기할 때, 그 가족들의 인권도 함께 포기되어야 했다."(박민희)[28] "전생에 내가 무슨 죄를 지었기에, 이생에 검사가 되어 이렇게 욕을 먹으면서 공노비처럼 전국을 기약 없이 떠돌며 하염없이 일하고 있는 것인지 막막해지면……."(김은수)[29] "검사들에게도 직업병이 있다. 과중한 업무와 야근으로 인한 거북목 증후군, 수근관 증후군, 목 디스크, 허리 디스크는 기본이다."(서아람)[30]

이 책의 반대편에 변호사 이연주의 『내가 검찰을 떠난 이유: 검찰 부패를 국민에게 고발하다』는 책이 있다. 흥미로운 건 "검찰은 허가받은 범죄단체"라고 주장하는 등 '검찰 악마화'에 일조한 이 책에도 평범한 일반 검사들의 고충과 애환이 적잖이 소개되어 있다는 점이다. 예컨대, 야근이 이어지던 어느 날, "우리, 국가에 이용당하고 있는 것 같지 않아?"라는 저자의 물음에 동료 검사가 "응, 정부가 검사라는 허울 좋은 이름표 하나 붙여주고 착취하는 것 같아"라는 답을 했다고 한다.[31] 왜 이렇게 착취당하는 평검사들까지 범죄단체의 조직원으로 모욕하는지 이해하기 어려웠다.

•

'검수완박'의 복수혈전을 넘어서

이연주도 책에서 잘 지적했듯이, 문제의 핵심은 늘 검찰보다는 집권 세력이었다. "검찰은 오랜 기간 집권 세력의 하수인으로 그들을 보위하는 역할을 해왔다. 권력자의 요구대로 또는 눈치를 봐가며 같은 편과 예쁜 놈은 봐주고 미운 놈을 때려주면서 검찰권을 자의적으로 행사해왔다."[32] "후배 검사들을 고양이 쥐 잡듯 하던 선배들이 국회의원들 앞에선 몸을 배배 꼬며 어쩔 줄 몰라 했습니다. 그건 마치 발라당 뒤집으면서 배를 내놓고 쓰다듬어 달라는 강아지를 보는 것 같았습니다."[33]

따라서 검찰 개혁을 진정 원한다면 집권 세력과는 거리를 두면서 검찰 개혁을 외쳐야 한다. 그래야 여론의 지지도 받을 수 있고, 집권 세력의 정권 안보용 검찰 개혁도 저지할 수 있다. 그러나 이연주는 그렇게 하지 않았다. 그는 '조국 사태' 직후인 2019년 10월 무렵부터 페이스북에 검찰총장 윤석열을 "윤 춘장", "이 새끼"라고 호칭하는 등 노골적인 반감을 드러냈으며, 본인이 고사하긴 했지만 사법연수원 30기 동기인 임은정 검사 등의 추천으로 열린민주당 비례대표 후보로 거론되기도 했다.[34]

이연주는 페이스북을 통해 조국의 아내 정경심이 자녀 표창장 위조 혐의 등으로 징역 4년을 선고받고 구속된 걸 가리켜 "크리스마

스이브의 대재난"이라며 "예수 그리스도가 박해받은 이유가 그러하듯이, 죄 많은 자들은 자신의 죄보다는 그 죄악을 들추고 없애려는 자를 더 미워하는 법"이라고 주장했다.[35] 이건 좀 해도 너무했던 게 아닐까?

이연주의 책엔 공감할 수 있는 내용이 많았다. 아니 공감을 넘어 이연주 못지않게 분노하기도 했다. 내가 동의할 수 없었던 것은 검찰을 윤석열을 비롯한 몇몇 고위 검사들로 의인화해 검찰 제도 자체를 무력화시키려는 듯한 '전부 아니면 전무'라는 식의 선악 이분법이었다. 문 정권의 검찰 개혁이 보여준 여러 문제점들을 지적하면서 균형을 취할 수도 있었을 텐데, 그는 정권의 편에 서서 윤석열과 검찰을 때리는 데에만 치중하고 말았다.

윤석열에게 아무리 많은 문제가 있었다 해도 그는 이연주가 분노하고 경멸해 마지않는 '정치권력의 하수인 노릇'을 거부하지 않았는가? 일단 이 점을 인정하고 평가해주면서 윤석열의 문제를 비판하는 것으로 가야지, '윤석열 악마화'에 몰입한 나머지 모순된 메시지가 공존하는 문제를 드러내고 말았다. 즉, 비판이 좀더 정교해야 한다는 뜻이다.

이연주가 비분강개하는 검찰 조직 내부의 문제는 어느 권력 집단 조직에서건 똑같이 나타나는 것이다. 한국의 엘리트 집단이 아직 그 수준이다. 그러니 이해해야 한다는 이야기가 아니다. 이연주 방식으로 문 정권 핵심부를 비판하겠다고 들면 검찰 이상 가는 괴물의 모습이 그려질 수도 있다는, 역지사지易地思之가 필요하다는 뜻이다. 그런 역지사지에 근거할 때에 제대로 된 검찰 개혁이 가능한 것이지, 문 정권식 '검찰 악마화' 수법은 민심의 역풍을 불러오기 마련이다. 이미 우리는 지난 4·7 재보궐선거 결과를 통해 그걸 확인하지 않았던가.

2020년 12월 9일 법무부 장관 추미애는 국회 본회의장 언론 카메라 앞에서 이연주의 『내가 검찰을 떠난 이유』라는 책을 읽는 '쇼'를 펼친 적이 있다. 나는 그가 다른 기회에 『여자 사람 검사』라는 책을 읽는 모습도 보여주면 좋겠다. 검찰 개혁이 '검수완박(검찰 수사권 완전 박탈)'과 같은 식의 복수혈전復讐血戰으로 타락해선 안 된다고 보기 때문이다.

●

문재인 정권의 '윤나땡'·'반사체' 타령

그럼에도 문 정권은 여전히 검수완박을 외치면서 윤석열에 대해선 '윤나땡'만 외치기에 바쁘다. 민주당에서 '윤나땡'을 외치는 선두주자가 전 더불어민주당 대표 이해찬이라는 게 흥미롭다. 그는 3월 17일 유튜브 '시사타파TV'에 출연해 윤석열에 대해 "제대로 된 법률가가 아니다"라며 "무얼 하든 개의치 않지만, 정치를 한다면 땡큐"라고 했다. 윤석열의 언어에 대해서는 "검사가 아니라 깡패의 언어"라고도 했다.[36] 그는 다음 날 KBS라디오 〈주진우 라이브〉 인터뷰에서 그런 '윤나땡'의 근거 중 하나로 다음과 같이 말했다.

"대선 후보가 되려면 발광체가 되어야 한다. 스스로 뿌리를 내려서 생명력 있는 발광체가 돼야 호소력도 생기고 국민들한테도 동의받는 그런 힘이 나오는 건데 반사체가 돼서는 그걸 못 끌어간다. 윤전 총장은 발광체가 아닌 반사체여서 스스로 커나가지는 못할 것이다."[37]

새로운 이론은 아니다. 정치권에서 윤석열 이전부터 대선 후보감을 품평하는 데에 쓰인 비유법이며, 윤석열에 대해서도 이미 여러 사람들이 그런 말을 해왔다. 그런데 이상한 건 왜 이런 말을 이해찬이 하느냐는 것이다. 대선 후보로 거론될 수 있을 수준의 반사체 노릇을 아무나 할 수 있는 건 아닐진대 윤석열을 그렇게 만들어준 장본인인 문재인 정권의 사람이 그런 말을 한다는 게 영 이상하다는 것이다. 다른 두 용법을 보자.

2021년 1월 공감과논쟁 정책센터 소장 장성철은 "윤 총장이 앞으로 발광체가 될 건지, 반사체로 끝날 건지는 본인이 하기에 달렸다"고 했고,[38] 3월 초 『중앙일보』 칼럼니스트 오병상은 "윤석열은 정치인으로 성공할 수 있을까"라는 질문을 던지면서 이렇게 말했다. "지금으로 보자면 유력합니다. 그러나 윤석열은 정권의 탄압에 저항할 때 빛나는 존재입니다. 스스로 빛을 내는 발광체가 아닙니다. 그동안 윤석열이 빛을 낸 것은 문재인 정권이 찍어눌렀기 때문이며, 그것이 부당하게 보였기 때문입니다. 문재인이 달라지면 윤석열은 빛을 잃을 수 있습니다."[39]

누구든 수긍할 수 있는 진단이요 평가다. 윤석열 하기에 달렸지만, 문재인이 달라지느냐가 중요한 변수라는 데에 동의하지 않을 사람은 없을 게다. '윤석열 대통령'을 원치 않는 문 정권 사람이라면 어떻게 해야 하겠는가? 문재인의 변화를 촉구하거나 읍소해야 한다. 그러나 지금까지 전개되어온 건 '추미애 시즌2'였다. 윤석열의 반사율을 극대화시키려고 몸부림치는 것 같다는 느낌이 들 정도였다. 이에 대한 아무런 문제의식이 없이 "반사체라 스스로 커나가지는 못할 것"이라는 예언을 하면서 만족하는 게 너무 이상하지 않은가?

오죽 답답했으면 경희대학교 미래문명원 교수 안병진은 4월 28일 더불어민주당 초선 의원들을 대상으로 한 화상 강연에서 "경쟁자를 과소평가하는 것이 우리의 고질적 문제"라며 "상대를 항상 과소평가하는 경향이 이번에도 보인다. 윤석열 전 검찰총장이 얘기하는 것을 너무 쉽게 생각하면 안 된다. 생각보다 내공이 있다"고 말했겠는가.[40]

나는 윤석열의 내공보다는 이해찬을 비롯한 문 정권 사람들의 '자멸自滅'에 무게를 두고 싶다. 그들은 윤석열 비난에 걸핏하면 '깡패'나 '조폭'이라는 단어를 동원한다. 이는 무엇을 말하는가? 이들이 윤석열에 대한 증오와 혐오로 인해 정상적인 판단력을 잃었다는 걸 시사한다. 미국 역사가 헨리 브룩스 애덤스는 "현실 정치는 무엇을 가장하든, 언제나 체계적인 증오를 조직화하는 데 달려 있다"고 했지만,[41] 그런 증오의 선동이 과유불급過猶不及의 원칙을 초월해도 좋다는 뜻은 아닐 게다.

●

노무현, "나는 발광체가 아니라 반사체다"

이해찬을 비롯한 문 정권 사람들은 일정한 양이 누적되면 어느 순간 질적인 비약이 이루어진다는 '양질전환의 법칙'을 모르는가? 아니 그걸 내가 걱정할 일은 아니다. 이 법칙이 적용될 수 있건 없건, 더욱 중요한 것은 '반사체 폄하'는 문 정권 사람들에게 '누워서 침 뱉기'일 수 있다는 점이다. "나는 발광체가 아니라 반사체다"는 명언을 기억하는가?[42] 누가 한 말인가? 바로 전 대통령 노무현이 한 말이다. 발광체는 국민이며, 정치인과 지도자는 국민의 뜻을 잘 반사해줘야 한다는 의미다.

　문 정권은 그런 반사체 역할을 잘해왔는가? 진보적 지식인들의 모임인 '사회경제개혁을 위한 지식인선언네트워크'가 최근 출간한 『다시 촛불이 묻는다: 포스트코로나 시대의 사회경제개혁』이란 책을 읽어보시라. 강원대학교 명예교수 이병천은 책 첫머리에 쓴 글에서 이런 진단을 내렸다. "촛불 항쟁의 열망에 부응해 정의로운 대한민국을 세우겠다고 약속했던 문재인 정부가 빠르게 촛불 정부로 서의 빛을 잃고 갈지자 행보를 보인 것은 우리의 예상을 훨씬 뛰어넘는 일이었고 다수 국민에게 큰 실망감을 안겨주었다."[43]

'윤석열 대통령 불가론'을 외치고 나선『한겨레』선임기자 성한용은 "부패가 만연한 부패 공화국에서는 검찰총장 출신 대통령이 필요할 수도 있겠다"며 "그러나 대한민국은 부패 공화국이 아니다. 범죄율도 다른 선진국에 비해 현저히 낮다"고 했다.• 하지만 한 달 후에 나온『한겨레』기사 제목 그대로 "'정치·정당의 부도덕·부패'에 국민들 울분 가장 컸다"고 하니,•• 민심과는 동떨어진 분석을 한 게 아닐까?

• 　다음과 같은 말 끝에 한 말이다. "윤석열 전 총장은 정치하면 안 된다. 대선 주자로 나서려고 해서는 안 된다. 이유는 두 가지다. 첫째, 잘할 수 없다. '치국경륜'의 핵심은 경제와 외교다. 정치 경험과 국정 경험이 없는 사람은 대통령을 할 수 없다. 윤석열 전 총장이 경제와 외교를 알까?" 두 번째 이유는 뭔가? "둘째, 될 수 없다. 지금 여론조사 수치는 반문재인 성향 유권자들의 화풀이에 불과하다. 거품이라는 얘기다. 진짜라고 믿으면 반드시 후회할 것이다." 성한용, 「윤석열 총장, 정치하지 마시라」, 『한겨레』, 2021년 3월 9일.

•• 　서울대학교 유명순 보건대학원 교수 연구팀의 '2021년 한국 사회의 울분 조사'에 따르면, 만성적인 울분을 느끼는 집단은 2018년 54.6퍼센트, 2020년 47.3퍼센트, 2021년 58.2퍼센트로 전년 대비 10.9퍼센트포인트 상승했다. '정치·정당의 부도덕과 부패'는 2018년 5위, 2020년 3위를 차지했으나 올해는 1위로 순위가 올라갔다. 채윤태, 「'정치·정당의 부도덕·부패'에 국민들 울분 가장 컸다」, 『한겨레』, 2021년 4월 22일; 김윤주, 「한국인이 느끼는 사회적 울분 1위는 정치인 부패·부도덕」, 『조선일보』, 2021년 4월 21일.

다수 국민을 분노케 한 LH 부정부패 사건은 어떤가? 서울대학교 국제대학원장 박태균은 이 사건을 거론하면서 "대한민국 역사에서 나타난 수많은 부패 사건이 끊임없이 계속되는 이유는 사건 처리 과정에서 사건의 진상은 묻혔고, 그 누구도 제대로 처벌받지 않았다는 데 있다"고 말한다. 그는 "지인한테 비밀 정보를 받아 부당한 이익을 얻으면서도, 그것이 불법이며 불공정한 과정이라는 의식이 없다"며 "이러한 의식이 없어지지 않는 한 지금까지 대한민국이 성취한 민주화와 산업화는 모래성처럼 무너질 것이다"고 경고한다.[44]

그래서 윤석열에게 대통령 자격이 있다고 말하려는 게 아니다. 진보 언론은 '윤석열 때리기'보다는 문 정권이 스스로 문제를 교정해 나가게끔 하는 역할에 충실하는 게 윤석열을 주저앉히는 가장 좋은 방법이 아니겠느냐는 말을 하려는 것이다. 이해찬처럼 엉뚱한 이야기를 하는 사람들에 대한 비판도 병행해 나가야 한다는 건 두말할 나위가 없다.

다시 '발광체-반사체' 이야기로 돌아가자면, 문 정권은 최소한의 반사체 역할도 하지 않으면서 국민과는 유리된 채로 스스로 발광체라고 뻐기는 독선과 오만을 저질러왔다고 보는 게 더 가슴에 와 닿는 진단일 게다. 이해찬이 탁월한 선거 전문가요 민주당 역시 탁월한 선거 전문당이라는 건 잘 알려진 사실이지만, 문제는 선거 승리의 목적이었다. 논공행상용 밥그릇 챙기기 외에 무슨 일을 제대로 해냈는가?

적폐 청산과 검찰 개혁? 국민적 지지를 받으면서 공명정대하게 했는가? 윤석열을 슈퍼 반사체로 만들어준 결과를 초래했다는 건 '염불보다는 잿밥'에 눈이 어두웠다는 걸 의미하는 게 아닌가? 민생은 잘 돌보았는가? 국민의 대대적인 분노를 유발한 부동산 가격 폭등과 LH 사태는 도대체 어찌된 일인가?

문 정권이 최소한의 반사체 역할도 하지 않았다는 건 "전 정권 탓", "검찰 탓", "윤석열 탓"을 무더기로 쏟아냈다는 게 잘 입증해주고 있다. 누구는 반사체라 안 된다는 식의 한가한 선거 게임에 몰두하지 말고, 민심의 반사마저 거부하는 독선과 오만에 대한 성찰부터 하는 게 좋지 않을까? 그래야 국민은 '발광체'를 원하는 게 아니라 국민을 우습게보지 않는 반사체 역할만이라도 제대로 해달라는 걸 깨닫게 될 것이다.

주

1   장강명, 「"절대로 적을 미워하지 마라, 판단력이 흐려지니까"」, 『조선일보』, 2021년 4월 20일.

2   김경욱, 「윤석열과 한강식」, 『한겨레』, 2021년 3월 17일.

3   정우상, 「윤석열 상대로 링에 올린 '예측불허 파이터'」, 『조선일보』, 2019년 12월 6일, A5면.

4   조백건·임규민, 「文 절친 당선에 결정적 첩보, 文 복심이 경찰에 내려보냈다」, 『조선일보』, 2019년 11월 28일, A3면.

5   박사라, 「文 정권 수사 '윤석열 측근' 죄다 잘랐다…추미애 '1·8 대학살'」, 『중

앙일보』, 2020년 1월 8일.

6 박주연, 「추미애 "내가 사퇴하면 윤석열도 사퇴할 줄 알았다"」, 『경향신문』, 2021년 1월 25일, 23면.

7 조형국·심진용, 「장관인가, 당대표인가…추미애 언행 논란」, 『경향신문』, 2020년 6월 27일, 3면.

8 김현빈, 「조응천 "추미애 발언, 당혹스러워 말문을 잃을 정도"」, 『한국일보』, 2020년 6월 28일.

9 김아진, 「진중권 "추미애 차기 대권 노리고 돌발행동"」, 『조선일보』, 2020년 6월 27일.

10 오현석, 「[문파 권력] 전투력 갖춘 '文 지킴이' 진격…與 지도부도 떤다」, 『중앙일보』, 2020년 9월 21일, 14면.

11 김경필, 「"강단 있다" 여권서 터져 나온 추미애 찬가」, 『조선일보』, 2020년 10월 21일, A6면.

12 박홍두, 「박원석 "추미애, 지지층 향해 윤석열을 제물로 정치 게임하고 있다"」, 『경향신문』, 2020년 10월 21일.

13 박상기, 「왜지? 추미애 장관이 거친 발언을 쏟아내는 까닭」, 『조선일보』, 2020년 6월 27일, A4면.

14 이해준, 「"檢 개혁 온몸 던진다" 이번엔 추미애 이순신에 빗댄 친여 학자」, 『중앙일보』, 2020년 11월 21일.

15 김유민, 「"추미애 장관 재신임을 요구합니다" 하루 만에 20만 동의」, 『서울신문』, 2020년 12월 19일.

16 박주연, 「추미애 "내가 사퇴하면 윤석열도 사퇴할 줄 알았다"」, 『경향신문』, 2021년 1월 25일, 23면.

17 김효성, 「추미애 "이재명·이낙연 구도 지루"…尹 사퇴하자 출마설 띄웠다」, 『중앙일보』, 2021년 3월 7일.

18 송승환, 「추미애 "국민이 부르면 나갈 준비 하고 있다" 대선 출마 초읽기」, 『중앙일보』, 2021년 3월 23일.

19 이민석, 「추미애 "윤석열은 정치 검사, 민주주의 망치는 독초"」, 『조선일보』, 2021년 3월 26일.

20 이성택·이서희, 「추미애 "윤석열, 야당과 언론이 키운 기획 상품…'윤두사미' 될 것"」, 『한국일보』, 2021년 3월 29일.

21 장근욱, 「'盧 측근' 조기숙 "윤석열 키우지 말라고 민주당에 경고했는데…"」,

『조선일보』, 2021년 4월 22일.

22   최경운, 「민주당 경선도 수사…與 "윤석열은 건달 두목"」, 『조선일보』, 2020년 7월 3일, A6면.

23   신지호, 「여권 인사들의 요즘 유행어 '윤나땡'을 아십니까」, 『주간조선』, 2021년 4월 25일.

24   김아사, 「현직 검사 "박범계 장관, 정치인인지 공무원인지 모르겠다"」, 『조선일보』, 2021년 3월 18일; 김수민·정유진, 「검사가 박범계에 물었다 "집권 여당 위해 장관직 이용하나요"」, 『중앙일보』, 2021년 3월 18일.

25   이해준, 「조응천 "말 잘 듣는 검찰 원한다는 법무장관, 내 귀를 의심"」, 『중앙일보』, 2021년 4월 24일.

26   「[사설] 검찰총장 예상대로 김오수, '정권 불법' 덮어줄 방패 기용」, 『조선일보』, 2021년 5월 4일.

27   최윤아, 「"할 말 다하는 고검 할머니 검사가 꿈"」, 『한겨레』, 2021년 3월 26일.

28   서아람·박민희·김은수, 『여자 사람 검사: 드라마가 아닌 현실 검사로 살아가기』(라곰, 2021), 81~82쪽.

29   서아람·박민희·김은수, 『여자 사람 검사: 드라마가 아닌 현실 검사로 살아가기』(라곰, 2021), 109쪽.

30   서아람·박민희·김은수, 『여자 사람 검사: 드라마가 아닌 현실 검사로 살아가기』(라곰, 2021), 118쪽.

31   이연주, 『내가 검찰을 떠난 이유: 검찰 부패를 국민에게 고발하다』(포르체, 2020), 65쪽.

32   이연주, 『내가 검찰을 떠난 이유: 검찰 부패를 국민에게 고발하다』(포르체, 2020), 72쪽.

33   이연주, 『내가 검찰을 떠난 이유: 검찰 부패를 국민에게 고발하다』(포르체, 2020), 356쪽.

34   하준호, 「열린공천 열린검사」, 『중앙일보』, 2021년 1월 18일, 26면.

35   박국희, 「親조국 변호사, 정경심을 예수에 비유하다가 "내 책 사주시면"」, 『조선일보』, 2020년 12월 27일.

36   김은중, 「이해찬 "뭇는 MB 키즈, 安은 뿌리 없는 조화, 尹은 깡패의 언어"」, 『조선일보』, 2021년 3월 17일.

37   김동하, 「이해찬 "윤석열 발광체 아닌 반사체…지지도 유지 못할 것"」, 『조선일보』, 2021년 3월 18일.

38 허진, 「秋 퇴장과 文 한마디, 이 두 개가 윤석열 지지율 떨어뜨렸다」, 『중앙일보』, 2021년 1월 26일, 14면.

39 오병상, 「[오병상의 코멘터리] 문재인이 호랑이를 키웠다」, 『중앙일보』, 2021년 3월 4일.

40 윤해리·여동준, 「안병진, 與 초선 쓴소리 강연서 "윤석열 과소평가 안 돼"」, 『뉴시스』, 2021년 4월 28일.

41 마크 뷰캐넌(Mark Buchanan), 김희봉 옮김, 『사회적 원자: 세상만사를 명쾌하게 해명하는 사회물리학의 세계』(사이언스북스, 2007/2010), 199쪽.

42 「'노무현과 바보들' 감독 "시민이 깨어 있지 않으면 세상은 후퇴"」, 『CBS라디오 '시사자키 정관용입니다'』, 2019년 4월 18일; https://m.nocutnews.co.kr/news/5136902#_enliple

43 이병천, 「거대한 위기와 전환의 정치: 생태복지국가의 길과 한국의 전환고개」, 이병천 외, 『다시 촛불이 묻는다: 포스트코로나 시대의 사회경제개혁』(동녘, 2021), 42쪽.

44 박태균, 「한국 부패사의 핵심은 제대로 된 처벌의 부재」, 『한겨레』, 2021년 4월 14일.

제3장

왜
문재인은
바뀌지
않을까?

'고집'을
'소신'으로
착각하는 비극

이제는 상처를 치유해야 할 때입니다.
우리를 갈라놓은 균열 위에
다리를 놓아야 할 때입니다.
창조를 시작해야 할 때입니다.[1]
● 남아프리카공화국 최초의 흑인 대통령 넬슨 만델라

•

문재인은 "한번 입력되면 변하지 않는 사람"

소신, 고집, 아집의 차이는 무엇일까? 없다. 모두 다 '신념'을 가리키는 단어일 뿐이다. 누구의 관점에서 보느냐 하는 차이만 있을 뿐이다. 영국 철학자 버트런드 러셀은 인칭의 변화에 따라 같은 내용이라도 표현이 다를 수 있다며, 그 사례로 "나의 의지는 굳다. 너는 고집이 세다. 그는 어리석을 정도로 완고하다"는 걸 들었다. 런던의 한 잡지사는 이와 같이 주어에 따라 표현이 다르게 변하는 유형들을 모집하는 대회를 열었는데, 당선작으로 뽑힌 것 중에는 이런 게 있었다. "나는 정의에 따라 분노한다. 너는 화를 낸다. 그는 아무것도 아닌 일에 날뛴다." "나는 그것에 대해 다시 생각했다. 너는 변심했다. 그는 한 입으로 두말을 했다."[2]

정치 지도자에 대한 평가도 당파성에 따라 인칭 변화 못지않게 큰 차이를 보인다. 대통령 문재인은 어떨까? 지지자들에겐 아름다운 소신의 주인공이겠지만, 비판자들에겐 강한 아집의 소유자로 여겨질지도 모른다. 무난하게 소신과 아집의 중간쯤 되는 고집이라고 불러보자. 문재인 지지자인 맛 칼럼니스트 황교익은 문재인의 선거 운동에 동행했던 경험에 대해 다음과 같이 말한다.

"문재인은 시장에서 이것저것 음식 받아먹으며 서민 코스프레하는 것이 정치인으로서 적절한 행동이 아니라고 생각하고 있다.…… 시장에서 음식 먹는 모습을 어떤 식으로든 보이기 싫었던 것이다. 속으로 나는 '졌다' 하고 선언하였다. 고집이 보통이 아니었다. 스스로 정한 원칙에 철저하였다."[3]

이 밖에도 문재인의 고집에 대한 증언은 많다. 과거 노무현 청와대에서 문재인을 가까이서 봤다는 한 친노親盧 인사는 "문 대통령은 한번 입력되면 변하지 않는 사람"이라고 했다. 일단 생각을 굳히면 바꾸지 않고, 어떤 사안이든 결정하면 끝까지 간다는 것이다.[4] 이번엔 2019년 6월 유시민의 유튜브 방송 알릴레오에 나오는 이야기를 들어보자. 친문 인사인 김어준, 양정철, 유시민 세 사람이 나눈 이야기다.

"노 대통령과 문 대통령 중 누구 고집이 더 세나?"(김어준) "고집이 세기로는 문 대통령이 훨씬 세죠. 노 대통령은 고집은 세지만 참모들과 토론을 할 때……."(양정철) "(말을 끊으며) 문 대통령은 토론 안 한답니까 살아 있는 권력인데……."(김어준) "아니 토론 많이 하고. 다 수용하는데 훨씬 더 고집은 노 대통령보다 문 대통령이 세다."(양정철) "그럼요. 적폐 청산, 이런 거 짝~ 밀고 나가잖아."(유시민) "노 대통령은 겉으로 굉장히 강하지만 속으로 굉장히 여리고 섬세한 분이다. 근데 문 대통령은 겉으론 섬세하고 여린 분 같은데 속은 훨씬 더 강하고 단단한 분이다."(양정철)[5]

●

야당 동의 없는 인사 31번째라는 대기록

유시민의 말이 맞다. 적폐 청산을 거침없이 밀고나가는 등 문재인의 고집은 빛을 발한 바 있다. 그러나 전반적으로 보아 문재인의 고집은 비판자들의 주요 메뉴이기도 하다. 황교익이 말한 고집은 '아름다운 고집'이라고 할 수 있겠지만, 모든 고집이 다 아름다운 건 아니다. "한번 입력되면 변하지 않는 사람"이라는 말도 좋은 뜻으로 한 말이었겠지만, 대통령이 한번 입력되면 변하지 않는 건 국정 운영에 큰 문제를 낳을 수 있다.

비판을 고집으로 대처하는 것도 문제다. 문재인은 이렇게 말한 바 있다. "저는 저하고 생각이 다른 입장에 있는 사람들의 일방적인 공격에 대해서는 정말로 눈 하나 깜짝하지 않습니다." 이는 "부산·경남 지역에서 김대중 대통령 지지 운동을 한다든지, 민주당 깃발을 들고 정치 운동을 하는 것 자체가 다수의 공격을 받는 소수파의 삶이었다"는 말 다음에 한 말이라 선의로 해석할 순 있지만,[6] 대통령이 된 후에도 그런 습관을 갖고 있다면 그건 정말 곤란하다.

문재인도 이성적으론 그 점을 잘 알고 있다. 대통령이 되기 직전 "민주화 운동을 하는 입장에서는 자신의 세계나 신념 체계만 고집하면 될지 몰라도, 정치를 통해 국민이 안심하고 살 수 있도록 나라를 새롭게 바꿔보겠다는 각오라면 전체를 다 통합하는 태도와 너그러움이 있어야 한다"고 했다.[7] 그러나 그의 감성이 작동하면 이성이 말을 듣지 않는다.

물론 우리는 그런 일들을 많이 목격해왔다. 보수 쪽에선 아예 '고집불통 대통령'이라거나 '고집왕王'이라고 부를 정도인데,[8] 특히 인사 문제에 있어선 야당의 문제 제기나 비판에도 불구하고 정말로 눈 하나 깜짝하지 않고 밀어붙이는 '소신' 또는 '아집'을 보여왔다. 문재인은 말도 많고 탈도 많았던 황희를 문화체육관광부 장관에 임명함으로써 야당의 동의 없이 장관급 인사 임명을 강행한 29번째 '야당 패싱'이라는 대기록을 세웠다. 이명박 정권 17건, 박근혜 정권 10건을 합친 규모를 넘어섰으니 축하할 일인가?

그러면서도 미안해하는 기색조차 없이 "청문회 때 시달린 분이 일을 더 잘한다"는 덕담 아닌 덕담을 해대니 야당으로선 화가 나지 않을 수 없다. 어디 그뿐인가. 아무리 문제가 많은 장관이 나와도 문재인은 정말이지 눈 하나 깜짝하지 않는다. 한 청와대 관계자는 "교체해야 한다는 정치적 요구가 나오면 오히려 더 안 바꾸는 것이 문 대통령 스타일"이라고 했다.[9]

4·7 재보궐선거의 참패 후 달라지겠거니 했지만, 여전히 눈 하

나 깜짝할 문재인이 아니었다. 그는 5월 10일 취임 4주년 기자회견에서 인사 문제와 관련해 "야당에서 반대한다고 해서 저는 검증 실패라고 생각하지 않습니다"라고 말함으로써 내로남불의 본때를 보여주었다. 민주당의 전신인 새정치민주연합 대표 시절(2015년 2월), "만약 우리 주장(사퇴)을 야당의 정치 공세로 여긴다면 중립적이고 공신력 있는 여론조사 기관에 여야 공동으로 여론조사를 의뢰하기를 청와대와 여당에 제안한다"고 말하지 않았던가. 그랬던 분이 찬성에 비해 두 배 가까운 반대 여론을 물리치고 5월 14일 과학기술정보통신부·국토교통부 장관의 임명을 강행했다. 이에 따라 야당동의 없이 임명된 장관급 인사는 31명으로 늘었다. 그래서 노무현 정권 3명, 이명박 정권 17명, 박근혜 정권 10명 등 도합 30명을 넘어선 또 하나의 기록이 탄생했다.

●

"착한 소녀가 나쁠 때는 정말 못 말렸다"

어찌나 고집이 센지 미련하다는 생각마저 들 때가 많다. 대한예방의학회 코로나19 대책위원장으로 국립암센터 교수인 기모란을 청와대 방역기획관에 임명한 게 대표적 예다. 기모란은 "화이자나 모더나 같은 백신 구매를 서두를 필요가 없다", "다른 나라에서 먼저 접종하는 게 우리나라 입장에서는 고마운 것이다", "백신을 먼저 접종한다고 집단 면역에 빠르게 도달한다고 볼 수 없다"고 주장하는 등 문 정권의 '백신 실패'에 일조한 인물이다.

전문가도 얼마든지 판단 착오를 할 수 있는바, 나는 그런 일련의 발언이 크게 문제될 건 없다고 본다. 생각을 달리하는 다른 전문가들도 많이 있으니 말이다. 다만 그런 분이 국가 방역을 지휘하거나 그에 준하는 일을 맡는 건 분명히 문제가 있다. 실제로 이런 비판이 제기되었는데, 청와대가 내놓은 답은 "기 기획관은 백신이 아닌 방역을 담당한다"는 것이었다. 방역과 백신을 분리해 보겠다는 것이니, 세상에 이런 궤변이 없다.

4월 21일 문재인이 청와대에서 서울시장 오세훈, 부산시장 박형준과 가진 오찬 간담회에서도 이 문제가 거론되었지만, 문재인의 답은 간단했다. "나는 전혀 문제라고 생각하지 않는다." 하긴 언제 자신의 인사가 문제라고 생각한 적이 단 한 번이라도 있었겠는가. 자꾸 이런 고집을 피우니 문재인과의 특별한 인맥을 거론하는 기사들이 나오는 게 아닌가.

대통령비서실장 유영민은 이전 비서실장들에 비해 매우 합리적인 사람임에도 옆에서 거든 말이 딱하다. 그는 "아직도 청와대에 오면 마치 벼슬을 하는 것처럼 대단한 권력을 하는 것으로 외부에서 보는 것 같다"며 "기모란 기획관은 우리가 설득해서 모셔온 분인데 그렇게 비쳐져서 안타깝다"고 말했다. 지금 그런 문제가 아니잖은가. '백신 실패'를 절대 인정하지 않겠다는 문재인의 못 말리는 고집이 낳은 비극적 발언으로 이해하는 게 좋겠다.

해야 할 인사를 하지 않고 버티는 고집도 놀랍다. 『부족국가 대한 민국』에서 지적한 바 있는 청와대 특별감찰관 문제를 보라. 국민의 힘 원내대표 주호영은 2월 16일 "우리가 먼저 민주당에 꾸준히 요구해온 특별감찰관은 4년째 임명하지 않고 있다"며 "자기들 목적(공수처 출범)을 달성한 이후 나 몰라라 뭉개는, 조폭 수준의 저급한 행위"라고 비판했다. 그러면서 "민주당은 공수처장 임명과 특별감찰관 지명, 북한인권재단 이사를 같이 진행하기로 약속했다"며 "그러나 일방적으로 법을 개정해 공수처장을 임명하고 난 다음엔 협력을 거부하고 있다. 야당과 한 약속을 헌신짝처럼 내버리는 배신 행위"라고 말했다.

하지만 그게 민주당만을 탓할 일은 아니다. 청와대의 주인인 문재인이 특별감찰관을 계속 공석으로 남겨두겠다고 버티고 있는데, 민주당이 무슨 수로 임명할 수 있겠는가. 그런데 청와대 정무수석 이철희가 5월 17일 라디오에 출연해 뜻밖의 말을 했다. 그는 "문 대통령이 특별감찰관 임명에 의지가 없다"는 지적에 "오해가 있다"고 밝혔다. 특별감찰관을 국회에서 추천해달라고 한 게 지금까지 4번이나 있었으며, "대통령 의지가 없는 게 아니라, 국회가 여야 협의를 통해서 세 분을 추천해 줘야 대통령이 임명할 것 아니냐"고 반문했다.

이해하기 어려운 말씀이다. 대통령이 언제부터 민주당에 아무런 영향력을 행사할 수 없는 '식물 대통령'이었단 말인가? 오해가 있었다면 풀어야 하는 게 아닌가? 그간 특별감찰관 공석 문제를 두고 많은 언론 비판이 문재인을 향해 쏟아져 나왔는데, 청와대는 속으로만 "그건 오해야"라고 중얼거리면서 계속 침묵을 지켜왔단 말인가? 오히려 이게 훨씬 더 큰 문제 아닌가? 상식적인 수준에서 이건 '문재인의 고집' 사건으로 보는 게 옳으리라. 나는 이 고집이 도무지 이해가 안 돼 미국 시인 헨리 워즈워스 롱펠로의 시에 나오는 작은 곱슬머리 소녀 이야기를 소개한 바 있다. "소녀는 착할 때 아주 아주 착했지만, 나쁠 때는 정말 못 말렸다."[10]

인사만 그런 게 아니라 각종 법안 통과에서부터 모든 주요 정책에 이르기까지 매사가 그런 식이다. 좋게 말하면 '마이웨이'고 좀 안 좋게 말하자면 '천하의 고집불통'이다. 야당을 적폐 대상으로 보기 때문에 그럴 거라고 짐작은 하지만, 그렇다면 무엇 때문에 공식 담화에선 협치가 필요하다는 등 마음에도 전혀 없는 말을 했던 걸까? 이런 이중 플레이가 야당의 화를 더욱 돋우는 바람에 정치권은 하루도 바람 잘 날이 없다.

●

'혼밥 질문' 이후 문재인을 만나지 못한 문희상

고대 그리스 사상가 헤라클레이토스는 "성격이 인간의 운명"이라고 했다.[11] 쇼펜하우어도 "인간이 태어날 때 갖고 나온 고유한 성격과 개성은 절대로 바뀌지 않는다"고 단언했다.[12] 오늘날엔 도전받고 있는 주장들이지만, 성격을 바꾸는 게 쉽지 않다는 데엔 만인이 동의한다. 그래도 어쩌겠는가. 평범한 사람에겐 "냅둬, 나 그냥 생긴 대로 살다 죽을래"라고 말할 자유가 있지만, 대통령에겐 그럴 자유가 없다. 그 자유를 누리고 싶다면 애초에 대통령을 해선 안 되는 일이었다.

성격을 바꾸려면 우선 환경을 바꿔야 한다. 다양한 사람들을 많이 만나면 고집이 좀 누그러질 수도 있다. 그런데 불행히도 문재인은 '혼밥(혼자 밥 먹는다는 의미)' 체질이다. 이미 『싸가지 없는 정치』라는 책에서 지적한 바 있지만, 그는 '혼밥'을 즐겨 했다. 2017년 1월에 출간한 『대한민국이 묻는다』의 '직문직답' 코너에서 "혼밥은 언제?"라는 질문에 "늘. 자주"라고 솔직하게 답했다.[13]

대통령이 된 후에도 '혼밥'을 자주 하는 것으로 알려져 정치권 안팎에서는 "대통령의 '혼밥'은 위험 신호"라는 우려가 나오기도 했다. 문재인은 2017년 12월 중국 국빈 방문 시 3박 4일 일정의 10끼 식사 중 8끼를 우리 측 인사들과 해결해 '혼밥' 논란을 빚었다. 2018년 전 민주평화당 대표 정동영은 함세웅 신부가 한 말이라며 "문 대통령이 요새 혼자 밥을 먹는다고 한다. 집권해서 1년이 지나가면 귀가 닫힌다"고 했다. 대통령이 다양한 사람을 만나 소통해야 하는데 그러지 못했다는 지적이었다.[14]

2018년 12월 국회의장 문희상은 청와대 오찬 자리에서 "혼밥하시우?"라고 묻기도 했다. 당시 문재인은 "허허허" 웃으며 답을 피했다. 문희상에게는 친문들의 댓글 폭탄이 이어졌다. 청와대는 비공개오·만찬이 많다며 '혼밥'을 부인했지만 야당 분석에 따르면 취임후 대통령의 식사 회동은 600일간 1,800끼니 중 100회에 그쳤다. 6일 중 한 번만 다른 사람과 공개적으로 밥을 먹은 것이다.[15]

문희상은 최근 언론 인터뷰에서 당시 "친문들한테 욕 잔뜩 먹었다"며 이렇게 말했다. "혼밥 발언 때문인지 그 이후로 한 번도 안 부르시더라고. 내가 혼밥하슈?라고 물은 건 다양한 사람들을 자주 만나라는 취지였다. 대통령에겐 식사 한 번이지만 대통령과 식사한 사람들에게는 평생 못 잊는 추억이거든. 1시간이 되면 되는 건데, 이런 자리를 자주 하시라고 한 건데……."[16]

『혼자 밥먹지 마라』는 자기계발서가 있는데,[17] 이 책을 읽고 또 읽으면 좀 달라질 수 있을까? 적극적인 소통론자이자 협치론자인 이철희가 청와대 정무수석으로 들어간 것에 기대를 걸어야 할까? 언론으로부터 이례적이라는 평가를 받은 문재인의 오세훈·박형준과의 오찬도 그의 작품일 텐데, 이철희가 문재인에게 계속 그렇게 하시라고 들들 볶으면 조금이나마 달라질 수 있을까?

●

'혼밥 고립'으로 인한 '근자감 고집'

혼밥 체질에 의해 강화되는 고집의 문제는 매우 심각하다는 걸 상기시켜 드리는 것도 좋을 게다. 무엇보다도 그런 고집이 과도한 낙관주의나 '근자감(근거 없는 자신감)'의 이유가 됨으로써 정책적 오류의 수정 가능성을 어둡게 만들고 있다는 점이 중요하다. 문재인이 경제를 비롯한 여러 정책 분야에서 근거가 없거나 약한 낙관적 발언을 했다가 나중에 여론의 질타를 받은 게 한두 번이 아니다. 자주 그런다고 해도 과언이 아닐 정도였다.

백신 문제만 해도 그렇다. K-방역의 성과에 도취돼 계속 그것만 내세울 일이 아니었다. 백신 정책의 실패를 인정하면 한 번에 털고 갈 수 있는 일이었는데도 계속 그걸 인정하지 않으려는 고집을 부렸다. 앞서 언급한 기모란 인사도 이 맥락에서만 이해할 수 있는 오기의 표현으로 볼 수 있다. 문재인의 다음 발언들을 보자.

"드디어 백신과 치료제로 긴 터널의 끝이 보인다."(2020년 12월 9일) "우리나라가 백신을 충분히 확보하지 못했다거나, 접종이 늦어질 것이라는 염려가 일각에 있다. 사실이 아니다."(2020년 12월 28일) "치료제가 상용화된다면 대한민국은 방역, 백신, 치료제, 세 박자를 모두 갖춘 코로나 극복 모범국가가 될 수 있다."(2021년 1월 5일) "백신은 충분히 빨리 도입이 되고 있고, 또 충분한 물량이 확보됐다.

집단 면역의 형성 시기 이런 면에서 한국은 결코 늦지 않고 오히려 더 빠를 것이다."(2021년 1월 18일) "그동안 정부는 필요한 국민 모두가 백신을 맞을 수 있도록 다양한 종류, 충분한 물량의 백신을 확보했다"(2021년 1월 20일) "우리나라는 다방면의 노력과 대비책으로 백신 수급의 불확실성을 현저하게 낮추고 있다고 자신 있게 말씀드릴 수 있다."(2021년 4월 12일)

그러나 다수 국민도 문재인이 지닌 근자감의 허구를 간파하기 시작했다. 여론조사업체 한국갤럽이 4월 20~22일 전국 만18세 이상 1,003명에게 '정부가 코로나19 대응을 잘하고 있는지'를 물었더니 응답자의 49퍼센트가 "잘못하고 있다"고 답했다. "잘하고 있다"는 43퍼센트였다. 부정 평가를 한 사람들의 절반 이상(55퍼센트)은 백신 확보와 공급 문제를 이유로 꼽았다.

4월 24일 정부가 '화이자 백신 2,000만 명분(4,000만 회분) 추가 계약'을 해냈다. 이를 보도한 『경향신문』 기사 제목이 재미있다. 「'오~화이자' 한숨 돌린 청와대」. 국민 역시 한숨 돌리면서 환영했을 게다. 그런데 그다음이 문제였다. 문 정권은 기세등등해서 역공을 펴는 게 아닌가. 백신을 걱정하거나 백신 지연에 대해 비판하면 '가짜뉴스', '소모적 논쟁', '국민 불안감을 초래하는 정쟁'이라는 식으로 화를 내면서 큰소리만 뻥뻥 쳐대니 어이가 없었다.

모더나 2,000만 명분이 5월에서 상반기 이후로, 노바백스 2,000만 명분이 2분기에서 3분기로 바뀌는 등 그간 정부의 큰소리가 어긋

나 말이 바뀌곤 했지만,[18] 이에 대해선 아무런 해명이 없었다. 급기야 4월 30일 백신 물량 부족으로 사실상 1차 접종을 잠정 중단하는 일이 벌어졌지만, 문 정권은 여전히 기세등등했다.

불행중 다행히도 한 달 후인 5월 28일 백신 1차 접종률이 인구 대비 10퍼센트를 넘으면서 집단면역 형성에 대한 기대가 높아졌지만, 백신 접종이 정부의 오판으로 인해 한참 늦어진 건 분명한 사실이 아닌가. 그로 인해 일부 국민들, 특히 자영업자들이 생존의 벼랑 끝에 몰린 고통을 생각한다면 당당하게 큰소리칠 일은 아니잖은가. 여권은 이런 지적만 하면 '국민 불안감을 초래하는 정쟁'이라고 핏대를 올리곤 했지만, 정작 이 문제를 "지금 밀리면 다 밀린다"는 식의 정쟁으로 몰아간 게 도대체 누구인가?

●

문재인은 부족 수장이 아니라 전 국민의 대통령이다

그런데 백신 문제만 이런 게 아니다. 정책의 전 분야에 걸쳐 근자감 발언이 많았다. 오죽하면 2019년 1월 10일 신년 기자회견에서 어느 기자가 "그 자신감은 어디에서 나오는 것인지, 그 근거는 무엇인지 좀 단도직입적으로 여쭙겠습니다"라는 질문을 했을까? 문재인 지지자들은 이 질문이 무례하다며 펄펄 뛰었지만, 많은 국민이 궁금해하는 걸 물었다고 보아야 하지 않을까? 그런 열성 지지자들이 워낙 "우리 '이니님'은 절대 틀리지 않는다"는 식으로 신앙에 가까운 지지를 보내는 것에 도취된 것인지도 모르겠다.

그게 아니라면 자신의 성공에 도취된 것일 수도 있다. 미국 IBM의 최고경영자 토머스 왓슨은 "개인이나 기업이 성공을 얻었다고 생각하는 그 순간 진보는 멈추게 된다"는 '성공의 덫'을 제시한 바 있다.[19] "내가 이렇게 해서 성공했는데 왜 바꿔?"라는 생각을 하면서 고집불통이 되는 순간 기업은 몰락의 길로 들어설 수 있다는 것이다.

문재인은 비록 자신의 원래 뜻과는 관계없이 '차출'당해서 대통령이 되었다곤 하지만, 고집스러운 자신의 성격을 고수하면서도 대통령이 되었으며 지난 총선에서도 대박을 쳤다는 점에 큰 의미를 두었을 가능성이 높다는 이야기다. 그건 박근혜와 코로나가 헌납한 성공이며, 전반적인 국정 운영은 전혀 다른 문법을 필요로 한다는 걸 깨닫고 또 깨달아야만 그런 덫에서 빠져나올 수 있을 게다.

오스트리아 정치가 클레멘스 메테르니히는 "정치가는 고집스러우면서도 동시에 유연하여야 하며, 교조주의나 쇠막대기가 아니라 원칙들에 있어서는 확고하고 일상 정치에 있어서는 적응적인 강철 용수철이어야 한다"고 했다.[20] 문재인에겐 확고한 고집만 있을 뿐 유연한 적응력이 없다. 더 큰 문제는 그 고집을 소신으로 착각하고 있다는 점이다. 물론 강성 지지자들이야 확고한 고집에 열광하겠지만, 문재인은 그런 사람들로 구성된 부족의 수장이 아니라 전 국민의 대통령이 아닌가. 한번 입력된 과거의 경험에 몰입하면서 변화를 거부하는 대통령의 소신 또는 아집이 안타깝다.

●

"그 정도 하시지요. 좀스럽고, 민망한 일입니다"

고집은 갈등 상황에선 도량이나 관용의 문제와 만나기 마련이다. 이를 잘 볼 수 있는 작은 사건 하나가 2021년 3월 12일에 일어났다. 문재인이 페이스북을 통해 "선거 시기라 이해하지만, 그 정도 하시지요. 좀스럽고, 민망한 일입니다"라는 메시지가 일으킨 사건이다. 댓글만 1만 9,000여 개가 달렸고, 야당은 "국민에 대한 겁박"이라며 반발하고 나서는 등 뜨거운 논란이 벌어졌다. 문재인 사저 부지의 농지에 대해 양산시가 지난 1월 '농지 전용轉用' 허가를 내준 사실을 야당이 문제 삼자 이에 대한 입장을 올린 것인데, 논란의 핵심은 '좀스럽다'는 단어의 사용이었다.

전 국민의힘 의원 유승민은 "자신의 일에는 저렇게 화를 내는데 국민의 분노는 왜 공감하지 못하는가"라며 "LH 불법 투기에 대한 국민의 분노가 들끓고 국토부 장관은 사표를 쓰고 LH 간부가 극단적 선택을 한 날, 대통령은 본인의 사저 부지에 대한 문제 제기를 두고 '좀스럽다'고 짜증을 낸다. 실망"이라고 했다. "감정 조절 장애 걸린 대통령"(윤영석), "자제력 잃은 대통령, 안타깝다"(하태경), "문

준용 씨가 버르장머리 없는 이유"(김재원) 등 다른 야당 인사들의 비판도 쏟아졌다.

이에 민주당 의원들이 문재인의 호위무사를 자처하고 나섰다. 정청래는 "대통령의 분노"라고 옹호했으며, 홍영표는 "대통령님, 국민들 그리 쉽게 속지 않습니다. 너무 염려 마십시오"라고 했다. 김두관은 "국민의힘과 보수 언론들만 심술과 좀스러운 트집 잡기를 계속하고 있다"며 "제발 비판을 하더라도 국격을 생각해서 하길 바란다"고 했고, 윤건영은 야당의 의혹 제기를 "병적인 수준"이라고 했다.

『조선일보』는 「국민 분노엔 침묵, 자신 의혹엔 '좀스럽다'는 대통령」이라는 제목의 사설에서 "누구보다 선거에 올인해온 대통령이 '선거 시기라 이해는 하지만'이라며 남 얘기하듯 한다. 지켜보는 국민이 더 민망하다"고 했다. 반면『한겨레』는 「본질 벗어난 야당의 '대통령 사저' 공격, 지나치다」는 제목의 사설에서 "엘에이치 사태의 본질은 공직자가 개발 정보를 이용해 땅 투기를 한 것이다. 퇴임하고 농사를 짓겠다는 대통령과 엮을 문제가 아니다"며 "어떻게든 대통령을 망신 주겠다는 과도한 정치 공세는 이쯤에서 멈추기 바란다"고 했다.

이렇듯 양 진영이 팽팽하게 맞선 이 사건을 어떻게 봐야 할까? 청와대 참모들도 말렸으며, 여당 내부에서도 "대통령이 직접 쓴 것이 맞느냐"는 의구심이 나올 정도로 '정무 감각'을 문제 삼았다는 보도가 나온 걸 보더라도 청와대의 '위기관리' 능력에 문제가 있었다고 보는 게 옳을 것 같다. 어느 기업 홍보 전문가는 "기업 위기관리 차원에서 본다면 사고에 가까운 실책"이라고 평했다는데,[21] 정치 분야라고 해서 다를 건 없으리라. 아무리 억울한 상황에서도 거친 감정 표출은 소통의 최대 금기라는 점에서 말이다.

•

문재인의 도량은 '좀스럽지' 않은가?

왜 이런 일이 벌어진 걸까? 나는 '팃포탯Tit for Tat'을 떠올렸다. 팃포탯은 '이에는 이, 눈에는 눈'처럼 상대가 자신에게 한 대로 갚는 맞대응 전략을 말한다. 쉽게 말해서 야당의 문재인에 대한 반감과 분노가 쌓일 대로 쌓였다는 뜻이다. 가깝게는 부산시장 보궐선거를 앞둔 시점에서 문재인의 가덕도 방문 '선거운동'에 화가 났고, 멀게는 여당이 국회에서 여러 차례에 걸쳐 '다수결의 횡포'를 저지른 것에 화가 났다. 또한 문재인이 말로는 협치를 외치면서도 협치를 하기는커녕 우회적일망정 야당을 사실상 적폐 세력으로 몰아가는 것에 화가 났다.

원래 힘이 센 쪽은 가해 사실 자체를 잘 모르는 법이다. 그래서 발뻗고 편안하게 자겠지만, 당한 쪽은 이를 갈기 마련이다. 헤라클레이토스는 "분노를 떨쳐버리기란 어려운 일이다. 인간은 자기 영혼을 내주고라도 보복을 하려 들기 때문이다"고 했다.[22] 야당이 그 수준까진 가지 않은 게 국가를 위해 다행인지도 모르겠다.

야당이 그렇게 쌓인 화를 푸는 방식엔 결코 동의할 수 없지만, 이런 상황을 초래한 데에 문재인 자신이 져야 할 책임은 없는지 살펴보는 것도 좋을 것 같다. 무엇보다도 문재인은 취임사에서 했던 다음 약속이 왜 부도가 났는지에 대해 성찰해야 하지 않을까? "보수와 진보의 갈등은 끝나야 합니다. 대통령이 나서서 직접 대화하겠습니다. 야당은 국정 운영의 동반자입니다. 대화를 정례화하고 수시로 만나겠습니다."

이 문제는 공감 능력과 연결된다. 문재인의 공감 능력에 대한 평가는 정치판이 그렇듯이 양극화되어 있다. 지지자들은 공감 능력이 뛰어나다고 말하지만, 비판자들은 공감 능력이 약하거나 아예 없다고 말한다. 이런 상반된 평가가 어떻게 가능할까? 답은 간단하다. 대상이 누구냐에 따라 달라진다. 문재인은 자기편이거나 갈등 요소가 전혀 없는 사람들에겐 더할 나위 없이 착하고 인자한 공감 능력을 보이지만, 자신이 보기에 적폐 청산의 대상이거나 그럴 가능성이 농후한 사람들에겐 최소한의 역지사지易地思之마저 해주지 않는 것 같다.

아마도 그래서 문재인은 야당이 자신에 대해 분노하는 이유를 전혀 모르거나 악의적인 것으로 이해할 가능성이 높다. 이게 바로 '좀스럽다'는 표현이 나온 배경일 게다. '좀스럽다'는 "도량이 좁고 옹졸한 데가 있다"는 뜻일 텐데, 문재인 자신의 도량은 어떠했는지 되돌아보면 좋겠다. 넓은 도량과 관용은 자존감을 필요로 한다. 집요한 적폐 청산으로 대변되는 과거에 대한 강한 피해의식은 자존감과는 거리가 멀다. 대통령이라는 직책의 무게와 더불어 국가와 국민을 생각할 때에 비로소 피해의식을 넘어선 자존감의 회복이 가능해진다. 제21대 국회 개원 축하 연설에서 "지금과 같은 전 세계적인 위기와 격변 속에서 협치는 더욱 절실합니다"라고 했던 만큼 이제라도 야당과의 대화를 정례화하고 수시로 만나 협치의 문을 열어주기를 기대한다. 그래야 '좀스럽지 않은 정치'가 가능하지 않을까?

•

'문재인 독재' 개념은 얼마나 타당한가?

"우리를 괴롭히는 것은 우리가 모르고 있는 것들이 아니다. 우리를 괴롭히는 것은 우리가 잘못 알고 있는 것들이다."[23] 미국 경영학자 프리츠 로슬리스버거의 말이다. 이는 기업 경영에서뿐만 아니라 보통 사람의 인간관계, 더 나아가 정치적 갈등에도 타당하다. 특히 오해에 의한 싸움만큼 비극적인 것도 없으니 말이다.

나는 앞서 문재인은 야당이 자신에 대해 분노하는 이유를 전혀 모르거나 악의적인 것으로 이해할 가능성이 높다고 했다. 아마도 가장 이해할 수 없거니와 악의적인 것으로 보는 것 중의 하나가 '독재'라는 공격일 게다. 반反독재 투쟁을 한 민주화 투사들이 실세인 정권을 향해 그런 말을 하다니, 그게 말이 되는가? 이렇게 생각하는 사람들이 많았지만, '독재'의 개념을 재정의하면서 타당하다고 생각하는 사람들도 있었다. 이들 사이에 빚어진 상호 오해는 풀리지 않은 채로 정치적 공방 속에 묻히고 말았는데, 지난 4월 9일 노무현재단 이사장 유시민이 이 문제를 거론하고 나섰다.

유시민은 유튜브 방송 '알릴레오'에서 미국 하버드대학 교수 스티븐 레비츠키와 대니얼 지블랫이 공동 집필한 『어떻게 민주주의는 무너지는가』를 소개하면서 "야당이 민주주의가 무너졌다, 독재라고 하는데, 어떤 기준과 판단으로 현 한국 정부를 민주주의 위기라고 하는지 (이 책을 읽고) 약간 이해가 됐다"고 말했다. "이 책이 한국 정부에 대한 것은 아니지만, 이걸 읽다보면 어떤 맥락에서 (야당이) 그러는지, 국민의힘을 이해하는데 아주 이해가 됐다"는 것이다.

물론 유시민은 야당 비판을 위한 서론 격으로 이 말을 한 것이지만,• '독재' 개념을 둘러싼 오해를 풀 수 있는 물꼬를 터주었다는 점에서 반갑고 고마운 일이 아닐 수 없다. 특히 민생을 돌보는 선의의 경쟁을 하면서 협치를 지향하는 정치를 위해서 말이다. 『어떻게 민주주의는 무너지는가』라는 책의 관련 내용을 좀 살펴보기로 하자.

저자들은 노골적인 형태의 독재는 전 세계적으로 점차 종적을 감추고 있지만, "오늘날 민주주의 붕괴는 다름 아닌 투표장에서 일어나고 있다"는 점에 주목한다.[24] 미국 대통령 도널드 트럼프의 재임 중에 벌어진 정치적 아수라장을 기억하는 사람이라면, 이들이 왜 독재의 개념을 재정의하려는 시도를 했는지 쉽게 이해할 수 있을 게다.

이 책은 민주주의를 수호하는 핵심 규범으로 성문화된 규칙보다 '상호 관용'과 '제도적 자제'를 꼽으면서 탄탄한 역사적 증거들을 제시한다. 그간 우리가 이해해온 독재는 성문화된 규칙 중심이었던 바, 문 정권을 독재로 보는 건 저질의 정치 공세로 여겨지기 십상이

- 약간 이해가 되었다고 하니 여야(與野)가 너무 원수처럼 싸우지 말고 협치를 해보자고 말했으면 좋으련만, 유시민의 메시지는 그건 아니었다. 오히려 독재 정권에선 정치적 경쟁자를 없애려고 한다는 내용을 언급하며 종북 몰이에 열을 올렸던 과거 야권의 행태를 우회적으로 비판하는 데에 활용했다. 그는 "우리나라는 북한이라는 존재가 있기 때문에 유일하게 상대방을 말살할 수 있는 것(방법)이 북한하고 연관시키는 것"이라거나 "분단 상황이 지속하는 한 우리나라는 '우파 포퓰리즘'이 없어질 수가 없다" 등의 주장을 했다. 이에 국민의힘 비전전략실장 김근식은 페이스북을 통해 "이 책은 선거로 선출된 합법적 정부가 민주주의의 이름으로 사실상 민주주의를 무너뜨리는 최근의 민주주의 위기 현상을 분석한 것"이라며 "과거 군사쿠데타나 물리력 동원으로 민주주의를 파괴한 것과 달리, 최근에는 합법적으로 선출된 정부가 민주주의의 제도적 장치를 동원해서 민주주의를 파괴하는 아이러니를 지적한 것"이라고 했다. 김근식은 "그런데 유 이사장은 이 책을 통해 야당의 주장을 이해하겠다면서도, 갑자기 북한을 끌어들여 우파 반북 포퓰리즘을 비난하고 나섰다"며 "문재인 정권의 폭주와 대중선동과 포퓰리즘을 사회과학적으로 비판하는 정치학 서적에서 갑자기 우파의 반공 독재를 비난하고 있는 것"이라고 했다. 그는 "뭐 묻은 개에겐 뭐만 보인다더니, 이 책을 읽고도 반성은커녕 전혀 맥락 없는 반공 포퓰리즘으로 보수 야당을 공격하는 정도면, 유 이사장은 심각한 오독증 난독증 환자이거나 아니면 예전의 총기가 사라진 것"이라고 주장했다. 김명진, 「김근식, 유시민 독후감에 "심각한 오독증·난독증 환자냐"」, 『조선일보』, 2021년 4월 11일.

다. 그러나 '상호 관용'과 '제도적 자제'를 독재 판별의 근거로 삼는 다면 이야기는 좀 달라진다.

●

독재 판별의 기준은 '상호 관용'과 '제도적 자제'

저자들은 "상호 관용이란 정치 경쟁자가 헌법을 존중하는 한 그들이 존재하고, 권력을 놓고 서로 경쟁을 벌이며, 사회를 통치할 동등한 권리를 갖는다는 사실을 인정한다는 개념"이라며 이렇게 말한다. "물론 경쟁자의 주장에 동의하지 않거나, 그 주장을 혐오할 수 있다. 그럼에도 그들을 정당한 존재로 인정해야 한다. 경쟁자가 올바르고, 국가를 사랑하고, 법을 존중하는 시민임을 인정해야 한다. 다시 말해 그들 역시 우리와 마찬가지로 나라를 걱정하고 헌법을 존중한다고 가정하는 것이다. 비록 그들의 생각이 어리석고 잘못된 방향으로 나아가고 있는 것으로 보인다고 해도, 그들을 위협적인 존재로 바라보지 않는 것이다."[25]

저자들은 '제도적 자제'를 '지속적인 자기통제, 절제와 인내', 혹은 '법적 권리를 신중하게 행사하는 태도'로 정의하면서 이렇게 말한다. "또한 법을 존중하면서도 동시에 입법 취지를 훼손하지 않는 자세를 말한다. 자제 규범이 강한 힘을 발휘하는 나라에서 정치인들은 제도적 특권을 최대한 활용하려 들지 않는다. 비록 그게 합법적인 테두리 안에 있는 것이라고 해도 기존 체제를 위태롭게 만들 위험이 있기 때문이다."26

이어 저자들은 "제도적 자제는 민주주의보다 더 오랜 전통을 갖고 있다. 왕이 권력을 신에게서 부여받았다고 주장했던 시대에(신권은 왕권의 토대였다) 어떤 법도 왕권을 제한하지 못했다. 그럼에도 민주주의가 등장하기 이전에 유럽의 많은 군주는 권력 행사를 자제했다. 어쨌든 '신의 뜻을 따르기 위해서' 지혜와 절제의 덕목을 갖춰야 했다"며 다음과 같이 말한다.

"군주제가 자제를 필요로 했듯이 민주주의도 자제를 요구한다. 민주주의를 무한히 이어지는 경기라고 한번 생각해보자. 경기가 이어지려면 선수들은 상대를 완전히 짓밟아서는 안 된다. 그리고 다시는 보지 않을 사람처럼 상대를 적대시하지 말아야 한다. 상대 팀이 떠나면 더 이상 경기는 없다. 이 말은 승리를 위해 최선을 다하더라도, 어느 정도 선에서 자제하며 경기에 임해야 한다는 뜻이다."27

자, 어떤가? 꼭 문 정권을 염두에 두고 한 말 같지 않은가? 제19대 대선에서 문재인이 얻은 득표율은 41.08퍼센트에 불과했지만, 이에 어울릴 법한 관용과 자제는 없었다. 제21대 총선은 의석 수 기준으론 더불어민주당이 거의 더블 스코어 압승을 거두었지만, 지역구 득표율은 더불어민주당 49.9퍼센트, 미래통합당 41.5퍼센트로 두 정당의 격차는 8.4퍼센트포인트에 불과했다. 이 작은 차이에 어울릴 법한 관용과 자제 역시 없었다.

오히려 문 정권은 야당을 일방적으로 밀어붙이는 게 '준엄한 촛불 민심'이라며 인사에서부터 입법에 이르기까지 일방적인 독주를 감행했다. 야당 지지자들도 적잖이 포함되어 있는 '촛불 민심'을 그렇게 자의적으로 독식하면서 편의적으로 해석하는 건 파렴치한 행위라는 문제의식조차 없었다. 착하고 선하고 인자하다는 문재인의 얼굴이 관용과 자제의 이미지는 풍겼는지 몰라도 문 정권의 정치 행태는 법학자 마크 터쉬넷이 작명했다는 '헌법적 강경 태도' 일변도였다. 저자들의 해설에 따르자면, "이 말은 규칙에 따라 경기에 임하지만, 규칙의 테두리 안에서 최대한 거칠게 밀어붙이고 '영원히 승리를 빼앗기지 않으려는' 태도를 의미한다. 이러한 접근 방식은 민주주의라고 하는 경기가 계속 이어질 수 있는지에 대해서는 전혀 걱정하지 않고, 오로지 정치 경쟁자를 없애버리기 위한 전투 자세다."[28]

문 정권의 강성 지지자들, 그리고 이들의 인정을 받으려고 애쓰는 여권 정치인들의 언행은 야당을 정당한 경쟁자로 인정하지 않으면서 수시로 비난하고 모욕하는 독선과 오만 그 자체였다. '민주주의'와 '정의'의 이름으로 말이다. 문재인은 늘 스스로 손에 더러운 걸 묻히지 않으려는 소극성을 보이면서 착하고 선하고 인자한 표정만 지어 보였지만, 그는 강성 지지자들의 그런 행태를 지지하는 자세를 취함으로써 사실상 경쟁자를 인정하지 않는 경향을 강화했다.

야권은 이런 문 정권을 어떻게 바라보았을까? '상상도 할 수 없는 폭거'를 저질렀다고 보았다.* 과도한 비판일망정, 이게 바로 야권의 생각이다. 나는 문 정권을 '독재'로 부르고 싶진 않지만, 그렇게 무시와 모욕을 당한 야권 정당들이 문 정권을 독재(연성 독재)라고 부르는 것엔 나름의 근거가 있다고 생각한다.

만약 문 정권 사람들이 야당의 분노를 '정권 발목잡기'를 위한 악의적인 것으로만 이해하고 있다면, 부디 이 책을 읽으면서 관용과 자제의 필요성을 느껴보면 좋겠다. 지난 4·7 재보궐선거의 패배도 그런 관점에서 이해해야 한다. 야당도 마냥 큰소리를 칠 입장은 아니다. 야당 역시 집권 시절에 저질렀던 '헌법적 강경 태도'에 대해 성찰하면서 관용과 자제의 자세를 가져야 한다. 양쪽 모두 행여 이미 늦었다고 할 게 아니다. "끝날 때까지 끝난 게 아니다"는 말은 이 경우에도 유효하다. 과거에 대한 복수의 악순환은 이제 끝장내야 한다. 여야 정당들을 위해서가 아니라 국민과 나라를 위해서다.

● 『조선일보』 주필 양상훈의 칼럼이 이런 정서를 잘 대변했다. "민주주의 근본인 선거법을 야당 동의도 없이 마음대로 바꿨다. 민주 정당으로서 상상도 할 수 없는 폭거다. 1987년 민주화 이후 지켜져온 국회의 합의 관례를 깨고 입법 권력을 싹쓸이했다. 국가 형사 사법 체계, 임대차법 등 국민 실생활에 직접 영향을 미치는 법조차 마음대로 바꿔버렸다. 심지어 야당에 법안을 보여주지도 않고 통과시키기도 했다. 대통령은 장관급 24명을 국회 동의 없이 일방적으로 임명했다. 대통령 비판했다고 청년들 집을 압수 수색했다. 민주주의의 적(敵)인 포퓰리즘을 노골화하며 선거까지 세금 살포 매표로 타락시키고 있다. 진정 민주주의를 위해 싸워온 사람들인지 도저히 믿을 수 없을 정도다." 양상훈, 「운동권 예우法? 진짜 민주화 유공자는 6·25때 나라 지킨 분들」, 『조선일보』, 2021년 4월 15일.

문 정권의 강성 인사들은 여전히 달라지지 않은 모습을 보여주고 있지만, 이제 곧 문재인의 이미지 파워마저 완전히 고갈되면, 어쩌려고 그러는지 모르겠다. 나는 문재인이 그들에게 휘둘리지 말고 과감하게 남아프리카공화국 최초의 흑인 대통령이자 세계적인 인권운동가였던 넬슨 만델라에게 배우길 권하고 싶다.

●

문재인, 넬슨 만델라에게 배우면 안 되나?

"어떤 사람에게 그가 이해할 수 있는 언어로 이야기하면 그것은 머릿속으로 간다. 그의 언어로 이야기하면 그것은 그의 마음으로 직행한다."[29] 만델라의 말이다. 그는 27년간 감옥살이를 하면서 자신을 가둔 남아프리카 태생 백인들의 문화와 역사에 관한 많은 책을 읽었고, 그들이 좋아하는 럭비를 시청하고 그들의 언어를 배웠다. 이게 바로 그가 비폭력운동을 성공시킬 수 있었던 결정적 이유였다. 백인들과의 소통과 상호 신뢰가 가능해졌기 때문이다.

네덜란드 언론인 뤼트허르 브레흐만의 『휴먼카인드: 감춰진 인간본성에서 찾은 희망의 연대기』에 나오는 이야기다. 나는 이 책을 읽으면서 만델라 부분에서 우리 사회를 지배하고 있는 양극화된 증오의 정치를 떠올리지 않을 수 없었다.

물론 한국은 야만적인 인종 분리 정책을 펴는 나라가 아니다. 인종 갈등도 없고, 정치적 갈등으로 인한 폭력 사태도 없다. 증오라고 해봐야 말과 글로 표현하는 수준이다. "갈등은 민주주의의 위대한 엔진"이라는 이유를 들면서 우리는 민주주의를 치열하게 실천하고 있을 뿐이라고 말할 수도 있겠다. 하지만 정치가 승자독식 전쟁을 벌이느라 민생이 도탄에 빠지게끔 하는 역할만 하고 있다는 데에 분노한다면 이 책을 통해 소통과 협치의 가능성에 대한 모색을 해볼 수 있을 게다. 성선설을 역설하는 듯한 저자의 모든 주장에 동의할 필요는 없다. 성악설의 신봉자일지라도 조금이나마 얻을 게 있다는 게 중요하다. "악이 더 강해 보이더라도 선의 숫자가 더 많다"는 점에서 말이다.[30]

정치인들 가운데 마키아벨리를 존경한다고 공개적으로 말하는 사람은 아무도 없다. 하지만 정치를 보라. 마키아벨리가 깜짝 놀랄 정도의 권모술수가 난무한다. 지난 4·7 재보궐선거에선 상대 후보에 대한 인신공격을 포함한 온갖 네거티브 공세가 난무했다. 선거라는 게 원래 그런 법이라고 생각하는 언론은 그런 네거티브 권모술수가 정치의 일용할 양식인 양 자연스럽게 보도한다. 그런 가운데 '증오의 정치'는 유권자들의 일상적 삶에까지 파고들어 정치권의 소통 불능 상태를 악화시킨다.

물론 증오 없는 세상은 가능하지 않으며, 증오가 나쁘기만 한 것도 아니다. 증오는 사회정의를 실현하기 위한 동력이 되기도 한다. 프랑스 작가 에밀 졸라는 유대인이라는 이유로 억울하게 독일 간첩

누명을 쓰고 투옥된 드레퓌스의 무죄를 주장하는 싸움을 시작하면서 "증오란 신성한 것이다"고 했다.[31] 집단이 저지르는 야만적인 불의엔 그런 신성한 증오로 맞서는 것이 옳으리라.

●

'증오 마케팅'을 하는 '증오 산업'의 번창

그러나 지금 우리 사회를 지배하는 증오는 그런 유형의 증오가 아니다. 기존 '증오의 정치'라는 프레임에 갇힌 사람들은 반대편이 증오를 필요로 하는 대상이라는 걸 입증하기 위한 '악마화'를 시도하면서 자신의 증오를 정당화하지만, 이는 선후관계가 바뀐 것이다.

우리 모두 가슴에 손을 얹고 답해보자. 증오는 나에게 고통을 주는가, 쾌락을 주는가? 후자일 가능성이 높다. 일찍이 아리스토텔레스가 지적했듯이, 분노는 고통을 동반하지만 증오는 고통을 동반하지 않기 때문이다.[32] 분노는 시간이 지남에 따라 사그라질 수 있지만 증오는 사그라지지 않는 이유도 바로 여기에 있다. 증오는 고통이 없기 때문에 사그라들 필요가 없을뿐더러 자신을 좀더 우월한 존재로 여기게끔 만드는 쾌락을 제공하기 때문이다.

지금 우리 사회엔 '증오 마케팅'을 하는 '증오 산업'이 번창하고 있다. 정치 산업과 이와 부족주의적 동맹 관계를 맺고 있는 각종 하위 산업이 자신들의 '밥그릇'을 지키고 키우기 위해 온갖 명분으로 포장을 씌운 증오의 선동에 앞장서고 있다. 가수 안치환은 이미 〈개새끼들〉이란 노래에서 그 점을 탁월하게 간파했다. "절대 가친(가치는) 없어 절대 신념도 없어 / 니 밥그릇 앞에 내 밥그릇 앞에 / 영원한 사랑은 없어 영원한 증오도 없어 / 니 밥그릇 앞에 내 밥그릇 앞에." 진짜 증오이건 가짜 증오이건 증오가 밥그릇의 도구로 활용되는 게 우리의 현실임을 어찌 부정할 수 있으랴.

선진국들의 정치도 원래 그런 게 아니냐며 너무 호들갑을 떤다는 반론이 가능하겠다. 그렇다면 이렇게 물어보면 어떨까. 우리가 미국이나 유럽의 어떤 나라보다 더 선진적인 정치를 하면 안 되는가? 사회발전단계상 그건 불가능하다고 지레 포기하기 전에 꼭 해야만 할 절박한 사정이 우리에게 있다는 '발상의 전환'을 해보면 안 될까?

주변 강대국들이 강자의 횡포를 부리는 지정학적 조건, 그리고 만성적인 위협과 불안을 초래하는 남북 분단 상황은 정치를 대하는 우리의 기본자세에 변화를 요구하는 게 아닐까? 독재 정권들이 그런 특수 상황을 독재의 명분으로 내건 과거를 청산하기 위해서라도 우리 스스로 새로운 정치의 실현을 위해 애써야 하지 않을까? 최근 출간된 『추월의 시대』라는 책 제목에 빗대 말하자면,[33] '추격'이 아닌 '추월'의 가능성을 정치에서도 찾아보자는 것이다.

●
문재인의 사전에 소통은 있는가?

지금과 같은 증오 정치의 희생자는 엘리트 계급이 아니다. 보통 사람들이다. 사실 정치인들은 가끔 진짜 싸움을 하기도 하지만, 많은 경우 텔레비전 카메라나 기자 앞에서 싸우는 척하는 연기를 하고 있다. 사적인 자리에서의 화기애애한 만남을 통해 상대가 악마이거나 악의 편은 아니라는 걸 잘 알고 있다. 소통과 협치와 선의의 경쟁이 가능하다는 것도 알고 있다. 문제는 늘 위에서 떨어지는 '오더'에 있다. 정당들은 의원들이 이런 오더에 따라 움직이는 게 정당정치의 본령이라고 주장하면서 오더를 따르지 않은 의원을 징계하거나 박해한다. 그런 오더를 내렸거나 다수의 의견으로 몰아간 권력자들의 판단에 대한 문제 제기는 없다. 바로 여기서 자주 대통령이 문제가 된다.

문재인의 사전에 소통은 있을까? 있긴 있는 것 같은데, 우리가 알고 있는 개념과는 좀 다르다. 대통령 취임사에서 "퇴근길에는 시장에 들러 마주치는 시민들과 격의 없는 대화를 나누겠습니다. 때로는 광화문광장에서 대토론회를 열겠습니다"라고 했던 말은 사실상 농담이 되고 말았다. 그는 신년 기자회견에서 취임 후 기자회견 횟수가 적어 '불통' 논란이 불거졌다는 기자의 질문에 이런 엉뚱한 답을 내놓았다. "기자회견만이 국민과의 소통이라고 생각하지 않는

다. 저는 어느 대통령보다도 현장 방문을 많이 했다." 현장 방문과
의전을 소통으로 착각하는 대통령에게 "그런 소통을 통해 도대체
무슨 갈등을 설명했거나 해소했느냐?"고 되물어야 하는 걸까?

나는 문재인이 이제 더 늦기 전에 소통을 어렵게 만드는 열성 지
지자들의 모든 행태를 감싸기만 하지 말고 간절한 자세로 그들에게
호소해야 한다고 생각한다. 그간의 노고에 감사하면서 이제 '정의
로운 증오'의 발산을 중단하고, 겸손한 자세로 각자 선 자리에서 일
상적 삶의 작은 민생 개혁을 위해 애써 달라고 말이다. 열성 지지자
들은 반대편이 상종할 수 없는 집단이라며 그들의 '죄악'을 낱낱이
열거하겠지만, 그들이 그런 생각을 갖게 만든 가장 큰 책임은 문재
인 자신에게 있음을 인정해야 하지 않을까?

가는 말이 고와야 오는 말이 고운 법이다. 그간 문재인은 적폐 청
산과 개혁을 앞세워 반대편을 철저히 무시하는 정치를 해왔다. 야
당이 자꾸 발목을 잡기 때문이라지만, 늘 원인 제공은 문 정권이 해
왔다. 지난 4·7 재보궐선거를 통해 드러난 민심도 그렇게 생각한다
고 보아야 하지 않을까. 쌍방 간 증오를 증폭시키는 악순환의 고리
를 끊기 위해선 권력을 더 가진 쪽의 결단이 필요하다. 국민 모두의
지도자라면 어느 현인의 말처럼 "우리는 과거에 대한 기억이 아니
라 미래에 대한 책임감으로 현명해진다"는 이치를 믿어야 하지 않
을까?

선거에서 이기기 위해 흥분하거나 광분해서도 안 된다. 벨기에

역사학자 데이비드 반 레이브룩은 "책임 있는 시민을 투표 때만 쓸모 있는 대상으로 취급하면 이들은 그에 맞춰 행동할 것이다. 하지만 그들을 성인으로 대하면 어른처럼 행동할 것이다"고 했다.[34] 그간 문 정권을 책임 있는 시민을 투표 때만 쓸모 있는 대상으로 취급하지는 않았는지 성찰해야 마땅하다.

●

화합과 통합이 밥 먹여준다

청와대 정무수석 최재성은 4월 16일 퇴임 소감을 밝히면서 "참으로 선한 문재인 정부와 함께한 소중한 시간이었다"고 했다. 이해할 수도 있는 덕담일망정 '참으로 선한 문재인 정부'에 대한 지지자들의 믿음과 열정이 거의 신앙의 수준에까지 이르렀고, 이게 오히려 문 정권의 독선과 오만을 부추겨왔다는 점에서 긍정적으로 보긴 어렵다.

그런 독선과 오만을 가장 경계해야 할 사람이 문재인이라는 건 두말할 나위가 없다. 자신의 착함과 정의로움을 믿어 의심치 않는다면 다른 사람들에게도 착하고 정의로운 구석이 조금이나마 있을 수 있다는 가능성을 외면해선 안 된다. 어느 언론인은 만델라의 성공 요인에 대해 "100명 중 99명이 구원받을 수 없는 상태라고 판단한 사람들에게서 좋은 면을 보기로 선택했다"는 설명을 내놓았는데,[35] 누가 그렇게까지 하라고 요구하겠는가. 박근혜 탄핵과 문 정권의 출범이 60여 명의 반대편 정당 의원들의 협력 덕분에 가능했다는 사실만이라도 상기해보면 답은 이미 나와 있다. 나와 우리만 착하고 정의롭다는 독선과 오만을 과감하게 버려야 한다.

나는 지지자들에 대한 문재인의 호소가 받아들여져 실천되는 일이 벌어진다면, 이거야말로 문 정권의 모든 과오를 덮고도 남는 큰 업적일 거라고 생각한다. 이후 정치가 민생을 돌보는 걸 가장 중요시하는 새로운 정치 패러다임의 가능성을 열어주었다는 점에서 말이다. 아직 늦지 않았다. 소통과 화합을 부르짖었던 취임사를 다시 읽어보면서 '한 번도 경험하지 못한 나라'의 비전이 과연 무엇이었는지 다시 생각해볼 필요가 있다. 문재인이 만델라와 같은 화합과 통합의 지도자로 다시 태어나기를 기대한다.

화합과 통합이 밥 먹여주느냐고 시비를 걸 사람들이 있겠지만, 그들에겐 제발이지 '기회비용opportunity cost'에 대한 제대로 된 이해를 해달라는 말씀을 드리고 싶다. 기회비용은 "하나의 대안이 선택되었을 때 다른 대안들로부터 얻을 수 있는 잠재적 이익의 상실"을 의미한다. 한국과 같은 '소용돌이' 체제, 초강력 대통령제 국가에선 '정책의 서열화'가 일어나면서 낮은 서열의 이슈는 힘을 받기 어려워진다.

문 정권이 '윤석열 죽이기'에 쏟은 에너지의 반, 아니 반의반만이라도 민생에 쏟았더라면 문 정권의 형편은 크게 달라졌을 것이다.

부동산 정책만 하더라도 문 정권이 일방적으로 폭주를 하는 바람에 민생을 도탄에 빠트리는 결과를 초래한 게 아닌가. 화합과 통합의 패러다임은 그런 무리하고 무모한 폭주에 제동을 걸 수 있다는 점에서 꽤 괜찮은 밥상을 제공해줄 수 있다는 쪽으로 눈을 돌려야 한다. 나는 문재인이 '고집'을 '소신'으로 착각하는 비극에서 벗어나 새로운 방향으로 나아가기를 기원해 마지않는다.

1 조노선 색스(Jonathan Sacks), 서대경 옮김, 『사회의 재창조: 함께 만들어가는 세상을 찾아서』(말글빛냄, 2007/2009), 468쪽.

2 어빙 코피(Irving M. Copi) · 칼 코헨(Carl Cohen), 박만준 · 박준건 · 류시열 옮김, 『논리학 입문』(경문사, 1998/2000), 105~106쪽.

3 황교익, 「문재인을 지지하며 벌어진 '시끄러운 일'에 대해」, 고민정 외, 『그래요 문재인: 위기와 희망의 길목에서 문재인을 말하다』(은행나무, 2017), 97쪽.

4 배성규, 「"文 대통령, 한번 입력되면 변하지 않는 사람"」, 『조선일보』, 2019년 9월 2일, A35면.

5 신용호, 「노무현의 3년 차, 문재인의 3년 차」, 『중앙일보』, 2019년 6월 25일.

6 문재인, 『대한민국이 묻는다: 완전히 새로운 나라, 문재인이 답하다』(21세기북스, 2017), 116쪽.

7 문재인, 『대한민국이 묻는다: 완전히 새로운 나라, 문재인이 답하다』(21세기북스, 2017), 118쪽.

8 김우석, 『문재인 독해법: 정치 PD의 눈』(데일리안, 2019), 16쪽; 김광일, 「'고집王' 문재인」, 『조선일보』, 2019년 6월 26일.

9 안준용, 「"전 1주택자입니다" 집 팔고 벼슬」, 『조선일보』, 2020년 8월 13일, A1면.

10 클리포드 나스(Cliford Nass) · 코리나 옌(Corina Yen), 방영호 옮김, 『관계의

본심』(푸른숲, 2010/2011), 51쪽.

11 임철규, 『눈의 역사 눈의 미학』(한길사, 2004), 351쪽.

12 아르투르 쇼펜하우어(Arthur Schopenhauer), 이동진 옮김, 『사랑은 없다: 쇼펜하우어 인생론 에세이』(해누리, 2004), 216쪽.

13 문재인, 『대한민국이 묻는다: 완전히 새로운 나라, 문재인이 답하다』(21세기북스, 2017), 256쪽.

14 김형원·김정환, 「文 대통령, 강경화와 45회 식사…홍남기·김현미 9회」, 『조선일보』, 2020년 10월 29일, A4면.

15 안용현, 「[만물상] 끝까지 '혼밥'」, 『조선일보』, 2021년 4월 13일.

16 정우상, 「문희상 "적폐 청산 1년 내 끝냈어야, 피로한 국민 '보복'으로 느껴"」, 『조선일보』, 2021년 4월 12일.

17 키이스 페라지(Keith Ferrazzi)·탈 라즈(Tahl Raz), 이종선 옮김, 『혼자 밥먹지 마라』(랜덤하우스, 2005/2005).

18 신성식·황수연, 「[view] 당장 백신 가뭄인데…지연 비판하면 정쟁이라는 정부」, 『중앙일보』, 2021년 4월 27일.

19 프릭 버뮬렌(Freek Vermeulen), 정윤미 옮김, 『비즈니스의 거짓말: 그들이 당신을 깜쪽같이 속이고 있는 8가지』(프롬북스, 2010/2011), 65쪽.

20 에리히 슈빙어(Erich Schwinge), 김삼룡 옮김, 『정치가란 무엇인가?』(유나이티드컨설팅그룹, 1983/1992), 68~69쪽.

21 이현상, 「형식적 '적법 논리'에 갇혀 진짜 소통이 길을 잃다」, 『중앙일보』, 2021년 3월 18일.

22 A. C. 그레일링(A. C. Grayling), 남경태 옮김, 『존재의 이유: 강단 밖으로 나온 철학자, 길 위에서 길을 묻다』(사회평론, 2002/2003), 156쪽.

23 로빈 스튜어트 코츠(Robin Stuart-Kotze), 김원호 옮김, 『행동이 성과를 만든다』(비즈니스맵, 2006/2008), 41쪽.

24 스티븐 레비츠키(Steven Levitsky)·대니얼 지블랫(Daniel Ziblatt), 박세연 옮김, 『어떻게 민주주의는 무너지는가: 우리가 놓치는 민주주의 위기 신호』(어크로스, 2018/2018), 10~11쪽.

25 스티븐 레비츠키(Steven Levitsky)·대니얼 지블랫(Daniel Ziblatt), 박세연 옮김, 『어떻게 민주주의는 무너지는가: 우리가 놓치는 민주주의 위기 신호』(어크로스, 2018/2018), 133쪽.

26 스티븐 레비츠키(Steven Levitsky)·대니얼 지블랫(Daniel Ziblatt), 박세연 옮

김, 『어떻게 민주주의는 무너지는가: 우리가 놓치는 민주주의 위기 신호』(어크로스, 2018/2018), 137쪽.

27 스티븐 레비츠키(Steven Levitsky)·대니얼 지블랫(Daniel Ziblatt), 박세연 옮김, 『어떻게 민주주의는 무너지는가: 우리가 놓치는 민주주의 위기 신호』(어크로스, 2018/2018), 137~138쪽.

28 스티븐 레비츠키(Steven Levitsky)·대니얼 지블랫(Daniel Ziblatt), 박세연 옮김, 『어떻게 민주주의는 무너지는가: 우리가 놓치는 민주주의 위기 신호』(어크로스, 2018/2018), 140쪽.

29 뤼트허르 브레흐만(Rutger Bregman), 조현욱 옮김, 『휴먼카인드: 감춰진 인간본성에서 찾은 희망의 연대기』(인플루엔셜, 2019/2021), 481쪽.

30 뤼트허르 브레흐만(Rutger Bregman), 조현욱 옮김, 『휴먼카인드: 감춰진 인간본성에서 찾은 희망의 연대기』(인플루엔셜, 2019/2021), 480쪽.

31 테오도르 젤딘(Theodore Zeldin), 김태우 옮김, 『인간의 내밀한 역사』(강, 1994/1999), 273쪽.

32 윌러드 게일린(Willard Gaylin), 신동근 옮김, 『증오』(황금가지, 2003/2009), 49~50쪽.

33 김시우 외, 『추월의 시대: 세대론과 색깔론에 가려진 한국 사회의 성장기』(메디치, 2021).

34 뤼트허르 브레흐만(Rutger Bregman), 조현욱 옮김, 『휴먼카인드: 감춰진 인간본성에서 찾은 희망의 연대기』(인플루엔셜, 2019/2021), 416쪽.

35 뤼트허르 브레흐만(Rutger Bregman), 조현욱 옮김, 『휴먼카인드: 감춰진 인간본성에서 찾은 희망의 연대기』(인플루엔셜, 2019/2021), 482쪽.

제4장

고민정,
왜
몸에 맞지 않는
옷을 입나?

'문재인 정권 지킴이'
역할은
할 만큼 했다

자신이 하는 일을 좋아하지 않으면
진정한 성공을 할 수 없다.[1]
●미국의 처세술 전문가 데일 카네기

●

왜 고민정은 시민을 껴안고 펑펑 울었나?

서울 재보궐선거 운동이 한창이던 2021년 3월 27일 더불어민주당 의원 고민정이 유세 중 만난 시민을 껴안고 펑펑 울었다. 그는 페이스북에 "한 광진 주민이 '지치지 마세요. 우리 함께 힘내서 서울시를 꼭 지켜요'라는 말과 함께 저를 꼭 안아주었다"며 "제가 하고 싶은 말을 들어서인지 눈물을 주체할 수가 없었다"고 했다. 이를 두고 야권에서는 "최악의 감성팔이"라는 비판이 쏟아졌지만,[2] 나는 고민정의 진정성을 믿는 편인지라 그 눈물의 의미를 좀 다르게 해석했다.

나는 평소 의원들의 이런저런 언행을 볼 때마다 "의원의 역할은 무엇인가?"라는 생각을 할 때가 많다. 자신의 소속 정당을 위해 싸우는 것도 필요할 것이고, 여당의 경우엔 정권을 위해 싸우는 것도 필요할 게다. 동시에 자신의 '정치적 전공'에 충실한 의정 활동을 탁월하게 해냄으로써 민생은 물론 소속 정당에도 기여할 수 있다. 둘 다 잘해내면 좋겠지만, 후자보다는 전자의 역할에만 충실한 의원들이 많다.

고민정이 그런 유형의 의원인지는 단언할 수 없다. 무엇보다도 언론이 싸움 위주로 정치 보도를 하는 바람에 의원들의 의정 활동은 좀처럼 뉴스가 되질 않기 때문이다. 의정 활동과 무관하게 내가 고민정에 대해 갖고 있는 생각은 '문재인 정권 지킴이'라고 해도 좋을 정도로 문 정권 옹호에 앞장서왔다는 사실이다. 그게 문제될 건 없다. 문제는 그런 일이 과연 고민정 자신에게 잘 맞는 일인가 하는 점이다. 늘 '의욕'은 넘치지만 과연 '유능'할 수 있겠는가 하는 것이다. 오히려 '의욕 과잉'이 역효과를 내고 있는 건 아닌가?

선거 기간 중 문제가 된 '색깔 사건'을 보자. 고민정은 3월 24일 페이스북에 "간절히 바라고 또 바랍니다"라는 글과 함께 한 여권 지지자가 제작한 것으로 추정되는 동영상을 올렸다. 이 영상에는 "파란색이 싫어졌다, 빨간색이 좋아졌다, 이 둘이 같은 말인가"라며 "당신은 빨간색이 어울리는 사람이 아니다"는 내용이 담겼다. "당신은 이제껏 단 한 번도 탐욕에 투표한 적이 없다. 사람에 투표해달라"는 내용도 있었다.[3]

민주당이 싫어도 국민의힘 후보를 뽑으면 안 된다는 주장인데, 빨간색(국민의힘)에 투표하는 걸 탐욕이라고 해도 괜찮은 걸까? 야당이 발끈한 건 당연한 일이었다. 국민의힘 대변인 조수진은 "권력형 성폭력 피해자를 '피해 호소인'이란 요상한 용어로 부르자며 '2차 가해'를 주도한 3인방으로 지목돼 캠프에서 이탈한 고 의원이 캠프

밖에서 박 후보를 지원하는 것은 결국 '캠프 퇴출'이 '위장 쇼'였음을 입증하는 것"이라며 "박영선 후보에게 투표하는 건 '2차 피해'에 연대하고 '한국토지주택공사(LH) 투기'를 지지한다는 말과 같다"고 받아쳤다.[4]

진중권은 "사람에 투표해 달라"는 말에 대해 "사람이 사람 같아야 사람이지"라고 비판했다.[5] 고민정의 게시물엔 "피해 호소인이라고 부른 고민정씨 부끄러운 줄 알라", "지지 호소인이냐", "요즘 보면 민주당에서 권력을 탐욕 중인 것 같다", "뻔한 감정 선동질", "당신네들 탐욕은 끝이 어디인가요", "논리도 없이 무조건 편 가르기식 정치 지긋지긋 신물이 난다", "박원순 전 시장의 성적 탐욕에는 그리 침묵하더니 국민을 탐욕적이라 모욕하나"라는 비판 댓글이 줄을 이었다.[6]

●

"화살은 저에게 쏘아 주십시오"

이런 비판이 빗발치자 고민정이 내놓은 답변은 지나치게 감상적이었고 비장했다. 그는 "어떤 망신을 줘도 모두 받겠다. 그 비웃음들 참아내겠다"고 했다. 그는 "다만 가만있으라, 아무 말도 꺼내지 말라 하지는 말아 달라"며 "저에겐 반드시 지켜야 할 것이 있기 때문"이라고 했다. 이어 "김대중, 노무현, 문재인 대통령이 만들어가고 있는 그 세상을 거꾸로 돌려놓을 순 없다"고 했다. 또 그는 "화살은 저에게 쏘아 주십시오. 온몸이 상처투성이가 되어도 버텨낼 것"이라며 "하지만 민주당을, 문재인 대통령을, 박영선 후보를, 김영춘 후보를 입에 올리지도 말라고 하지는 말아 주십시오"라고 했다. 그러면서 "제가 반드시 지켜야 할 사람들, 함께 세상을 만들어가야 할 가족이기 때문"이라고 했다.[7]

그러나 고민정의 이런 비장함은 더 큰 비판을 불러들였다. 국민의힘 비전전략실장 김근식은 "김대중 전 대통령, 노무현 전 대통령과 지금의 문재인 정권을 아무 생각 없이 동일한 연장선으로 인식"하는 것이 문제라며 "고 김종필 전 국무총리를 끌어안고 전두환 전 대통령을 용서한 김대중 전 대통령의 화해 정신이 문재인 정권에 1이라도 있는가. 지금 문재인 정권에 노무현 전 대통령의 경청과 토론의 문화가 존재하는가"라고 했다. 그는 민주당을 향해 "그저 끼리끼리 '탐욕'만 추구하는 패거리 집단일 뿐"이라며 "'탐욕'을 위해 김대중 전 대통령과 노무현 전 대통령 팔이하는 한심한 집단일 뿐"이라고 했다.[8]

고민정의 말은 논리적이거나 합리적인 답변은 아니었다. 누가 고민정에게 "가만있으라, 아무 말도 꺼내지 말라"라거나 "민주당을, 문재인 대통령을, 박영선 후보를, 김영춘 후보를 입에 올리지도 말라"고 했단 말인가? 일부 문 정권 사람들의 '탐욕'에 분노해 폭발한 유권자들의 야당 지지를 '탐욕'으로 몰아가는 등 최소한의 상식과 민주주의의 원리에도 맞지 않는 말씀을 하지 말아달라고 했을 뿐인데, 웬 '화살 타령'이란 말인가.

고민정이 이렇게 납득하기 어려운 말씀을 하신 게 한두 번이 아니다. 나는 그럴 때마다 "아, 보건복지와 관련된 의정 활동을 열심히 하면서 작은 민생을 돌보는 게 문 정권에 큰 도움이 될 텐데, 왜 저러시지?"라는 생각을 하곤 했다. 몸에 맞지 않는 옷을 입고 일하다 보면 자꾸 실수가 나오고 그에 따라 비판이 늘면서 피곤과 고통이 가중되기 마련이다. 이게 바로 눈물이 나오게 된 심리적 배경은 아니었을까?

내가 보기에 고민정의 '문재인 정권 지킴이' 역할은 그 어떤 사명감에서 비롯된 것이지 자신이 즐길 수 있는 일이 아니다. 고민정이 유세 기간 중 책상에 엎드려 잠을 자는 듯한 모습이 담긴 사진을 공개하자 또 "최악의 감성팔이"라는 비판이 나왔지만, 그게 그렇게만 볼 일은 아닌 것 같다. 그는 "끝까지 광진을에서 지치지 않고 목소리가 나오는 순간까지 끝까지 뛰겠다"고 했지만, 이 모든 게 사명감의 표현으로 보인다. 그의 페이스북 글에 늘 비장한 기운이 감도는 것도 그런 이유 때문일 게다. 비장한 사명감은 아름다울 수도 있지만, 같은 주파수를 공유할 수 없는 사람들과의 소통엔 '쇼'로 비치거나 거부감을 주기 마련이다.

●

고민정 기사에 대한 정청래의 분노

서울시장 보궐선거에서 민주당이 패배한 지 2주일이 지난 4월 21일 『한경닷컴』은 '단독'을 내세우면서 「고민정, 민주당 'SNS 단체 채팅방'에서 자취 감췄다」는 제목의 기사를 게재했다. 이런 내용이었다. "21일 『한경닷컴』 취재 결과 고 의원은 보궐선거 이후 의원들끼리 운영 중인 모든 단체 카카오톡·텔레그램 채팅방에서 나갔다. 계정은 유지 중이다. 국회 본회의에도 불참하는 등 공개 행보도 자제하고 있는 가운데 고 의원 측은 '잠시 휴식을 갖는 차원'이라고 설명했다."⁹

4월 25일엔 「'침묵 모드' 고민정 본회의 불참 사유는? '코로나 자가 격리 중'」, 「고민정, 국회서 왜 사라졌나 했더니… '확진자 접촉해 자가 격리'」, 「선거 참패 후 잠수 탄 고민정 알고 보니 코로나 자가 격리 중」 등의 언론 기사들이 나왔다. 이런 기사들에 발끈한 민주당 의원 정청래는 26일 자신의 SNS를 통해 '언론의 뻔한 수법, 언론인들이여, 부끄럽지 않은가'라는 제하의 글을 게재했다.

이 글에서 정청래는 "고민정 의원이 코로나19로 자가 격리당한 건 여의도에서 이미 알 만한 사람은 다 안다. 전화 한 통 하면 1분 안에 알 수 있는 사안"이라며 "고민정 의원뿐만 아니라 고민정 의원과 같은 경로 때문에 현재 자가 격리 중인 의원이 예닐곱 명 된다.

이 중에 고민정 의원도 포함되어 있다"고 했다. 그는 "유독 마치 고민정 의원만 무슨 문제가 있어 사라진 것처럼 탐정 기사를 일단 쓰고 본다"라며 "알면서도 일부러 그런다고 본다. 그리고 알고 보니 자가 격리 중이었다는 기사로 또 우려먹는다. 철학이 빈곤한 기자 양심"이라고 날을 세웠다.

정청래는 "왜 그럴까? 고민정 의원이 특별히 미워서? 그럴 수도 있겠지"라며 "그러나 나는 그런 정치적 이유라기보다는 클릭 장사가 주목적일 거라고 본다. 정치적 의도성이 다분히 있는 것은 기본 베이스일 테고"라고 주장했다. 그러면서 "고민정을 기사 제목으로 쓸 수만 있다면 돈벌이가 된다고 믿기에 그런다고 본다"라며 "정청래도 제목으로 쓸 수만 있다면 기사를 쓰는 것도 같은 이유일 것이다. 일종의 앵벌이성 기사"라고 했다.

이어 정청래는 "이 글도 기사가 되겠지. 고민정, 정청래 두 사람을 제목에 쓸 수 있으니까. 정치적으로 보나 돈벌이 클릭 장사 측면으로 보나 좋은 양식이 아니겠는가?"라며 "그러나 말이다. 꼭 이런 기레기성 기사를 쓰면서 직장 생활 해야겠는가? 가족들 보기에 부끄럽지 않나?"라고 격앙된 반응을 보였다.[10]

●

"고민정의 당선은 문재인 대통령이 기뻐하실 것"

정청래가 아주 중요한 지적을 했다. 고민정의 '뉴스 가치'에 대해서 말이다. 그의 분석은 대체적으로 타당하지만, 그런 비판이 자신에게도 돌아갈 수 있는 부메랑이 될 수 있다는 게 문제다. 일부 언론은 자가 격리 중에도 SNS 활동은 할 수 있지 않느냐고 생각했을지도 모르겠다. 사람들이 궁금해하거나 흥미성을 느낄 만한 인물이나 이슈를 다루는 건 언론의 오랜 속성일 뿐, 기레기라서 그러는 게 아니다. 그런 속성이 마땅치 않으면, 우리는 '언론'이라는 단어를 아예 '기레기'라고 바꿔 부르는 게 좋을 게다. 정치인은 대중의 관심과 주목을 먹고사는 사람들이라는 점에서 언론의 그런 속성을 공유하고 있으며, 정청래는 그간 이런 '주목 투쟁'에서 발군의 실력을 발휘해오지 않았던가.

다소 부당할망정 언론이 고민정에게 관심을 갖게 된 이유의 90퍼센트는 문 정권이 제공한 것이다. 잠시 제21대 총선(2020년 4월 15일)으로 돌아가보자. 서울 광진을에 출마한 고민정은 50.3퍼센트의 득표율로 오세훈(47.8퍼센트)을 누르고 당선되는 이변을 일으켰다. 이게 고민정의 능력 덕분이었다고 믿는 사람은 그때도 없었고 지금도 없을 게다. 문 정권의 총력적인 지원 덕분이었다는 건 상식이 아닌가.

문 정권은 전 청와대 비서실장 임종석, 민주당 원내대표 이인영까지 고민정 지원 유세에 투입해 '현금 지급' 공약 등을 내놓는 등 오세훈 제압에 전력을 쏟아부었다. 이인영은 지원 유세에서 "고민정 후보가 당선되면 문재인 대통령이 기뻐하실 것"이라며 "고민정 후보를 당선시켜 주면 저와 민주당은 100% 국민에게 긴급재난지원금을 드리기 위해 전력을 다하겠다"고 했다. 야권에선 "유일한 수도권 대선 주자였던 오 전 시장을 사실상 '도살'한 것과 다름없다"는 말까지 나왔다.[11]

당시 『조선일보』는 사설을 통해 "긴급재난지원금은 코로나 사태로 타격받는 중하위층을 '긴급 지원'한다는 정책이다. 이게 특정 후보 당선 여부와 무슨 상관이 있나. 여당 후보가 떨어지면 안 주는가. 국민 세금이 제 돈인가. 역대에 이런 노골적인 돈 선거는 없었다"고 했지만,[12] 그건 뭘 모르고 하는 말이었다. 문 정권은 고민정을 문 정권을 대변하는 상징적 인물로 부각시킨 것이다. "대통령이 기뻐하실 일"이라면 물불을 안 가리고 덤벼드는 게 문 정권의 속성이 아닌가. 울산시장 선거 청와대 개입 의혹 사건도 그래서 벌어진 일이 아닌가.

자, 사정이 이와 같으니, 언론이 이후 고민정의 뉴스 가치에 주목하는 건 당연한 일이 아닌가. 야당이 고민정에 대해 눈을 부릅뜨는 것도 이해할 수 있는 일이 아닌가. 게다가 고민정은 스스로 '문재인 정권 지킴이'를 자처하지 않았던가. 청와대 대변인 시절 나랏돈을 더 풀어야 한다며 "곳간에 작물을 계속 쌓아두기만 하면 썩어버리기 마련"이라고 주장했던 것처럼 납득하기 어려운 말씀을 자주 함으로써 언론의 관심을 더욱 키운 게 아닌가. 이런 점들을 감안한다면, 정청래가 그렇게까지 흥분할 일은 아니었다고 보는 게 옳지 않을까?

●

문 정권 대변하는 상징적 인물의 뉴스 가치

이스타항공 사건을 보자. 창업주인 이상직은 민주당 의원으로 있다가 탈당해 무소속이 되었고, 4월 28일 새벽 횡령·배임 등의 혐의로 구속 수감되었다. 이후 "이상직이 여당에 돈 뿌렸다"는 의혹과 더불어 문재인과의 관련 의혹이 널리 보도되었지만,[13] 이는 오래전부터 제기되었던 문제들이다. 2020년 10월 22일 이스타항공의 노조 위원장 박이삼은 9일째 단식을 하던 상황에서 이스타항공 노동자들의 고통을 철저히 외면해온 민주당에 대해 다음과 같은 열변을 토했다.

"내가 '왕문빠'였다. 자고 나면 촛불 집회 나갔던 사람이다. 그런데 요즘 민주당의 민낯을 보니 치가 떨린다. 갑자기 택배 노동자들 열심히 찾아간다는데 국회 바로 앞 차디찬 땅바닥에서 굶으며 농성하는 우리에게도 한 번쯤은 와 줘야 하는 것 아닌가. 그런데 매일 내 앞 지나가는 민주당 의원들은 나랑 눈도 안 마주친다. 우상호 의원이 지나가다 나랑 마주치니 휙 눈길을 돌리더라. 고민정 의원도 그랬다. 분명히 우리를 의식은 하는데, 저 멀리서 보고 오다가 고개 돌리고 가버린다. 빨간 조끼(이스타 노조원 복장)만 보면 도망가는 거다. (몰라봤을 수도 있지 않나?) 민주당사 앞에서 그렇게 집회 많이 했는데 우릴 왜 모르겠나. 그때 정청래 의원도 지나갔는데 '생'까더라(모른 척하더라). 민주당에서 눈곱만치라도 해줬으면 내가 이렇게 단식까지는 안 했다. 노동이 먼저라는 이 정부 들어 정규직을 이렇게 많이 해고한 업체는 없었다. 그나마 생뚱맞게 임이자 의원 등 국민의힘에서 힘써 줘 국감장에서 목소리나마 낼 수 있었다."

이걸 보도한 기사 제목이 「"우상호·고민정, 고개 휙 돌려 피해가더라" 빨간 조끼만 보면 도망가는 '노동 존중' 민주당」이었다.[14] 정청래보다 고민정을 우선시한 것이다. 이야기가 좀 길어졌지만, 고민정의 뉴스 가치를 말씀드리기 위해 소개한 것이다. 정청래가 자꾸 왜 고민정을 못 살게 구느냐는 식으로 분노하는 프레임에 따르자면, 이 기사 제목 또한 문제가 되겠지만 결코 그렇게 볼 일이 아니라는 것이다.

코로나 백신 수급과 관련해 문 정권은 이상 없다고 큰소리를 쳤지만 국민 대다수가 불안해했으며 여기엔 충분한 근거가 있었다는 건 잘 아실 게다. 2021년 4월 18일 국민의힘 의원 김웅은 페이스북에 고민정이 과거 자신의 지역구인 서울 광진을에 '코로나19 백신 4,400만 명 접종 물량 확보!'라고 내건 현수막을 공유하며 "이 물량은 어디에 있습니까? 민주당이 또 민주당 한 것입니까"라고 적었다. 이걸 보도한 기사 제목이 「김웅, 고민정 현수막 올리고 "4,400만 명 백신 어딨나요"」였다.[15]

정청래가 보기엔 이 또한 고민정을 괴롭히는 기레기 짓으로 보이 겠지만, 고민정이 문 정권의 백신 정책 실패를 인정하지 않고 공격 적으로 옹호해온 대표적인 의원이었다는 점을 감안하는 게 공정할 것이다. 문제는 고민정을 문 정권을 대변하는 상징적 인물로 부각 시킨 문 정권에게 있는 것이지, 그런 의미 부여에 충실한 언론을 탓 할 일이 아니다.

물론 언론을 탓할 일도 많고 나 역시 '클릭 장사'에 대해 많은 비 판을 해왔지만, 그건 사실상 디지털 혁명이 강요한 언론의 참상慘狀 이라는 점도 짚고 넘어가는 게 필요하다. 그래야 그 어떤 대안도 마 련될 수 있는 것이지, 기레기라고 욕만 해서 해결될 수 있는 문제는 아니잖은가. 언론의 '클릭 장사'에 취약할 뿐만 아니라 사실상 그걸 유도하기도 하는 수용자의 뉴스 소비 행태까지 감안하자면, 이건 문명사적 차원의 문제일 수도 있다는 진단이 병행되어야 한다는 건 두말할 나위가 없다.

●
고민정이 선봉에 선 '정치 개혁'을 기대한다

나는 정청래가 기자들을 향해 "가족들 보기에 부끄럽지 않나?"라는 과격한 언사를 동원해가면서 고민정을 옹호하는 건 옹호라기보다는 오히려 궁극적으로 고민정에게 더 큰 고통을 안겨줄 수 있는 일이라고 생각한다. "가족들 보기에 부끄럽지 않나?"라는 말은 아끼고 또 아껴 써야 한다. 누군가 자신에게도 그런 말을 할 수 있다는 걸 염두에 두면서 말이다.

과연 누가 더 고민정을 생각해주는 걸까? 자신에게 잘 맞지 않는 일을 하는 사람에게 무조건 잘한다고 격려하면서 지지를 보내는 게 과연 잘하는 일일까? 내가 앞서 몸에 맞지 않는 옷을 입고 일하다 보면 자꾸 실수가 나오고 그에 따라 비판이 늘면서 피곤과 고통이 가중되기 마련이라고 말한 걸 상기해주시기 바란다.

나는 지난 대선 직전에 출간된『그래요 문재인: 위기와 희망의 길목에서 문재인을 말하다』라는 책을 다시 읽으면서, 고민정이 당시 했던 다음 맹세를 하루 빨리 잊는 게 자신을 위해서나 문 정권을 위해서도 도움이 되리라고 생각했다. "감동으로, 진심으로 사람의 마음을 얻으려는 사람에겐 수치화할 수 없는 모든 걸 주고 싶은 법이다. 이런 게 바로 인생을 거는 것이다. 그런 분을 만나게 되어 오히려 내가 눈물 나게 감사하다."[16]

137

고민정은 '착하다'는 말로는 부족할 정도로 자기희생 정신이 강한 사람인 것 같다. 그래서 자신이 진짜 눈물을 쏟을 정도로 헌신을 해야 감사의 뜻을 표현한 것이라고 보는 게 아닐까? 원래 착한 사람은 자신을 위한 일엔 한없이 온건하지만 남을 위해서 하는 일엔 강성의 면모를 드러내기도 하는 법인데, 고민정도 그런 경우로 보아야 하는 게 아닐까?

하지만 감사함의 표시는 그간 충분히 할 만큼 했다. 제21대 총선에서 민주당의 총력 지원을 받아 오세훈에게 승리를 거둘 수 있었던 것에 대한 마음의 빚도 갚을 만큼 갚지 않았는가. 그가 이번 서울 재보궐선거를 전후로 오세훈을 몇 차례 조롱하는 발언을 해 야권에 미운 털이 박히게 된 것도 오만해서라기보다는 그런 마음의 빚 때문이었을 게다.

2년 8개월간 청와대 부대변인과 대변인으로 활동했던 경험의 체질화도 이젠 넘어설 때가 되었다. '문재인 정권 지킴이' 역할을 한다고 해서 문 정권이 민심의 지지를 받는 게 아니다. 오히려 그런 일을 하는 분들이 너무 많아서 문제라는 게 4·7 재보궐선거 결과를 통해서 충분히 입증되지 않았는가. 고민정이 이젠 자신이 훨씬 더 잘할 수 있는 일에 집중하면 좋겠다. 다른 의원들도 그렇게 한다면 우리 정치의 품질이 한결 나아질 것이다. 고민정이 그런 '정치 개혁'의 선봉이 되어주길 바라마지 않는다. 매우 유능하게 잘해낼 수 있으리라 믿는다.

1 Peggy Anderson, ed., 『Great Quotes from Great Leaders』(Franklin Lakes, NJ: Career Press, 1997), p.98.

2 김명진, 「야당 "고민정은 피로 호소인"…어제는 왈칵, 오늘은 엎드린 사진」, 『조선일보』, 2021년 3월 29일.

3 장주영, 「"파랑 싫어도 빨강 투표하면 탐욕" 고민정 페북 영상 논란」, 『중앙일보』, 2021년 3월 24일.

4 강주리, 「조수진 "고민정, '빨강' 지지가 탐욕? '파랑' 투표는 2차 가해·LH 투기 지지"(종합)」, 『서울신문』, 2021년 3월 24일.

5 서유근, 「진중권, '사람에 투표해 달라'는 與에 "사람이 사람 같아야지"」, 『조선일보』, 2021년 3월 26일.

6 서유근, 「"야당에 투표하면 탐욕" 고민정 페북 영상 논란」, 『조선일보』, 2021년 3월 24일.

7 김동하, 「고민정 "비웃음 참아내겠다…DJ·盧·文 세상 거꾸로 돌릴 순 없다"」, 『조선일보』, 2021년 3월 25일.

8 원선우, 「김근식, 고민정 '빨강은 탐욕' 영상에 "무개념 친문"」, 『조선일보』, 2021년 3월 25일.

9 조준형, 「[단독] 고민정, 민주당 'SNS 단체 채팅방'에서 자취 감췄다」, 『한경닷컴』, 2021년 4월 21일.

10 권준영, 「고민정 보도에 격앙된 정청래…"언론의 뻔한 수법, 알면서도 그런다"」, 『디지털타임스』, 2021년 4월 26일.

11 원선우, 「與 전략통 "나경원은 '국민 밉상', 오세훈이 제일 어려웠다"」, 『조선일보』, 2020년 4월 21일.

12 「[사설] 전국서 與 돈 선거 혈안, "與 뽑으면 재난지원금 준다"까지」, 『조선일보』, 2020년 4월 15일, A23면.

13 「[사설] 1년 만에야 구속된 이상직, 권력과 관련된 모든 의혹 밝히라」, 『조선일보』, 2021년 4월 29일; 박용근, 「[현장에서] 이상직, 횡령·배임 혐의로 결국 구속…다시 논란 커지는 '민주당 공천 과정'」, 『경향신문』, 2021년 4월 29일; 김종구, 「곽상도 "文 사위 취업-이상직 임명, 대가성 수사해야"」, 『한국일보』, 2021년 5월 3일; 강찬호, 「[단독] "이상직이 여당에 돈 뿌렸다는 진술 나왔다는데" 곽상도 돌직구에 검찰 의미심장한 '침묵'」, 『중앙일보』, 2021년 5월 6일.

14 강찬호, 「"우상호·고민정, 고개 확 돌려 피해가더라" 빨간 조끼만 보면 도망가

는 '노동 존중' 민주당」, 『중앙일보』, 2020년 10월 22일, 30면.

15 남지현, 「김웅, 고민정 현수막 올리고 "4,400만 명 백신 어딨나요"」, 『조선일보』, 2021년 4월 18일.

16 고민정, 「상선약수, 그것이 바로 문재인이다」, 고민정 외, 『그래요 문재인: 위기와 희망의 길목에서 문재인을 말하다』(은행나무, 2017), 119쪽.

제5장

왜
민주당은
'김어준 찬양'
경쟁을 벌이나?

문빠 현상과
김어준 현상

많은 사람들이
'문빠 문제'를 걱정하는데,
문제의 핵심은
'문빠'가 아니라
'문빠를 필요로 하는 정치'를
한다는 데 있다.[1]
● 정치학자 박상훈

●

"노무현 문재인? 향자 니 친구냐?"

"김영삼이 발탁하고, 노무현을 지켜냈고, 문재인이 가져다 쓴 김영
춘이야말로 부산의 적장자입니다." 더불어민주당 최고위원인 양향
자(4·7 재보궐선거 공동선대위원장)가 3월 17일 트위터에 올린 글이
다. 부산시장 보궐선거에 나선 같은 당 김영춘 후보를 지원하기 위
해 만들어 낸 재치 있는 말이건만, 친문親文 네티즌들이 여기에 비난
을 퍼부었다고 하니 이게 웬일인가 싶다. 양향자의 글에 달린 일부
댓글들을 살펴보자.

　"건방지게 어디 존칭을 생략하냐", "싸가지 없다", "노무현 문재
인? 향자 니 친구냐?", "향자야! 문재인이라니? 대통령님이 니 친
구냐? 나도 너한테 반말해야지", "존칭 쓸 줄 몰라? 니가 최고냐?",
"딸뻘한테 반말 듣고 좋겠네 향자야", "민주당 의원이면서 대통령
님께 존칭도 안 하고 표는 얻어가고 싶은가 보다", "문재인 대통령
께서 당신같이 무식한 사람을 가져다 쓰신 게 유일한 오점이신 듯"

등등.[2]

나는 이 댓글을 단 사람들에게 묻고 싶다. 이들은 "대한민국은 문재인 보유국"이라고 자랑스럽게 외치는데, 이런 건방지고 싸가지 없는 말이 어디 있나? 적어도 '문재인님 보유국'이라고 해야지 어디 감히 존칭을 생략하나? 니들 친구냐? 니들 같이 무식한 사람들을 지지자로 둔 문재인이 불쌍하지도 않냐? 너무 어이가 없어 웃자고 해본 말이다.

양향자가 전날 박원순 사건에 대해 사과했다는 이유로 친문 네티즌들에게 미운털이 박힌 상태였다곤 하지만, 문재인과 노무현의 이름을 언급하면서 존칭을 쓰지 않았다는 이유로 이렇게까지 비난을 해대다니, 지금 우리가 서기 2021년에 살고 있는 게 맞나 싶다.

제2의 호칭 파동인가? 지난 2017년 8월 '김정숙씨 사건'이 있었다. 『한겨레』가 1988년 창간 이후 유지해온 표기 원칙에 따라 대통령 부인을 '씨'라고 부르는 것에 대해 친문 지지자들이 『한겨레』 절독 운동을 벌이겠다며 난리를 친 사건이다. 『한겨레』는 이 압박에 굴복해 8월 25일 「대통령 부인 존칭을 '씨'에서 '여사'로 바꿉니다」라는 제목의 '알림' 기사를 내보내지 않을 수 없었다.

그런데 『한겨레』 독자 대상 여론조사 결과가 흥미로웠다. 대통령 부인 호칭을 '씨'라고 표기하는 것에 대해 "『한겨레』가 고수해온 원칙인 만큼 앞으로도 유지해야 한다"는 응답이 49.5퍼센트로, "시대적 상황 변화를 고려해 바꿔야 한다"(36.3퍼센트)는 의견보다 많았지만, 김정숙에 대한 표기는 "여사가 적절하다"는 응답이 56.0퍼센트로, '씨'라는 응답(12.6퍼센트)보다 4배 이상 많았다. 어쩌겠는가. 독자의 뜻에 따라야지.

이에 대해 작가 손아람은 『한겨레』에 쓴 글에서 "'씨'냐 '여사'냐. 대통령 부인 호칭을 둘러싼 논쟁 이면에는 모든 사회적 지위에는 격에 맞는 직함이 따라야 한다는 집단 무의식이 깔려 있다. 그러나 이를 감안해도 직위를 억지로 가공하는 호칭인 '여사'는 결코 존칭이 될 수 없다. 독립적인 사회적 영향력을 가지게 된 사람을 누군가의 배우자인 정체성에 묶어두는 호칭은, 어떤 선의에도 불구하고 멸칭일 수밖에 없다"며 다음과 같이 말했다.

"사회를 관찰하고 언어를 다루는 작가로서 나는 미래를 이렇게 예측한다. 정권이 여러 번 교체된 어느 날, 사람들은 새 대통령의 부인을 '여사'라 부르는 언론에 싫증과 불편함을 느낄 것이다. 새로운 세대의 시민들은 '여사'가 대통령 부인을 비하하는 멸칭이라 주장할 것이며, 언론사들은 올해 일어난 존칭 변경 사건을 거론하며 '여사'는 존칭이 맞다고 항변할 것이다. 분노한 새 대통령의 정치적 팬덤은 '여사'라는 호칭을 고집한다면 절독 운동을 벌이겠다고 다시 한 번 으름장을 놓게 될 것이다."[3]

전 구미시 의원(녹색당) 김수민도 『한겨레』 기고문에서 "『한겨레』가 영부인을 '김정숙씨'로 부르는 것이 노 전 대통령과 문재인 대통령에 대한 괄시라고 우겨댄 이들의 활약으로, 기어이 지면의 영부인 호칭에서 '씨'가 발라졌다"며 "그들은 진보 언론을 '구좌파'로, 자신을 신좌파라고 부른다는데, '여사'에 저리도 사활을 거는 신좌파는 세계사적으로 처음 본다"고 꼬집었다.[4]

●

"악플을 좀 담담하게 생각하라"는 문재인

이 사건은 2021년 1월에도 다시 소환되었다. 전 진보신당 대표 홍세화는 "『한겨레신문』에서 창간 후 30여 년간 인물 뒤에 '씨'를 붙이기로 정해왔다. 모든 사람을 동등하게 대하기 위함이었다. 노사모에선 영부인을 권양숙씨라고 칭해도 한 번도 뭐라 하지 않았다"며 "그런데 '김정숙씨'라고 했다가 난리가 나지 않았나. 지금의 팬덤 현상을 설명하는 작지만 상징적인 예다. 민주주의가 성숙이 아닌 퇴행의 모습을 보이고 있다"고 했다. 그는 "팬덤의 '덤'은 집단이란 뜻이잖나. 무리가 형성되기 때문에, '나와 똑같은 사람이 이렇게 주변에 많은데 내가 틀리겠어?'라고 생각하며 생각의 수정 또한 불가능해진다"며 "이러한 현상이 민주주의 발전에 엄청난 걸림돌로 작용하고 있다"고 했다.[5]

전 JTBC 앵커 김종혁은 2021년 3월에 출간한 책에서 "사람들은 대개 자신이 속한 단체나 조직의 이름에 부정적인 단어가 들어가는 것을 기피한다. 하지만 문재인 대통령을 지지하는 사람들은 스스로를 '대깨문(대가리가 깨져도 문재인)'이라고 부를 뿐 아니라 그 이름이 상징하는 맹목성을 오히려 자랑스러워한다"며 다음과 같이 말한다.

"'대깨문'들은 문 대통령에 대한 별것 아닌 비판에 대해서도 부들부들 떤다. 도대체 왜 이럴까. '대깨문'들의 의식 구조는 그들이 자주 사용하는 '불경不敬'이라는 단어에서 엿볼 수 있다. 불경은 종교적인 뉘앙스가 강한 단어다. 신성한 대상에 대해 외경심畏敬心(두려워하며 공경하는 마음)을 갖지 않는 심리 상태를 말한다. 불경은 국민들에 의해 선출되는 대통령에게 쓸 수 있는 단어가 아니다. 21세기 대한민국은 임금의 한마디에 온 백성이 고개를 땅에 처박고 사시나무처럼 떨어야 하는 조선이 아니기 때문이다."[6]

혹 한국 종교가 대체적으로 국민적 불신의 대상이 되고 있기에 벌어진 새로운 신앙 운동은 아닐까 하는 생각이 들기도 하지만, 미국의 트럼프 지지자들에 비하면 양호한 수준이라고 위안을 삼는 게 좋을 것 같다. 그렇게 낙관적인 자세로 세상을 살아가자. 다만 문재인이 대깨문들의 그런 외경심에 대해 '양념' 운운하면서 내내 호의적인 반응을 보여왔다는 점은 지적할 필요가 있겠다.

문재인은 2018년 1월 대통령 신년 기자회견에선 "지지자들(대깨문들)의 악플에 시달리고 있다"는 기자의 질문에 "좀 담담하게 생각하라"는 덕담까지 해주셨다. 문 정권에 대한 비판은 물론 대통령님이나 여사님의 호칭 문제에까지 펄펄 뛰며 비난 공세를 퍼붓는 대깨문들에게 그런 덕담을 해주시면 좋으련만, 그건 한사코 거부하신다. 그렇다면 문제는 대깨문들이라기보다는 문재인에게 있는 게 아닌가 싶다. 그러니 양향자도 금태섭처럼 쫓겨나지 않으려면 체념하고 앞으로 대깨문들의 비위를 맞추는 방향으로 언어 구사를 하는 수밖엔 없을 것 같다.

●

"노무현을 생각하면 항상 눈물이 나온다"

이렇듯, 문빠 또는 대깨문 문제는 수시로 벌어지는 한국 정치 담론계의 익숙한 현상이 되었다. 물론 찬반 양쪽의 상호 소통은 어려운 정도를 넘어서 사실상 불가능한 것이 되고 말았다. 고 노무현 전 대통령 생각에 요즘도 눈물짓는다는 사람들마저 있는데, 이들이 문빠의 전형은 아닐망정 그런 정서는 "노무현을 지켜주지 못해 미안하다"는 표현을 입버릇처럼 되뇌는 문빠들 사이에 폭넓게 공유되고 있다. 최근 『CBS노컷뉴스』의 '문파 6인 심층 인터뷰' 기사에 나오는 이들의 말씀을 들어보자.

"참여정부 시절엔 공부하느라 잘 몰랐다. 지금도 (노 전 대통령을) 생각하면 항상 눈물이 나온다. 그 죄책감으로 문재인 대통령을 지켜드릴 것이다." "무조건 할렐루야는 아니지만 그분(문 대통령)이 결코 지지자를 배신하지 않을 거라고 믿어요. 저희는 노무현 대통령님 같은 비극이 발생하지 않도록 수단과 방법을 가리지 않고 도울 뿐입니다."" 문프(문 대통령)를 지키려면 민주당 정권이 연장돼야 어느 정도 가능하다. 그것 때문에 때때로 아이들 밥을 챙겨주지 못할 정도로 활동하고, 문자 폭탄까지 동원해 민주당에 채찍질하는 것이다."[7]

이런 눈물 어린 정서에 기반한 촉촉한 주장이 메마른 이성으로 정치를 이해하려는 주장과 자주 충돌을 빚는 건 어쩌면 당연한 일인지도 모르겠다. 문제는 그런 일련의 활동이 과연 정권 재창출에 도움이 되겠느냐는 것일 게다. 이런 회의가 감성과 더불어 이성적 판단도 중시하는 문재인 지지자들 사이에서 나오고 있는데, 그 대표적 인물이 음식 칼럼니스트 황교익이다.

황교익이 4월 15일 페이스북을 통해 강성 문재인 지지자들의 집단 공격 행태를 비판하면서 "당장에 해체시켜야 한다"고 주장하고 나선 걸 보고서 그에 대해 다시 생각하게 되었다. "아, 이 분이 정말 문 대통령과 문 정권의 장래를 생각하는구나"라는 생각이 들었다. 글의 내용을 좀더 살펴보자.

황교익은 "일부 문재인 지지자들 중에 온라인에서 집단으로 행동하는 이들이 있다"며 "이들은 스스로 문파라고 말하고 있지만 '사람이 먼저다'라는 문재인의 정신을 철저히 짓밟고 있을 뿐"이라고 썼다. 그는 "이들의 가장 큰 특징은 심한 욕설을 한다는 것"이라며 "그들의 반인륜적 행위는 일베 수준이며 '양념'의 비판이나 비난 수준이 아니다"라고 했다.

황교익은 이들 다수가 더불어민주당 권리당원이라는 점을 지적하며 "내버려두면 이들이 문재인은 물론 더불어민주당도 죽일 것"이라고 적었다. 이어 "문파를 조직하고 이용한 자들은 이들을 해체하는 방법도 알 것"이라며 "아무리 정치판이 개싸움을 하는 데라고 해도 지켜야 하는 선이 있다. (문파를) 당장에 해체시켜야 한다"고 했다.[8]

●

황교익이 요구한 문파의 해체는 가능한가?

내가 듣기엔 놀라운 말씀이다. 나는 그간 그를 강성 문파에 속하는 유명인사로 여겨왔기 때문이다. 다른 발언들은 다 제쳐 놓더라도, 지난해 12월 23일 정경심이 1심 재판에서 징역 4년을 선고받고 법정 구속된 것과 관련, 그는 "골고다 언덕길을 조국과 그의 가족이 걸어가고 있다"고 했다. 그는 이어 "가시왕관이 씌워졌고 십자가를 짊어졌다. 검찰 개혁 않겠다 했으면, 법무부 장관 않겠다고 했으면 걷지 않았을 길"이라면서 "예수의 길이다. 예수가 함께 걷고 있다"고 했다.[9]

죄송하지만, 난 당시 이 발언에 좀 섬뜩했다. 그 누구건 찬반 의견을 강하게 표현할 순 있지만, 꼭 이렇게 '예수'와 '골고다'까지 끌어들여야 하는가 하는 생각 때문이었다. 내가 그간 그를 잘못 보았던 걸까? 모르겠다. 내가 비교적 자신 있게 말할 수 있는 건 이거다. 그는 강성 문파이긴 하되, 다른 문파에 비해 정치적 현실 감각이 살아 있다는 점이다. 물론 여전히 '예수'와 '골고다'라는 표현이 의아하긴 하지만 말이다. 황교익에 비해 열정은 덜하겠지만, 나 역시 문 정권이 잘되길 바란다. 문 정권이 예뻐서가 아니다. 문 정권의 처참한 몰락은 국가와 국민 모두에게 회복하기 어려운 큰 타격과 상처를 줄 거라고 생각하기 때문이다.

황교익은 1주일 후인 22일에도 페이스북에 "문파로부터 수년간 수시로 온갖 욕설을 메시지와 댓글로 받았다. 건수로 보자면 수천만 건은 족히 될 것"이라며 "그 욕설이 얼마나 심각한 수준에 있는지 잘 안다"고 밝혔다. 이어 "문파의 욕은 일베나 양아치 수준을 넘는다. 세상에 어떻게 저런 욕을 하는 사람이 문재인 지지자일 수 있는지 도저히 이해를 할 수가 없다"며 "문재인 대통령의 인품와 정반대편에 있는 자들이 문파"라고 꼬집었다.

황교익은 "문파는 '문재인의 이름으로 욕을 하는 집단'"이라고 규정하고 "욕을 한 사람들은 물론이고 그들이 욕을 하며 보호하려는 인물까지 경멸하게 된다. 문파는 물론이고 결국은 문재인도 경멸하게 된다는 말"이라고 지적했다. 그러면서 "문파는 문재인 지지자를 문재인으로부터 떨구어내는 일을 하고 있고 최종에는 문재인과 일천 내지 이천 명의 '욕쟁이 문파'만 남게 될 것"이라며 "더불

어민주당은 진정 이러기를 바라는가. 언제까지 이들을 내버려둘 것인가"라고 문파의 해체를 촉구했다.[10]

나는 강성 문파의 해체를 요구한 그의 취지와 선의에 전적으로 동의하기 때문에 이 생각을 좀더 발전시켜 보고 싶다. 그의 발언 중 가장 주목할 만한 것은 "문파를 조직하고 이용한 자들은 이들을 해체하는 방법도 알 것"이라는 대목이다. 맞다. 사실 바로 이게 문제다. 문파 내부의 갈등을 다룬 최인호의 『김어준이 최순실보다 나쁘다』라는 책에도 잘 나와 있듯이, 문파의 '상층부'엔 자신의 생계·명예·출세를 위해 선량한 시민들의 순수한 열정을 이용하는 사람들이 많다. 이들에겐 문 정권의 성공이 더 중요할까, 아니면 자신들의 성공이 더 중요할까? 말할 것도 없이 후자다. 따라서, 강성 문파의 해체는 불가능한 목표가 되고 만다.

●

문재인과 강성 문파는 일심동체다

황교익이 강성 문파의 수를 과소평가하는 건 아닐까? 그는 올 1월 11일 "보수층 중 태극기부대가 극소수이듯 문재인 지지자 중 문제를 일으키는 문빠는 극소수"라며 "2,000명밖에 안 된다고 '이천파'라고 불릴 정도"라고 했다. 그는 "유별나고 소란스런 사람들이 눈길을 끌게 되어 있다"며 "문빠는 과잉대표 되어 있을 뿐"이라고 했다.

이어 "그들에게 자제를 요구해야지 문재인 정부 전체를 싸잡아 비난할 일은 아니다"라고 했다.[11]

아니다. 그렇게 볼 일이 아니다. '이천파'건 '이만파'건 중요한 건 이들의 규모가 아니라 이들이 민주당에 실질적으로 행사하는 영향력이다. 그간 민주당의 상층부 인사들은 앞다투어 강성 문파에 대해 아첨에 가까운 말을 해왔다. 강성 문파가 4·7 재보궐선거 참패 이후 당의 쇄신과 반성을 요구한 초선 의원들을 '초선 5적'으로 규정하고 이들에게 하루 수천 개의 욕설 문자를 보내 압박하는 것에 대해 민주당 지도부가 나 몰라라 하면서 오히려 강성 문파를 거들기도 했다는 게 그걸 잘 말해준다. 황교익은 "이런 강성 문파들이 문재인은 물론 더불어민주당도 죽일 것"이라고 했지만, 민주당의 생각은 전혀 다르다는 것이다.

왜 그럴까? 이른바 '문재인 효과' 때문이다. 강성 문파의 그런 행태를 '양념'으로 긍정 평가하면서 피해자들(이 경우엔 기자들)에게 "담담하게 받아들이라"고 웃으면서 조언을 하는 문재인의 여유에서 무얼 보는가? 강성 문파의 의식과 행태는 문재인의 의식과 행태와 다르지 않다. 황교익이 이걸 피해가면서 아무리 강성 문파의 해체를 부르짖는다 해도 달라질 건 전혀 없을 게다.

4월 8일 국민의힘 비전전략실장 김근식은 방송인 김어준이 자신이 진행하는 교통방송(TBS) 〈김어준의 뉴스공장〉을 계속 진행하겠다고 하자 "스스로 못 견디고 문 닫게 될 것"이라고 했다. 그러자 진중권은 김근식 페이스북에 댓글을 달고 "냅둬요, 더 망하게"라고 했다. 진중권은 "아직 대선 남았잖아요. 김어준의 역할이 필요합니다"라고 했다.

웃어넘기면 그만일 에피소드지만, 강성 문파의 대주주 격인 김어준과 강성 문파의 활약이 거세질수록 야권은 겉으론 화를 내는 척하면서도 내심 흐뭇하게 생각할 것이 분명하다. 이들은 내내 민심과 멀어지는 길을 내달릴 게 분명하니까 말이다. 그럼에도 민주당의 다선 의원들은 이들에게 아첨하기에만 바쁘니 참으로 비겁한 사람들이 아닐 수 없다.

황교익은 『미디어오늘』(4월 22일) 인터뷰에서 "당의 문제가 아니라 결국 문재인 대통령의 책임 아닌가"라는 기자의 질문에 "이런 것을 속속들이 다 알지는 못할 것이라고 생각한다"고 말했다. 그러나 기자가 "이런 극렬 지지층의 문제가 정권 초부터 제기된 점을 감안하면 문 대통령이 다 알면서 그러는 것 아니겠느냐"고 다시 묻자, 그는 "나도 답답하긴 하다"며 "당 문제일 수도 있고, 문재인의 문제일 수도 있다. 본인 이름이 걸려 있으니 애매할 수 있을 것"이라고 답했다.[12]

아니다. 애매한 정도가 아니다. 문재인과 강성 문파는 일심동체―心同體라는 사실을 직시해야 한다. 나는 황교익이 정녕 문재인과 문정권을 생각해 "강성 문파, 정말 이대론 안 된다"는 메시지를 강하게 전달하려면 문재인의 '강성 문파 사랑'에 어떤 식으로건 정면 대응해야 한다고 생각한다. 물론 그렇게 하긴 쉽지 않겠지만, 문재인이 달라지지 않고선 강성 문파도 달라지지 않는다는 건 분명하기에 드리는 말씀이다.

문재인이 5월 10일 취임 4주년 기자회견에서 민주당 내에서 벌어진 문자 폭탄 논란과 관련해 "저를 지지하는 지지자들이라면 예의를 갖추고 상대를 배려하고 보다 공감받고 지지할 수 있는 방식으로 문자 메시지를 (작성)해주시길 간곡히 당부드린다"고 말한 것에서 그 어떤 변화의 가능성을 볼 수 있는 걸까? 이 정도나마 환영할 만한 말씀이긴 하지만, "정치하는 분들이 그런 문자에 대해서 조금 더 여유 있는 마음으로 바라봐도 된다"는 말씀이 마음에 걸린다. '만류 아닌 만류'(진중권)라는 말이 나온 것도 무리는 아니다.

자신을 비난하는 전단지를 수백 장 뿌렸다는 이유로 한 청년을 고소한 사실이 2년 만에 뒤늦게 밝혀져 뜨거운 논란이 되어 고소를 취하한 게 불과 수일 전이었다. 그럼에도 다른 정치인들에겐 '조금 더 여유 있는 마음'을 주문하는 게 도무지 이해가 되지 않는다. 전단지와 문자 폭탄은 이른바 '공연성公然性'에서 다르다는 이유 때문이라면, 이게 과연 그런 법적 잣대로만 볼 문제냐고 되묻고 싶어진다.

문재인은 자신이 대통령이 된 후엔 문자 폭탄 대신 주로 기사 댓글이 달린다며 "조직적으로 이루어지는 것처럼 여겨지기도 한다"고 했는데, 민주당에서 벌어지고 있는 문자 폭탄은 조직적인 게 아니라고 보는 걸까? 문재인이 앞으로 기자의 질문이 없더라도 자신의 '양념', "좀 담담하게 생각하라"는 발언을 철회하면서 좀더 진 정성 있는 자세를 더 보이면 좋겠다는 생각이 들긴 하지만, 이번의 '간곡한 당부'만큼은 긍정적으로 보는 게 옳으리라. 그럼에도 문재 인과 강성 문파가 일심동체라는 건 취임 4주년 특별 연설과 기자회 견에서도 잘 드러났다. 전반적으로 여전히 '마이웨이'요 강성 일변 도였다는 점에서 말이다.

●

'문재인-김어준-강성 문파'의 3위1체

또 하나 중요한 것은 강성 문파와 김어준도 일심동체라는 사실이 다. 따라서 '문재인-김어준-강성 문파'의 3위1체가 성립된다. 나는 『부족국가 대한민국』에 쓴 「'정신적 대통령' 김어준의 비극」이라는 글에서 상세히 밝혔지만, 여기선 앞서 언급한 최인호의 『김어준이 최순실보다 나쁘다』는 책 내용을 더 소개해 보강하기로 하자.

『김어준이 최순실보다 나쁘다』는 문파 내부의 분열을 다루고 있 는 책이다. 문파 내부의 소수파인 반反김어준 문파('파란장미시민행 동' 등)에 속하는 최인호는 "나는 '김어준 파쇼'의 종식을 위해서 이 책을 썼다"며 이렇게 말한다. "이른바 '우리 깨시민'의 의식과 정서 가 김어준을 닮아 있기 때문에 김어준이 '우리' 안에서 그렇게 괴물 로 성장할 수 있었고, 급기야 그 괴물이 '우리'를 우리도 모르게 기망하고 능욕해도 그것을 깨닫지 못하는 지경에 이르렀다."[13]

이 책의 핵심 주장은 김어준과 그의 일행이 자신들의 잇속을 위해 선량한 문파를 기만하면서 이용했다는 것이다. '파쇼'나 '괴물'이라는 표현은 그만큼 김어준에 대한 배신감과 분노가 크다는 걸 말해주는 것으로 이해하면 되겠다. 최인호는 김어준파를 호위하는 댓글 알바 부대의 활약상을 실증적으로 보여주면서 이런 '사이버 정치 깡패'로 인해 "'이명박근혜' 시절보다 더 자유가 없다"며 다음과 같이 말한다.

"'이명박근혜' 시절보다 더 주눅 들고 더 긴장되고 더 조심하게 되었다. 글 하나 쓰고 말 한마디 할 때마다 여러 가지 우려가 머릿속을 파고든다. 혹시 내 주변 사람들이 댓글로 비판하면 어떡하지? (유튜버 같은 경우에는) 혹시 이런 말 했다가 구독자가 확 줄면 어떡하지? 『딴지일보』에서 내 이름 걸어놓고 집중 비난하면 어떡하지? 커뮤니티에서 강퇴당하진 않을까? 이런 생각들이 머릿속에 떠오른다면 우리는 자유로운 사회에 살고 있다고 말할 수 없다. 상시적 검열 속에서 살고 있는 것이다."[14]

최인호는 언론 인터뷰에서 김어준에 대해 "국민 세금으로 운영되는 프로그램의 진행자이자 언론인이 특정 정당이나 정치 세력의 상징, 수호자를 자임하는 것은 명백히 잘못됐다"며 이렇게 말했다. "본래 사회·정치 현상은 보편 가치, 즉 다수에게 긍정적 영향을 미치는지, 부정적 영향을 주는지를 기준으로 판단해야 한다. 하지만 지금은 특정 인물이 어느 진영 소속인지, 해당 사건이 어느 진영에 득이 되는지를 기준으로 삼는다. 사고의 정립도 여기서 시작한다. 그러다 보니 자신과 다른 외집단에 대한 힐난, 겁박은 거세지고 있다."[15]

『김어준이 최순실보다 나쁘다』는 책이 중요한 것은 강성 문파와 김어준이 일심동체라고 하는 사실을 생생하게 잘 보여주고 있다는 점이다. 이 책엔 평범한 문파들의 글이 여러 편 실렸는데, '아킴'이란 필자는 김어준을 신봉하는 동생들에 대해 다음과 같이 말한다.

"걔들은 틈만 나면 '어준이가 없었으면 어쩔 뻔했어.' '어준이가 다 알려줘.' '어준이가 하라는 대로 하면 돼.' 이런 식의 도저히 납득이 안 가는 말을 해댔다. 내가 그 말에 '걔가 뭔데? 걔가 나라를 구했냐?' 하면 어준이가 문재인도 대통령 만들고, 박근혜도 감옥 보내고, 이명박의 온갖 비리를 추적하고, 나랏일을 다 하고 있다는 걸 모르냐며 내가 아무 말도 못하도록 히스테릭한 반응을 보였다. 나는 딱히 털보의 활동에 대해 아는 바가 없어서 '김어준이 그렇게 대단해?' 그러면서 별 반박도 못하고 불쾌한 기분으로 대화를 덮곤 했다."[16]

오세훈의 서울시장 취임 이후 교통방송 〈김어준의 뉴스공장〉의 진행자 김어준의 거취를 둘러싸고 뜨거운 논란이 벌어지고 있지만, 김어준이 전혀 주눅 들지 않고 오만한 태도를 보이기까지 하는 건 자신을 절대적으로 지지하는 문파, 그리고 이들의 영향력 하에 있는 민주당이라는 믿는 구석이 있기 때문이다.

경희대학교 미래문명원 교수 안병진이 그 점을 잘 간파했다. 그는 4월 28일 더불어민주당 초선 의원들을 대상으로 한 화상 강연에서 "집권하려면 실용적으로 가야 한다. 그런 점에서 열정적 지지자들이 때로는 자제하고, 때로는 실용적 흐름 속에서 적절히 조절했으면 좋겠다"고 했다. 방송 진행자로서 열성 지지자들 사이에서 강력한 영향력을 행사하고 있는 김어준을 향해서는 "제발 부탁하는데 자제 좀 하시기를 (바란다)"이라고 말했다.[17]

백번 지당하신 말씀이긴 하지만, 나는 김어준의 자제나 거취 문제엔 별 관심이 없다. 그게 중요하다고 생각하지도 않는다. 국민의힘 의원 조수진의 전언에 따르면, 오세훈은 교통방송에 대해 "아예 보고를 받지 않고 있다"며 "방송이 중립성과 객관성을 잃으면 그 방송사로 책임이 돌아가는 것 아닌가. 이번 서울시장 선거에서 많은 국민이 교통방송의 현 주소와 문제점을 생각했을 것"이라고 말했다고 한다. 오세훈은 "공영방송의 보도가 선거(결과)에 전혀 영향을 미치지 않고 오히려 비판 대상이 된 것 자체를 (교통방송이) 스스로 부끄러워할 것으로 생각한다"는 것이다.[18]

이 말이 진심이길 바란다. 그걸 전제로 이야길 해보자. 오세훈이 잘 봤다. 문제의 핵심은 교통방송이지 김어준이 아니다. 김어준을 두고 이러쿵저러쿵 하는 건 논점을 잘못 짚은 것이다. 논쟁은 교통방송, 더 나아가 공영방송의 전반적인 위상에 관한 것이어야 하고,

약속을 어긴 문재인 정권의 책임에 관한 것이어야 한다. 이제 그런 이야길 좀 해보자.

●

고 이용마 기자에게 한 문재인의 약속은 어디로 갔나?

2021년 3월 26일 KBS·MBC·EBS 등 공영방송 3사 노동조합이 공동 명의의 요구안을 통해 공영방송 이사·사장의 정치적 독립을 보장하는 법 개정을 6월 말까지 완료하라고 국회에 촉구했다. 이들은 공영방송 지배 구조 개선이 "대선·총선 정책 협약, 방통위 업무 보고 등으로 무수히 약속되었"으나 "한 발짝도 진전이 없다"며 "청와대와 국회가 공영방송을 국민으로부터 탈취할 수 있는 전리품, 권력을 지키기 위한 도구로 인식하는 구시대적 발상으로부터 정말 단절되어 있는지 묻지 않을 수 없다"고 했다.[19]

이 요구에 뜨거운 지지를 보낸다. 보수 정권에서 공정방송을 위해 애쓰다가 가혹한 탄압을 받았던 고 이용마 MBC 기자는 죽는 날까지 일반 시민이 공영방송 이사·사장을 뽑는 '국민 대표단 제도'를 부르짖었다. 암 투병 중이던 이 기자의 집을 두 번이나 방문했던 문재인 대통령도 이 기자의 외침에 적극적 찬성을 표한 바 있다. 이 찬성을 실행에 옮기지 못할 이유가 무엇이란 말인가.

일부 친문 지지자들은 보수적인 종합편성채널들과 대적할 '우리 편'이 필요하다며 공영방송의 정치적 독립을 반대하지만, 그게 그렇게 생각할 문제가 아니다. 역대 정권들은 공영방송을 장악하는 것이 정권 안보에 도움이 된다는 이유로 공영방송의 정치적 독립을 외면해왔지만, 정반대의 결과만 초래했을 뿐이다. 역대 정권들이 대부분 임기 말에 무너진 이유는 민심과 유리된 '독선과 오만'이었으며, 공영방송의 친親정권 보도는 그런 '독선과 오만'을 감지하는 데에 오히려 장애가 되었다.

우리 시민사회의 수준과 역량을 믿고, 이제 권력에 휘둘리던 공영방송의 흑역사와 작별해보자. 그런 작별을 위해 나와 같은 언론학자들부터 반성해야 한다. 왜 학자들은 모두 다 공정방송이라는 대의에 찬성하면서도 그걸 요구하는 목소리는 정파성의 지배를 받는가? 진보 학자들은 보수 정권을 향해선 공정방송을 외치다가 진보 정권이 들어서면 약속이나 한 듯이 입을 닫는다. 보수 학자들 역시 똑같은 행태를 반복해왔다. 이제 이런 유치한 내로남불은 사라져야 한다.

방송인들 스스로 할 일은 없는가? 문 정권이 공영방송의 정치적 독립을 끝내 외면하면 어쩔 수 없다고 포기하고 친정권 방송만 할 생각인가? 친정권 방송이 방송인 개개인의 이념적·정치적 소신에 따른 것일 수 있으며, 사실 문 정권에선 '외부'나 '위'의 압력보다는 오히려 이게 더 문제가 되는 것 같다. 이 또한 옳지 않다. 진정한 소신이라면 어떤 정권에서건 발휘되어야 마땅하지 않겠는가. 그렇게 하다가 가혹한 탄압을 받은 역사의 교정은 공정방송의 실현에 있는 것이지 정파적 보호막 속에서 소신을 발휘하는 방식이어선 안된다. 공정방송보다 개인적 소신이 더 중요하다면 직장을 유튜브로 옮기는 게 옳다.

●

〈김어준의 뉴스공장〉의 통제권은 누구에게 있나?

자, 이제 교통방송 〈김어준의 뉴스공장〉 이야기로 들어가보자. 일반적인 정파성은 논외로 치더라도 정파적 이익을 위해 무책임한 음모론을 제기하기도 하고 사회적 약자를 모욕하는 일도 서슴지 않는 진행자가 있다면, 그리고 그런 행태가 반복된다면, 우리가 우선적으로 문제 삼아야 할 대상은 진행자가 아니라 담당 PD들이다. 그들에게 프로그램 통제권이 있는지를 물어야 한다. 열성 지지자들이 많아 청취율 1위의 '효자 상품'인데다 대통령을 포함해 정권 실세들이 사랑하는 진행자인지라 통제권을 발휘할 수 없다고 한다면, 그래도 괜찮은 것인지 따져 물어야 한다. 담당 간부들과 사장에게도 같은 질문을 던져야 한다.

KBS 기자 출신으로 2006년부터 5년간 교통방송 대표를 지낸 이준호는 취임 직후 중앙 정치 이슈를 다루지 말고 서울시 의회 뉴스만 다루라고 지시했다. "우리 공영방송은 정권이 주인입니다. 정

162

권이 바뀌면 KBS·MBC 사장이 바뀌고 대규모 인사가 납니다. 한 직으로 밀려난 직원들은 5년 뒤를 기다리죠. 정권이 또 바뀌면 직원들도 다시 자리를 바꿉니다. 그런데 TBS는 기자와 시사 PD가 50명도 안 돼요. 한직으로 밀려날 사람이 없습니다. 정치 뉴스를 다루면 정권 홍보 방송밖에 못 해요. 그래서 아예 여의도 쪽은 선을 끊고 쳐다보지도 말라고 한 겁니다."

박원순 시장 취임 두 달 후 임기 만료로 퇴임한 이준호는 "내가 퇴임한 뒤부터 교통방송이 정치 방송이 되기 시작했다"고 말했다. 2017년 한 언론인 연말 모임에서 박원순을 만나 "『딴지일보』하던 사람(김어준)이 그때와 똑같은 방식으로 공영방송 프로그램을 진행하는 건 잘못이다. 공영성을 망가뜨리는 건 한순간이지만 그걸 회복하는 건 정말 어렵다"고 말했다. "10분 동안 얘기하는데 박 시장은 한마디도 하지 않더군요. 내가 경기고 선배여서 듣지 않을 순 없었을 겁니다."[20]

2020년 6월 『한겨레』 출신으로 건국대학교 미디어커뮤니케이션학과 교수인 손석춘은 언론 세미나에서 "〈김어준의 뉴스공장〉은 노골적인 진영 방송"이라며 "그 결과 정치는 쇼가 되거나 희화화되고 있다"고 지적했다. 진중권은 김어준을 "걸어 다니는 음모론"이라며 "(이런 방송은) 멍청한 이들을 위한 판타지물이고 일종의 삼류 문화 콘텐츠"라고 비판했다. 이와 관련, 언론노조 위원장을 지낸 교통방송 대표 이강택은 『미디어오늘』 인터뷰에서 "〈뉴스공장〉의 방향은 잘못되지 않았으며 그 파격적 청취율은 다른 프로그램보다 낫기 때문"이라며 "나는 김어준의 경험과 노력을 존중하고 평가한다"고 말했다.[21]

김어준의 어떤 점 때문에 그러는 걸까? 〈김어준의 뉴스공장〉의 파격적 청취율은 다른 프로그램보다 낫기 때문이다? 어떤 점이 낫다는 걸까? KBS PD 출신인 이강택이 그걸 모를 리 없다. 교통방송과 김어준은 '정치 팬덤 장사'를 하고 있다는 걸 말이다. 이강택은 『오마이뉴스』 인터뷰에서 "TBS에서 김어준은 어떤 존재인가?"라는 기자의 질문에 이렇게 답했다. "한마디로 얘기하면, TBS의 유일한 킬러 컨텐츠다. 〈뉴스공장〉 이전과 이후로 TBS가 달라진 것도 분명한 사실이다. 한국 경제에 비유하면, 삼성전자 정도의 비중이 되겠다(웃음)."[22]

그런 경영·경제적인 이유 때문이라도 '삼성전자 김어준'을 어찌 놓칠 수 있겠는가. 많은 국민이 법적·윤리적으로 아무리 많은 문제가 있다 하더라도 삼성전자를 지켜야 하듯이, 교통방송도 김어준을 지켜야 할 충분한 이유가 있는 셈이다. 이강택은 2021년 2월 『미디어오늘』 인터뷰에서 "새 서울시장이 누구냐에 따라 TBS 미래가 달라질 수 있다는 우려의 목소리가 있다. 정말 TBS 거버넌스가 서울시로부터 완전히 독립했느냐는 물음이기도 하다"는 기자의 질문에 다음과 같이 답했다.

"TBS에 대해 제대로 모르고 하는 말씀이다. 과거 기준으로 현재를 이야기하고 있다. 내가 대표가 되고 나서 서울시장과 관계는 입헌군주제 같았다. '시장은 존재하나 권한은 행사하지 않는다.' 그만큼 TBS 자율성이 높아지고 있었고, 지난해 재단법인화를 기점으로 그 단계마저 넘어선 것이다. 제도로 정착돼 있다. 한국 사회 수준이, 한국의 민주주의가 그렇게 약하다고 생각하지 않는다. 시장 한 사람 바뀌었다고, 시장 영향이 법적 제도적으로 미치지 않는 곳까지 간섭하고 마음대로 할 수 있는 시대는 지나갔다. 지금은 2021년이다."[23]

일견 타당한 말씀처럼 보이지만, 최소한의 역지사지易地思之가 결여되어 있다는 점에서 동의하기 어려운 주장이다. 입장 바꿔놓고 생각해보자. 보수 정권(또는 보수 지방정부)에서 보수 정파성을 잘 구현해줄 수 있는 사람을 방송사의 대표로 영입해 보수 일변도의 방송을 해온 상황에서 진보 정권(또는 진보 지방정부)이 들어섰다고 가정해보자. 그 방송사 대표가 방송의 정치적 독립을 내세워 계속하던 대로 하겠다고 그러면 동의할 수 있겠는가?

그게 우리가 정녕 원하는 정치적 독립은 아니잖은가. 애초에 이용마가 말한 국민대표단이 공정방송 의지와 비전을 밝힌 후보들 중 한 사람을 택해 대표로 뽑았다면, 이강택의 말씀은 전적으로 타당하다. 그러나 그게 아니잖은가. 김어준은 "〈뉴스공장〉이 마지막 방송이길 바라는 보수 지지층은 오 시장(당선자)에 따져야 한다"며 "10년간에 걸쳐 꼼꼼하게 절차가 만들어져서 어렵다. 그 점은 오 시장에 감사드린다"고 했다.[24] 김어준이 이강택의 주장을 이렇듯 김어준식 어법으로 누구 약 올리듯이 조롱조로 큰소리치는 것에 대해 우리는 "독립 만세!"를 외쳐야 하겠는가?

●

김의겸의 '빅딜 제안'은 '재미없는 개그'

야당 시절 공영방송의 독립을 부르짖었던 여권 정치인들도 각성해야 한다는 건 두말할 나위가 없다. 그런데 각성은커녕 궤변에 가까운 주장을 내놓는 이들이 있어 안타깝다. 4월 20일 열린민주당 의원 김의겸은 MBC라디오 〈김종배의 시선집중〉과의 인터뷰에서 "저에게 주어진 과제는 언론 개혁"이라며 "언론사의 소유 구조 변경을 위한 빅딜Big deal을 제안하고 싶다"고 밝혔다.

김의겸은 언론사 소유 구조 변경의 방안으로 "공영언론의 경우 정부가 완전히 손을 떼고 국민에게 돌려줘야 한다"고 말했다. 그는 "사장 선출을 비롯한 편성권에 대해서도 방향과 논조를 결정할 수 있는 객관적인 제3의 기구를 만들 수 있다"고 말했다. 아주 좋은 말씀이다. 대통령의 약속이기도 하니 김의겸이 그 약속의 이행을 위해 애쓰면 될 일이다. 그런데 그다음 말이 걸작이다.

김의겸은 "민영 언론의 경우도 언론사 사주의 소유권은 인정하되 언론사 사주가 편집권과 편성권에 일절 개입하지 못하도록 소유

와 경영을 완전하게 분리해나가는 방식으로 가야 한다"고 말했다. 그는 이어 "단순히 편집국장 직선제라든지 등에 그치는 것이 아니고, 인사권까지 포함해 별도의 중립적이고 공정한 기구를 통해 언론사 사주의 영향력을 최대한 차단할 방안을 강구해야 한다"고 밝혔다. 이게 바로 '빅딜'이라는 것이다.[25]

이에 대해 『중앙일보』 논설위원 이상언은 "얼핏 듣기엔 그럴싸할지 몰라도 참으로 황당한 발상"이라고 했지만,● 내가 보기엔 '재미없는 개그'다. 청와대 대변인까지 지냈던 분이 대통령의 약속 내용을 모르진 않을 텐데, 그 약속 이행을 촉구하는 것에 대해 전혀 엉뚱한 조건을 내세우면서 '빅딜'을 하자는 건 제안이 아니라 장난 또는 속임수다. 누군가가 김의겸에게 "국회의원직을 사퇴하면 전주시에

● 이상언은 "'권력이 공영 언론을 좌지우지하지 않는다'는 것은 국민 대다수가 동의하는 규범입니다. 본래 그게 정상이라는 뜻입니다. '민영 언론 대주주가 회사 경영에서 손을 떼게 해야 한다'는 것은 보편적 규범이라고 보기 어렵습니다. 과연 바람직한가, 실현 가능한가 등으로 따져봐야 할 주장이라는 뜻입니다"라면서 다음과 같이 말한다. "하나는 원래 그래야 하는 것, 다른 하나는 그렇게 하는 게 맞느냐는 의문이 드는 것입니다. 그 둘을 거래(빅딜)하자는 게 상식적입니까? 다시 쉽게 말씀드립니다. 어느 날 교육부 장관이 '이제 정부가 국립대학 자율성을 완전히 보장할 테니 사립대학 재단들이 학교 운영에서 손을 떼십시오. 이것이 빅딜입니다'라고 한다면 온전한 정신을 가졌다고 볼 수 있을까요? 정부의 국립대 자율성 침해 방지는 응당 그렇게 해야 하는 것입니다. 반면에 사학재단의 학교 운영 참여 배제는 위헌적인 요소까지 있는 주장입니다." 이상언, 「김의겸 의원님, 안타깝습니다」, 『중앙일보』, 2021년 4월 22일.

1천억을 기부하겠다"고 하면 기분이 어떨까? 모름지기 딜이란 서로 주고받는 것이어야 하는데, 민영 언론사들이 공영방송 독립에서 얻을 게 뭐가 있다고 소유·경영의 완전 분리에 응하겠는가? 어린아이들 장난도 아니고 이게 뭐란 말인가?

장난이 아니라면, 공영방송 독립을 거부할 평계를 만들기 위해 내놓은 책략인가? 민영 언론사들과 야권이 '빅딜'에 응하지 않았기 때문에 공영방송의 어용화는 불가피하다는 논리의 개발인가? 김의겸은 의정 활동을 통해 청와대 대변인 시절의 '흑석동 사건'에 대한 명예회복을 벼르고 있을 텐데, 이러시면 정말 곤란하다. 문 정권에게 가장 필요한 것 중의 하나가 진정성인데, 이런 식으로 진정성 없는 장난을 치시면 어떡하는가? 부디 '재미없는 개그'는 중단해 주시기 바란다.

●

'기울어진 언론 운동장' 타령은 지겹다

김의겸은 다음 날에도 이상한 말씀을 이어간다. 그는 YTN라디오 〈황보선의 출발 새아침〉에 나와 김어준과 'TBS 〈뉴스공장〉'의 정치적 편향성에 대해 "우리나라 언론 지형 자체가 지나치게 한쪽으로 기울어져 있다고 생각한다"며 "기울어진 언론 상황에서 조금이라도 균형을 잡아보려는 시도"라고 했다. 그는 "(김어준의) 정치 편향성에 대해 주로 야당이 문제 제기를 하고 있는데, 전체적인 판을 봐야 한다고 생각한다"며 "다른 목소리를 들어보고 싶어 하는 열망이 김어준씨가 운영하는 프로그램으로 몰려갔다"고 했다. 이어 "그 프로그램 하나만 떼어놓고 보면 편향성 문제를 제기할 수 있다고 생각한다"면서도 "전체적, 근본적으로 기울어진 상황에서 그나마 조금이라도 균형을 잡아보려는 시도가 아닌가 생각한다"고 했다.[26]

김의겸은 29일에도 KBS 〈최경래의 최강시사〉에 출연, 김어준 논란에 대해 "지금 야당이 퍼붓고 있는 공격은 과도하다"며 "(김어준 방송에) 강제로 입에 재갈을 물리려고 하는 정치적 의도가 분명하다"고 했다. 그는 "김씨가 작가 몇 분하고 같이 일하고 있는 것으로 알고 있다"며 "대형 언론사에 비해 가내 수공업 하는 김어준을 1대 1로 대응을 하면서 언론으로서의 저널리즘 책임을 똑같은 기준으로 묻는 것은 공정하지 않다"고 했다. 이어 "(김어준에 대해) 편파 방송이라고 하는데, 그런 기준으로 본다면 김어준만 공격 받을 거냐, 지금 종편에 널려 있는 방송을 한 번 균형 있게 같이 검토해보자"며 "수천, 수만 명 기자가 일하고 있는 대형 언론사가 오히려 반성할 대목이 있다"고 했다.[27]

죄송하지만, 듣기에 정말 지겨운 말씀이다. 이른바 '기울어진 언론 운동장' 타령에 '논점 흐리기' 수법 아닌가. '기울어진 언론 운동장' 타령은 지난 30년 넘게 귀가 닳도록 들어온 말이다. 이에 대한 내 답은 한결같다. 1990년대 이후 민주당 세력은 그런 기울어진 언론 운동장'에도 불구하고 선거에서 많은 승리를 거두었다. 6명의 대통령 가운데 3명을 배출했고, 총선과 지방선거에서도 비슷한 또는 그 이상의 성과를 거두었다.

그렇게 이겼을 때마다 나온 민주당 지지자들의 주장을 상기해보라. 예컨대, 2002년 대선에서 승리한 후 『오마이뉴스』 대표 오연호가 한 말을 들어보자. "2002년 12월 19일, 대한민국의 언론 권력이 교체됐다. 조중동(『조선일보』, 『중앙일보』, 『동아일보』)이 길게는 80여 년간 누려왔던 언론 권력이 드디어 교체된 것이다. 언론 권력은 종이 신문 직업 기자의 손에서 네티즌, 인터넷 시민기자에게 이양됐다. 네티즌은 본성적으로 인터넷 시민기자들이다."[28]

이후 디지털 혁명이 진전되면서 인터넷과 소셜 미디어와 유튜브가 힘을 쓰는 세상이 전개되었다. 시장 논리가 지배하는 이런 새로운 공론장에서 '기울어진 언론 운동장' 타령은 너무 낡았다. 자신의 속을 후련하게 만들어줄 '해장국 언론'을 찾을 정도로 정치적 편향성을 가진 사람들의 머릿수가 중요해진 세상이 되었다. 언론의 편향성 이슈가 '공급'의 문제에서 '수요'의 문제로 전환되었다는 뜻이다. 그런 사람들이 자신이 좋아하는 정당에 대해 언론이 부정적인 편견을 갖고 있다고 생각(착각)하는 '적대적 미디어 효과hostile media effect'도 적잖이 작용하고 있다.[29] 김어준과 'TBS 〈뉴스공장〉'의 문제는 이들이 국민 세금에 의존하는 공영 체제하에 있다는 것이지, 민영 체제의 방송까지 끌어들여 균형을 논할 대상이 아니다.

김의겸이 불안하게 생각하는 종편도 '악마'처럼 생각할 일이 아니다. 종편과 보수 언론의 기여가 없었다면 박근혜 탄핵과 문재인 정권은 가능하지 않았다는 걸 인정해야 한다. 김의겸이 이끌었던 『한겨레』 취재팀은 2016년 9월 20일 1면 기사에서 입소문으로 떠돌던 박근혜의 '비선 실세' 최순실을 현실의 영역으로 끌어냄으로써 문 정권의 탄생에 큰 기여를 했지만, 이 특종엔 TV조선의 덕이 컸다. 김의겸은 "TV조선 덕분에 특종이 가능하게 됐다"고 인정하지 않았던가. 그는 「『조선일보』 방상훈 사장님께」라는 제목의 칼럼에서 TV조선을 다음과 같이 칭찬하지 않았던가.

"취재를 하면 할수록 조선의 보도가 훌륭하다는 걸 깨닫게 됐습니다. 취재 그물은 호수를 다 덮도록 넓게 쳤는데도 그물코는 피라미 한 마리 빠져나갈 틈 없이 촘촘했습니다. 7월 27일이 첫 보도인데 이미 4월부터 취재에 들어갔더군요. 재단의 어느 관계자는 저희 기자를 보자마자 버럭 화를 내며 도망치기도 했습니다. 조선 기자들이 얼마나 집요하게 달라붙었으면 그랬겠습니까."•

•

여당 정치인들의 낯 뜨거운 김어준 찬양과 아첨

앞서 지적했듯이, 일부 친문 지지자들이 보수적인 종편과 대적할 '우리 편'이 필요하다며 공영방송의 정치적 독립을 반대하더라도,

김의겸은 그게 올바른 해법이 아님을 납득시켜야 한다. 그럼에도 김의겸이 앞장서서 종편을 '김어준 정당화'의 논거로 삼는 묘기까지 보여주고 있으니 참으로 딱한 일이 아닐 수 없다. 정말 왜들 이러는 걸까? 왜 여당 정치인들은 앞다투어 김어준 찬양 경쟁을 벌이는가? 왜 때론 아첨도 불사하는가? 도대체 김어준이 뭐길래? 그가 문빠의 구심점이자 실세라는 게 그토록 존경스럽다 못해 두렵기까지 한가?

3월 24일 송영길은 "(TBS 김어준의) 〈뉴스공장〉이 없어질 수 있다"며 4·7 서울시장 보궐선거에서 더불어민주당 박영선 후보에 대한 지지를 호소했다. 이어 "김어준, 그가 없는 아침이 두려우십니까? 이 공포를 이기는 힘은 우리의 투표"라고 했다. 그는 "〈손석희의 시선집중〉을 넘어선 역대 시사 1등은 물론, 〈컬투쇼〉의 아성까지

● 이 칭찬은 이어지는 다음과 같은 요청을 위한 것이었다. "그런데 언제부턴가 조선이 침묵하기 시작했습니다. 송희영 주필 사건 이후 처신하기가 어려워졌겠죠. 게다가 내년 3월에는 종편 재허가를 받아야 하니 청와대의 눈치를 볼 수밖에 없을 겁니다. 하지만 못내 아쉬운 건 조선이 취재해놓고 내보내지 못한 내용입니다. 저희가 조선의 뒤를 좇다보니 '잃어버린 고리'가 두세 개 존재한다는 걸 알게 됐습니다. 사건의 전체 모자이크를 끼워맞출 수 있는 '결정타'들이죠. 조선이 물증을 확보한 듯한데 보도는 실종됐습니다. 기사는 언제 햇빛을 보게 될까요. 나중에 박근혜 대통령이 힘 빠졌을 때라면 가치가 있을까요?……사장님이 당당할 때 권력도 감히 조선을 함부로 대하지 못할 겁니다. 환절기에 건강 조심하십시오." 김의겸, 「조선일보 방상훈 사장님께」, 『한겨레』, 2016년 9월 29일.

넘어선 초유의 대한민국 1등 시사프로그램이 사라질 수 있는 것"이라고 했다.•

4월 22일 정청래는 "김어준 귀한 줄 알아야 한다. 김어준의 천재성 때문에 마이너 방송에 불과한 TBS 〈뉴스공장〉에 청취자들이 열광하는 것이 아닌가"라면서 "청취율 1위가 증명하지 않는가. 라디오방송 역사의 신기원"이라고 극찬했다. 이어 "그를 스토킹하며 괴롭힐수록 김어준의 가치만 더 각인될 뿐이다. 멍청한 짓"이라며 "김어준에 대한 열등감인가. 부러우면 지는 것"이라고 했다.[30]

4월 23일 추미애는 김어준 방송에 대해 "'언론 상업주의'에 맞서 고군분투하고 있다"고 예찬했다. 이어 "주인인 시민을 위한 방송, 팩트에 기반한 방송, 시민의 알 권리를 존중하는 방송, 진실을 말하는 방송이 하나라도 있어야 하는 것"이라며 〈뉴스공장〉이 정치적으로 편향된 것이 아니라 다른 언론들이 '언론 상업주의'에 너무 빠져있는 것이 문제"라고 했다. 그는 "자유로운 편집권을 누리지 못하고 외눈으로 보도하는 언론들이 시민 외에 눈치 볼 필요가 없이 양 눈

• 이에 민변 출신 변호사 권경애는 "송 의원님. 조국 사태 때는 그래도 정신 붙잡고 계시더니, 왜 거기까지 가십니까"라고 했다. 권경애는 〈뉴스공장〉에 대해선 "정치적 반대자들을 적으로 상정해놓고, 냄새피우는 음모론이나 가짜뉴스를 유포하는 〈뉴스공장〉이 무슨 언론이란 말인가"라고 했다. 오경묵, 「송영길 "김어준 뉴스공장 없어질 수도…박영선 뽑아야"」, 『조선일보』, 2021년 3월 25일.

으로 보도하는 〈뉴스공장〉을 타박하는 것은 잘못"이라고 했다.•

　감사원의 교통방송 감사 가능성이 불거지자 일부 민주당 의원들은 특정 공영언론을 대상으로 하는 직무 감사 등을 제한하는 내용의 법안을 준비하는 작업에 돌입한 것도 그렇게 보아야 하지 않을까? 이에 대해 전 국민의힘 최고위원 이준석은 24일 "검찰 개혁이 사실상 조국 수호고, 언론 개혁이 사실상 어준 수호"라고 비판했지만, 이는 상징을 숭배하는 문 정권의 '주술 정치'를 모르고 하는 말이다. 민주당 의원 안민석이 고백했듯이, "〈뉴스공장〉은 국정 농단 폭로, 촛불 혁명, 탄핵, 정권 교체와 두 전직 대통령의 구속에 이르기까지 세상이 바뀌는 현장에서 촛불 역사의 중심에 있었다." 그 밖에도 "그나마 진실을 이야기하는 언론"(우원식), "기득권과의 싸움 최전선에 있다"(김용민) 등과 같은 예찬론이 쏟아져 나왔다.[31]

　한마디로 유구무언有口無言이다. 내로남불형 상징을 만들고, 그 상징을 숭배하는 주술 정치에 그 어떤 이성적 논박이 가능하랴. 주술

• 이에 정의당 의원 장혜영은 '외눈, 양 눈' 운운하는 표현을 지적하면서 "해당 장애 비하 표현에 대한 즉각적인 수정과 진정성 있는 사과를 요구한다"고 밝혔다. 그는 "장애를 비하하는 표현을 쓰지 않아도 얼마든지 자신의 정치적 견해를 표현할 수 있다"며 "차별금지법의 필요성을 여러 번 공개적으로 역설해온 추 전 장관인 만큼, 본인의 차별적 언행에 대한 지적을 수용하고 개선하는 모범적인 모습을 보여주길 바란다"고 밝혔다. 아마도 김어준 옹호의 열정이 평소의 상식과 양식을 압도한 탓에 벌어진 일일 게다. 박광연, 「김어준 방송 옹호하며 '외눈·양눈' 표현한 추미애…"장애인 비하" 여야 비판」, 『경향신문』, 2021년 4월 25일.

정치엔 역지사지易地思之가 없다. 보수가 그런 식의 주술 정치를 하면 목숨을 걸고 달려들어 싸울 사람들이, 자신들의 주술 정치는 목숨을 걸고 지키려 드니 말이다. 나는 문 정권 사람들이 김어준을 대하는 이런 내로남불 태도에 문 정권 몰락의 씨앗이 숨겨져 있다고 생각하지만, 그게 내가 이 글에서 말하고자 하는 논점은 아니다. 다시 말하지만, 처음부터 문제는 김어준이 아니라 담당 PD들, 담당 간부들, 그리고 사장이었다. 이는 매우 중요한 사실이다.

그간 방송인들은 마치 권력의 노예나 되는 것처럼 공정방송을 할수 없는 것에 대한 모든 책임을 법과 제도 탓으로만 돌려왔다. 방송인들에게 공정방송의 의지가 없는데, 법과 제도를 아무리 바꾼다한들 그 어떤 변화가 가능하겠는가. 행여 여권 정치인들의 지원 사격에 의존해 여태까지 해온 것처럼 버틸 생각을 하지 말고 무엇이과연 우리 모두를 위해 바람직한 해법인지 잘 생각해보기 바란다. 답을 모를 리 없다. 필요한 건 정치권의 내로남불을 흉내 내지 않겠다는 각성이다.

주

1   박상훈, 『청와대 정부: '민주정부란 무엇인가'를 생각하다』(후마니타스, 2018), 43쪽.

2   오경묵, 「"대통령에 왜 존칭 안 썼나"…親文에 양념당한 민주당 양향자」, 『조

선일보』, 2021년 3월 18일; 고석현, 「"문재인·노무현" 존칭 뺐다고…"싸가지" 양향자 공격한 친문」, 『중앙일보』, 2021년 3월 18일.

3   손아람, 「언어의 빈자리」, 『한겨레』, 2017년 8월 31일.

4   김수민, 「다수파의 남 탓과 피해의식」, 『한겨레』, 2017년 8월 31일.

5   노석조, 「홍세화 "文, 대통령 아닌 임금님…팬들이 민주주의 걸림돌"」, 『조선일보』, 2021년 1월 11일.

6   김종혁, 『두 번 다시, 경험하고 싶지 않은 나라: 기대할 것 없는 정권, 기댈 곳 없는 국민』(백년동안, 2021), 54쪽.

7   김광일·김기용·박희원, 「"문자 폭탄은 채찍질…故 노무현 비극 이번엔 막아야죠"」, 『CBS노컷뉴스』, 2021년 4월 26일.

8   남지현, 「황교익 "문파가 문재인 죽일 것, 해체시켜야"」, 『조선일보』, 2021년 4월 15일.

9   송혜진, 「황교익, 정경심 징역 형에 "조국은 십자가 진 예수"」, 『조선일보』, 2020년 12월 24일.

10   김지영, 「황교익 "文 경멸하게 만드는 '문파'…욕 메시지 수천만 건 받아"」, 『머니투데이』, 2021년 4월 22일.

11   김은경, 「황교익 "문빠는 2,000명뿐 '이천파'로 불려…文 정부 싸잡아 비난 말라"」, 『조선일보』, 2021년 1월 12일.

12   조현호, 「황교익 "욕설하는 문파, 진보 아니다…솎아내야"」, 『미디어오늘』, 2021년 4월 22일.

13   최인호 외, 『김어준이 최순실보다 나쁘다』(이맛돌, 2021), 5~6쪽.

14   최인호 외, 『김어준이 최순실보다 나쁘다』(이맛돌, 2021), 40~45쪽.

15   이성진, 「친문 단체 대표의 김어준 저격 "증거는 안 내놓고 편 가르기 계속"」, 『주간조선』, 2021년 4월 4일.

16   최인호 외, 『김어준이 최순실보다 나쁘다』(이맛돌, 2021), 293~294쪽.

17   노지원, 「안병진 "민주당, 기득권 인정부터…윤석열 과소평가 말라"」, 『한겨레』, 2021년 4월 28일.

18   김승현, 「오세훈이 '김어준 논란' TBS 보고 안 받는 까닭은」, 『조선일보』, 2021년 4월 29일.

19   김고은, 「"한 발짝도 진전 없는 공영방송 지배 구조 개선, 6월까지 끝내라"」, 『한국기자협회보』, 2021년 3월 29일.

20   한현우, 「박원순에 "교통방송 달라" 김어준, 뉴스공장으로 '접수'」, 『조선일

보』, 2020년 11월 6일, A25면.

21 한현우, 「박원순에 "교통방송 달라" 김어준, 뉴스공장으로 '접수'」, 『조선일보』, 2020년 11월 6일, A25면.

22 손병관, 「"김어준은 TBS의 '삼성전자' 같은 존재": [인터뷰] 미디어재단 창립 1주년 맞은 TBS 이강택 대표이사」, 『오마이뉴스』, 2021년 2월 17일.

23 김도연, 「이강택 TBS 대표 "김어준 의존 지나치다 지적 아프게 새겨"」, 『미디어오늘』, 2021년 2월 17일.

24 이슬비, 「김어준, 선거 다음 날 "마지막 방송? TBS는 독립재단"」, 『조선일보』, 2021년 4월 8일; 나운채, 「김어준 "뉴스공장 마지막 방송 바라나…오세훈에 따져라"」, 『중앙일보], 2021년 4월 8일.

25 곽희양, 「김의겸 "언론사 소유 구조 빅딜 제안"…언론 사주 영향력 제한」, 『경향신문』, 2021년 4월 20일.

26 오경묵, 「김의겸 "김어준, 기울어진 언론 지형에 균형 잡는 역할"」, 『조선일보』, 2021년 4월 21일.

27 원선우, 「흑석 김의겸의 김어준 감싸기 "강제로 재갈 물리려…제 사명은 언론 개혁"」, 『조선일보』, 2021년 4월 29일.

28 오연호, 「[긴급진단] 2002 대선의 의미-한국 사회 새로운 주류의 탄생」, 『오마이뉴스』, 2002년 12월 19일.

29 강준만, 「왜 미국의 CNN은 폭스뉴스·MSNBC와 달리 고전하는가?: 적대적 미디어 효과」, 『생각과 착각: 세상을 꿰뚫는 50가지 이론 5』(인물과사상사, 2016), 63~67쪽 참고.

30 홍규빈, 「김어준 엄호 나선 與…정청래 "천재성으로 청취율 1위" 찬사」, 『연합뉴스』, 2021년 4월 22일.

31 김민정, 「與 '김어준 지키기'…이준석 "언론개혁=어준수호"」, 『이데일리』, 2021년 4월 25일; 김형원, 「'김어준 뉴스공장 폐지' 靑 청원 30만 넘자…與 일각 "당 차원서 대응해야"」, 『조선일보』, 2021년 4월 26일.

제6장

문재인보다
더
좋은 인상을 가진
윤호중

사람의 언행은
자주 얼굴을
배신한다

우리가 정치 담론 속에서 느끼는
독선적 오만함은
우리 파벌의 무오류성에 대한
믿음 때문이거나,
진실은 도박의 대상쯤으로 여기고
권력을 성공의 척도로 보기 때문이다.[1]
●미국 철학자 마이클 린치

●

"김종인=돈키호테, 황교안=말, 박형준=시종"

"얼굴은 가련하다." 프랑스 철학자 에마뉘엘 레비나스가 "얼굴은 기본적으로 우리 몸에서 아무것도 걸치고 있지 않는 곳이며, 언제나 취약하다"며 한 말이다. 이어 그는 이렇게 말했다. "약점을 드러내며 내 앞에 놓인 이 벌거벗은 얼굴을 대할 때 나는 관대하다.…… 얼굴의 표정은 특히 그 소유자의 인간성을 말해준다. 즉, 내가 그 소유자에 대한 연민을 찾을 수 있는 통로다."●

얼굴이 가련한지는 모르겠지만, 얼굴이 무언의 소통을 할 수 있

●　　이어 레비나스는 이렇게 말했다. "이것이 바로 범죄자들이 잡혔을 경우 고개를 숙이고 있어야 하는 이유이며, 군인들이 눈을 가릴 정도로 모자를 푹 눌러쓰는 이유다. 눈에 보이는 사람보다 눈에 보이지 않는 이를 죽이거나 형을 구형하는 일이 더 쉽다." 벵자맹 주아노(Benjamin Joinau), 신혜연 옮김, 『얼굴: 감출 수 없는 내면의 지도』(21세기북스, 2011/2011), 157~158쪽.

는 통로라는 건 분명한 사실이다. 우리는 일상적 삶에서 사람의 얼굴을 보고 그 사람은 어떨 것이라고 짐작하곤 한다. 물론 안 맞는 경우도 있지만, 우리가 그런 판단법을 버리지 못하는 이유는 확률적으로 맞는 경우가 더 많다는 경험 때문일 게다.

민주당 의원 중에 윤호중이란 분이 있다. 1963년 경기도 가평에서 태어나 춘천고등학교, 서울대학교 철학과를 졸업했으며, 1987년 평화민주당 기획조정실에서 정당 생활을 시작해 김대중 정권 시절 청와대 행정관을 지냈다고 한다. 많은 기자들이 지적하듯이, 그는 온화한 얼굴 이미지에 더할 나위 없이 사람이 좋을 것 같은 인상을 풍긴다. 친문 지지자들이 서운해할지도 모르겠지만, 내가 보기엔 문재인보다 훨씬 선하고 착해 보이는 얼굴이다. 그런 느낌을 갖고 있던 나로선 그의 입에서 나오곤 하는 독설 또는 욕설이 영 이해가 되지 않았다. 어떻게 저렇게 다를 수가 있지? 늘 이런 궁금증이 있어 이 글을 쓰게 되었다.

2020년 4월 7일 윤호중은 민주당 사무총장 자격으로 국회에서 열린 당 현안 점검 회의에서 미래통합당 김종인 총괄 선대위원장을 '돈키호테'에, 황교안 대표를 '말'에, 박형준 공동 선대위원장을 '시종'에 비유한 후 "(통합당이) 망상에 빠져 있다"고 했다. 통합당이 "오만과 독선이 하늘을 찌른 막말"이라며 반발하자, 그는 페이스북에 "제 발언을 막말로 폄하한다. 막말과 해학, 풍자 등 문학적 비유를 구분하지 못하는 분들에게 무엇을 바라겠나"라며 "애마愛馬에 비유된 황 대표가 불쾌하셨다면 이번 총선에 출마出馬하는 모든 후보가 불쾌해야 한다"고 했다. 그는 또 "(시종에 비유한) 박 위원장은 나이로 보나 뭐로 보나 김 위원장보다 밑이시니 너무 분노하지 말라. 그래도 순박한 맛이 있는 캐릭터"라고 적었다.[2]

나이를 왜 따지나? 그렇게 나이를 따지겠다면, 박형준만 해도 1960년생으로 자신보다 3세 위라는 걸 감안해줘야 하는 게 아닌가? 아니다. 시비를 걸려는 건 아니다. 웃으면서 이야길 해보자는 뜻이다. 오히려 반갑다. 막말로 보일 수도 있는 해학과 풍자에 그토록 너그럽고 포용력이 큰 분이라니 나도 좀 자유롭게 말할 수 있게 되었으니 말이다. 나는 문학적 비유를 동원하거나 독설도 하지 않고 담담하게 기록에 충실하련다. 의석 수 기준으로 더불어민주당이 더블 스코어 압승을 거둔 제21대 총선(2020년 4월 15일) 이후부터 살펴보자.

●

윤호중의 "국회 상임위원장 독식론"

윤호중은 총선 이후 국회 원 구성 협상 과정에서 "상임위원장 배분 문제를 갖고 야당과 협상할 일이 아니다"며 '독식론'을 폈다. "그래야 일하는 국회를 제대로 만들 수 있다"는 이유에서였다. 그에겐 강경파란 별명이 붙기 시작했다. 열성 지지자들의 지배를 받는 민주당에서 강경파 이미지는 큰 정치적 자산이다. 그 덕분인지는 몰라도 그는 6월 15일 법사위원장으로 선출되었다.

당시 "민주당 내에서 당을 장악하려면 윤호중(법사위원장)을 잡아야 한다는 말이 있다"는 정도였다고 하니, 『중앙일보』 논설위원 신용호가 윤호중과 인터뷰를 한 건 당연한 일이라 하겠다. 이 인터뷰 기사는 "거여 속도전의 중심, 법사위 이끄는 친문 실세 윤호중"이라는 소제목과 함께 이렇게 시작하고 있다. "당무에 능하고 조직 관리에 밝다. 지역구(경기·구리시) 4선을 거치며 정책·전략통 이미지도 쌓았다. 입이 무거운 것으로 정평이 나 있고, 친문 핵심이면서도 겉으로 잘 드러내지 않는 편이다. 이해찬 대표가 그를 두 번씩(2012년, 2018년)이나 사무총장에 앉힌 이유가 이런 때문이다."[3]

입이 무거운 것으로 정평이 나 있다거나 겉으로 잘 드러내지 않는 편이라는 말은 이해하기 어렵지만, 이는 반대편과 싸움을 하지 않을 땐 그렇다는 말로 이해하면 되겠다. 그런데, 이해찬의 영향을 많이 받아 거친 강성이 되었다는 건가?[4] 그런 생각이 들기도 했지만, 어찌 되었건 강경파 법사위원장의 속도전 실력은 8월 3일 국회 법제사법위 전체 회의에서 잘 드러났다. 부동산 관련법 11개를 일방 상정·표결해 본회의에 올린 것이다.

윤호중은 "오늘과 내일은 역사서에 대한민국 국민이 평생 집의 노예로 사는 것에서 벗어난 날로 기록되길 바란다"고 했지만, 통합당은 "이게 바로 독재"라고 강하게 비판했다. 민주당은 이날 통합당 법사위 의원들이 모두 퇴장한 상태에서 법안을 상정해 표결 처리했을 뿐만 아니라 법안이 시장에 미칠 영향 등을 세부 심사하는 소위小委 심사도 건너뛰었다. 통합당 의원들은 "토론을 거쳐야 하는데 다수결로 밀어붙이면 답이 없다"며 "법사위 존재 이유가 사라졌다"고 했다.[5]

아무래도 "평생 집의 노예로 사는 것에서 벗어난 날"이라는 말에 함정이 있는 것 같다. 그런 비현실적이고 과장된 수사법은 어떤 식으로건 생각과 행동에도 영향을 미치기 마련이다. 그렇게 혁명적으로 좋은 일을 하는데, '입법 독재'가 무슨 대수냐고 생각할 수 있다는 것이다. 결과가 좋았으면 모르겠지만, "평생 집의 노예로 사는 것에서 벗어난 날"이라는 말은 곧 사기에 가까운 허황된 말이라는 게 드러나고 만다. 그러나 윤호중에게 성찰은 없었다.

●

윤석열은 "악마에게 영혼을 판 파우스트"?

10월 22일 검찰총장 윤석열이 국회 법제사법위원회 대검찰청 국정감사에 출석해서 강한 소신 발언을 쏟아내자, 윤호중은 26일 MBC라디오 〈김종배의 시선집중〉과의 인터뷰에서 윤석열을 맹비난했다. 그는 "윤 총장이 국정감사에 와서 무엇을 보여줬는가. 그야말로 검찰은 천상천하 유아독존처럼 정치는 유한하고 검찰은 영원하다, 과거 독재 시절 권위주의 시절 검찰이 해왔던 얘기 아닌가. 그런 태도가 전혀 바뀌지 않았다는 것"이라고 지적했다.

윤호중은 "어떻게 보면 윤석열 총장이 불쌍하기까지 했다"며 "검찰총장으로서 가진 권력에 취해 있거나 아니면 측근이나 가족들을 지키는 데만 몰두해 있는 이런 모습을 볼 수 있었다"고도 했다. 이어 "정치 검찰의 수장으로서 검찰 정치를 직접 하겠다는 것"이라며 "역으로 마치 악마에게 영혼을 판 파우스트처럼 뭔가 석연치 않은 부분들이 있다"고 주장했다.

윤호중은 다만 윤석열이 퇴임 후 정치를 할 사람으로는 보이지 않는다고 했다. 그는 "오히려 지금 윤 총장은 뭔가 운명의 노예가 된 불행한 그 영혼의 소리, 이런 것들을 지금 내고 있는 것 같다"고 말했다. 그러면서 "정치를 하고자 한다면 이렇게 법률과 헌법에 기본적으로 정해져 있는 것까지 부정해가면서 자신의 권력을 휘두르고 뽐내려 하지 않았을 것"이라고 비난했다.[6]

"악마에게 영혼을 판 파우스트"라니, 이번에도 윤호중의 장기인 '문학적 비유'가 잘 발휘된 것이었을까? 아니면 문학적 비유를 빙자한 비난이었을까? 그 무엇이었건 11월 26일에 나온 윤호중의 '지라시' 발언은 문학과는 거리가 멀었다. 사건의 발단은 국회 법사위에 윤석열을 출석시키는 문제였다. 국민의힘은 윤석열을 국회로 불러 당시 벌어진 '직무 배제 사태'에 대한 입장을 들어보자는 입장이었고, 민주당은 "윤 총장은 출석 대상이 아니다"라고 맞서면서 공방이 벌어지던 상황이었다.

『동아일보』 기자 출신인 국민의힘 의원 조수진은 윤호중을 면담한 뒤 민주당 대표 이낙연의 '윤석열 국정조사' 요구와 관련, "윤 위원장이 '이 대표가 격리 중이라 그런 말씀을 하신 것 같다'고 말했다"고 했다. 윤호중은 기자 간담회에서 "'이 대표가 격리 중이라 아직 (국정조사 관련) 지시를 못 받았다'고 말했는데, 조수진이 '지시를 못 받았다'는 부분을 빼고 말했다, 엄청난 왜곡이다"며 "그 양반이 지라시(정보지) 만들 때 버릇이 나오는 것 같아 유감스럽다"고 했다.

이 '지라시' 발언에 대해 국민의힘 법사위원들은 "(『동아일보』 출신인) 이낙연 대표와 문재인 대통령의 국민소통수석을 거친 윤영찬 의원이 '지라시' 출신인지, 신문 매체 자체가 '지라시'라는 것인지 윤 위원장은 명명백백하게 밝히라"고 반발했다. 아닌 게 아니라 궁금한 일이 아닐 수 없었다. 이낙연과 윤영찬은 지라시 만들 때의 버릇과 완전 결별하고 개과천선改過遷善을 했다는 것인지 말이다.

이게 전부가 아니었다. 윤호중은 이날 법사위에서 국민의힘 간사인 김도읍을 향해서는 "어제 종일 법사위원장과 여당이 윤 총장이 국회에 오는 것을 막았다고 주장, 위원장이 국회법을 어긴 것처럼 정치 공세를 했다"며 간사를 교체하라고 요구했다. 윤호중은 김도읍의 보좌진을 향해 "미국 의회에는 입법보좌관 자격시험이 있는데 우리나라도 그런 걸 좀 도입해야 하지 않나 한다"고도 했다. 이에 대해 김도읍은 "이제 야당 간사도 직무를 정지하느냐"고 했다. 국민

의힘 보좌진 협의회는 "보좌진 전체의 명예를 심각하게 훼손했다" 고 반발했다.[7]

이에 『조선일보』는 사설을 통해 "윤호중 국회 법제사법위원장의 최근 언행은 믿기지 않을 정도"라며 "국회에서 여야 간 격한 공방이 오가는 일은 다반사이지만 상대 당 지도부를 향해 사람을 바꿔달라고 요구하는 경우는 없었다. 군사정권 때도 야당의 당직을 두고 여당이 이래라저래라 하지 않았다. 실로 안하무인이다"고 비판했다.●

●

국민의힘은 "평생 독재의 꿀을 빨았다"?

12월 1일 윤호중은 라디오방송에 출연해 "지금 이 순간은 검찰 개혁을 통해서 정말 이를테면 군내 '하나회 척결' 같은 이런 검찰이

●   이 사설은 이어 "다른 의원 보좌진을 이렇게 모욕하는 것도 전대미문이다"며 다음과 같이 주장했다. "민주당 핵심 의원이 사석에서도 하기 어려운 발언을 공식석상에서 한꺼번에 쏟아냈다. 그는 평소 합리적 인품을 가졌다는 평을 듣던 사람이다. 그런 사람조차 여당이 국회 의석을 석권하자 이렇게 오만해졌다. 민주당은 국회를 단독 개원하고 18개 상임위원장을 독식했다. 법안 단독 처리는 밥 먹듯 강행한다. 예산과 법안은 민주당 주머니 속의 공깃돌이다. 이제는 야당의 간사까지 바꾸라고 하고, 야당 보좌진에게 시험 보라고 하고, 창간 100년 신문을 지라시라고 한다. 이 오만이 어디까지 갈지 두려울 지경이다." 「[사설] "지라시 버릇" "野 보좌진 시험 보라" 너무나 오만한 與」, 『조선일보』, 2020년 11월 28일.

정치 검찰과 선을 긋는 이런 검찰 개혁의 어떻게 보면 마지막 기회"
라고 주장했다.[8] 그 악명 높았던 하나회의 척결을 위해서라면 무엇
을 망설이랴. 윤호중은 서울대학교 철학과 재학 시절 학원 자율화
추진 위원장을 맡아 반독재 투쟁을 하던 운동권 시절로 되돌아간
건지도 모르겠다. 정기국회 마감 하루 전인 12월 8일 법사위원회는
공수처법 개정안 처리 문제로 온종일 난장판이 되었으니 말이다.

　윤호중을 둘러싸고 국민의힘 원내대표 주호영 등이 총동원돼 소
리를 지르며 진행을 막았다. 윤호중은 '토론 중단'을 선언하고 손바
닥으로 가결을 선포했다. 야당 의원들은 윤호중을 향해 "민주화 운
동 했다는 사람이 이게 말이 되느냐"며 "입법 독재다"고 외쳤다. 국
민의힘 법사위 간사인 김도읍은 "국민의힘 법사위원들은 모두 명패
를 떼고 윤호중 (위원장)에게 반납했다. 민주당이 다 책임지고 심판
받으라. 더불어민주당은 당명에서 '민주'를 빼야 한다"고 항의한 뒤
회의석에 앉지 않았다. 그는 "어제는 거수로 하더니 오늘은 기립으
로 했다. 오늘도 역시 공산국가에서나 볼 수 있는 폭거를 자행했다"
라고도 했다. 주호영은 "권력 잡으니까 보이는 게 없느냐"고 항의했
지만 하나마나한 말이었다.

　상법 개정안이 논란이 된 오후에도 국회 법제사법위원회 회의장
에는 주호영이 국민의힘 법사위원 등 30여 명과 함께 법사위에 진
을 치고 항의 농성을 하는 가운데 "독재로 흥한 자 독재로 망한다"
는 구호가 쉼 없이 울려 퍼졌다. 국민의힘 비상대책위원장 김종인

은 중간에 긴급 기자회견을 열어 "문재인 정부가 과거 정부 실패 답습을 넘어 전 헌법기관에 걸쳐 일상적 국정 농단을 자행하고 있다"며 "1987년 민주화 이후 오늘날 민주주의가 어느 정도 성숙했다고 생각했으나 민주당의 반민주적 행태를 보면 정말 기가 찰 노릇"이라고 말했다.

윤호중은 "국회법을 단 한 자, 한 획도 어기지 않았다. 국회법 제145조 2항에 따라 질서 유지권을 요청하겠다"며 주호영과 국민의힘 의원들에게 퇴장을 명령했다. 그래도 "독재" 함성이 잦아들지 않자 윤호중은 이렇게 쏘아붙였다. "평생 독재의 꿀을 빨다가 이제 와서 상대 정당을 독재로 몰아가는 이런 행태야말로 정말 독선적인 행태다."9

이 '독재 꿀' 발언에 대해 다음 날 국민의힘 의원 윤희숙은 페이스북에 "그는 본인들의 행태가 '정당한 민주적 절차를 위반한다'는 항의를 반박하지 않았다"며 "오히려 그의 발언 내용은 '이제 우리가 꿀을 좀 빨겠다는데, 옛날에 많이 빤 당신들이 방해할 순서가 아니다'. 즉 '예전에 꿀을 빨 기회를 못 가진 우리는 지금 무엇을 해도 정당하다'는 사고 구조라면 여권의 지금 행태를 설명해준다"고 했다.

그러면서 "지금 정치권력의 중심인물들은 대부분 80년대 학번"이라며 "대학을 졸업하고 30년이 돼가는 동안 가장 실망하면서 익숙해진 것은 학교 때 민주와 민중을 가장 앞에서 외쳤던 선배와 동료들이 그것을 밑천 삼아 정말 알뜰하게 꿀을 빠는 모습이었다"고 주장했다. 이어 "DJ 정권과 참여정부 동안 이들은 촘촘했던 운동권 인맥을 최대 자산으로 삼아 정계와 경제계를 누비며 각종 편법을 구사했다"며 "아직 많은 이들이 자신들만의 꿀 빠는 삶을 누리고 있다. 신고 재산이 4억에 불과한 운동권 출신 정치인이 자녀를 세계에서 가장 비싼 대학에 유학을 시켰다는 게 딱히 놀랍지 않은 것은 그들이 세상 사는 방식에 너무나 익숙해져 있기 때문"이라고 덧붙였다.•

•

강성 친문 지지자들의 열화와 같은 윤호중 예찬

이 모든 '입법 독재'를 진두지휘한 윤호중은 '독재'라는 비난이 마음에 걸렸던 걸까? 그는 12월 9일 국민의힘이 보이콧한 법사위 전체 회의에서 이렇게 말했다. "법안을 처리하려고 하는 여당은 '독재' 소리를 듣고, 그것을 막으려는 야당은 민주 세력인 것처럼 간주

•　또 윤희숙은 "산업화 세대가 개발 독재 속에서 꿀을 얼마나 빨았는지, 나이 50인 제게는 와 닿지도 않는다"며 "평생 본 것은 586 운동권들이 성실한 보통 사람들의 삶을 비웃으며 꿀을 빠는 것이었다"고 했다. 이어 "이제 장년에 이른 이들이 운동권 독재로 나라의 시스템과 제도를 망가뜨리면서까지 항구적으로 꿀을 빨겠다고 한다"며 "'누구든 꿀만 빨겠다는 것들은 다 나가!'라고 외치고 싶은 심정이다. 나이 50인 제가 이럴진대 좁아진 기회 속에서 힘들어하는 젊은이들은 오죽하겠나"라고 글을 마쳤다. 고석현, 「윤호중 "독재 꿀 빨더니" 윤희숙 "평생 꿀 빤 운동권이 꿀 타령"」, 『중앙일보』, 2020년 12월 9일.

해온 과거 경험이 없었던 건 아닙니다. 그런데 이제는 '독재냐, 반反독재냐' '민주냐, 반민주냐' 이런 이분법적인 논리에서 벗어나야 우리 정치가 발전할 수 있다고 생각합니다.”

자신과 민주당의 전매특허라 할 '이분법적 논리'에서 벗어나야 한다고 말씀하시니 좀 어이가 없다. 그런 분이 왜 '독재의 꿀' 운운한 건지도 모르겠다. 이제 윤호중에겐 '강경파'를 넘어 '독재'의 이미지마저 씌워졌지만, 그로선 신경 쓸 일은 아니었다. 강성 친문 지지자들은 그런 윤호중에게 아낌없는 성원을 보냈으니 말이다.

친문 성향의 온라인 커뮤니티엔 '후원 인증샷'과 함께 “오늘 하루 고생하신 윤호중 의원님”, “법사위원장님 수고 많으셨습니다”라는 응원 문구가 쇄도했으며, 당 홈페이지 권리당원 게시판엔 “이런 걸 원한 거다. 오늘에야 압승 여당의 면모를 보여주셔서 그나마 풀린다”란 글이 올라왔고, 의원실 후원 계좌엔 3만 원, 10만 원씩 후원금이 쌓여가고 있었으니,[10] 이보다 더 좋은 일이 어디에 있었겠는가.

2021년 4·7 재보궐선거 과정에서도 윤호중의 독설, 아니 욕설 실력은 유감없이 발휘되었다. 그는 3월 27일 서울 중랑구 면목동에서 열린 민주당 서울시장 후보 박영선 지원 유세에서 “내곡동 땅이 있는 것을 뻔히 알면서 거짓말하는 후보는 쓰레기인가, 아닌가”라며 “4월 7일에 쓰레기를 잘 분리수거 하셔야 한다”고 말했다. 국민의힘 후보 오세훈을 쓰레기에 비유한 것이다.[11]

이에 국민의힘은 논평에서 “윤 의원의 말은 막말을 넘어 저주에 가깝다"며 그의 사과와 의원직 사퇴를 요구했지만, 굳이 그렇게까지 할 필요는 없었다. 열흘 후에 치러진 4·7 재보궐선거는 국민의힘의 압승으로 끝났으니 말이다. 유권자의 관점에서 볼 때에 과연분리수거의 대상이 된 정당은 어떤 정당이었을까? 말이라는 게 부메랑으로 돌아오는 법인데, 욕설이나 욕설에 가까운 말은 자제하는게 좋지 않았을까?

4월 12일 윤호중은 국회에서 민주당 원내대표 경선 출마를 공식 선언한 뒤 '입법 독주에 앞장섰다는 비판이 있다'는 지적에 대해 "저는 기본적으로 스스로를 의회주의자라고 생각한다"고 답했다.[12] 자신을 의회주의자라고 말하지 않을 의원이 단 한 명이라도 있을까? 독재 정권 시절의 의원들도 자신을 의회주의자라고 생각하거나 주장하지 않았을까?

원내대표 후보 토론회에서 개혁과 협치의 우선순위에 대해 윤호중은 "둘 중 하나를 선택하라면 개혁이다. 협치는 우리가 선택할 대안이 아니다. 일종의 협치 계약이 있지 않는 한 협치는 불가능하다. 적당히 상임위를 나눠 가진 뒤 발목잡기 하는 것은 협치가 아니다"라고 주장했다.[13] 협치를 거부하는 의회주의자가 되겠다는 이야긴데, 협치가 무엇인지 공부를 다시 할 필요가 있겠다.

2020년 7월 16일 대통령 문재인이 제21대 국회 개원 축하 연설에서 "21대 국회는 대결과 적대의 정치를 청산하고 반드시 새로운 '협치의 시대'를 열어야 합니다. 지금과 같은 전 세계적인 위기와 격변 속에서 협치는 더욱 절실합니다"라고 했을 때,[14] 졸고 있었던 건 아닌지 모르겠다. 문재인에게 대들 뜻이 아니라면, 무슨 뜻으로 그리 말씀하신 건지 알아보는 게 어떨까? 아니면, 문재인은 야당을 향해 "무조건 여당 말을 들어"라는 뜻을 그렇게 표현한 것이란 말인가?

개혁과 협치는 양자택일을 해야 할 대립적 선택 사항이 아니다. 그걸 모를 리 없는 윤호중이 정작 하고 싶었던 말은 이런 게 아닐까? "나는 낮은 자세로 온갖 고생을 해야 이룰 수 있는 협치를 통한 개혁은 싫다. 나는 성패에 관계없이 큰소리 뻥뻥 치면서 힘으로 밀어붙일 수 있는 '협치를 무시한 개혁'이 좋다." 1980년대 대학 어느 곳에선가 자욱한 최루탄 연기 속에서 화염병을 들고 툭 튀어나온 비장한 투사를 보는 것 같은 느낌이 든다.

●

"문 정권의 오만과 폭주를 대표하는 인물"

4월 13일 원내대표 후보 합동 토론회에서 민주당이 국회 상임위원장 18석을 독식하고 있는 것과 관련해 재분배 논의가 쟁점이 되었다. 경쟁자인 박완주는 "재분배 논의에 나서겠다"고 한 반면, 윤호중은 "재협상은 절대 없다"는 입장을 고수했다.[15]

4월 15일 윤호중은 언론 인터뷰에서 '재·보선의 가장 큰 패인'에 대해 이런 답을 내놓았다. "국민이 만들어준 180석의 의미를 이해하지 못하고 기득권 세력의 눈치만 살피는 나약한 모습을 보였다. 공정과 정의를 제대로 실현하는 모습을 보여드리지 못했다." 나약해서 졌다? 윤호중은 '강경파'를 넘어 '초강경파'라고 부르는 게 온당하겠다.

또한 윤호중은 "4·7 재보궐선거 패배에 대한 '친문 책임론'은 당내 분열을 바라는 의도성 짙은 주장"이라고 주장했다. "친문이 개혁의 주체가 아닌 대상이라는 시각이 있다"는 질문에 대해 이런 멋진 답을 내놓으신 거다. "'친문 책임론'은 당내 분열을 바라는 의도성 짙은 주장이다. 납득하기 어렵다. 지난 대선, 지방선거, 총선 승리는 민주당의 승리였지, 친문만의 승리가 아니었다. 패배 역시 마찬가지다."[16]

참 지독하다. 그냥 무난하게 답할 일이지 굳이 "당내 분열을 바라는 의도성 짙은 주장"이라는 음모론은 왜 내세우나? 박완주가 검찰개혁 속도 조절을 주장한 것도 "당내 분열을 바라는 의도성 짙은 주장"인가? 강경 지지자들에게 보내는 메시지가 아니라면, 논리적으로 차분하게 설명하면 될 일을 왜 갈등을 조장하는 그런 음모론으로 몰고 간 걸까?

윤호중이 의도했건 안 했건, 친여 성향 커뮤니티엔 박완주가 "원내대표가 되는 꼴은 못 본다"며, "친문 윤호중 의원을 추대하라는 문자를 민주당 의원들에게 보내라"는 내용의 글이 떴다. 의원들의 개인 전화번호까지 전부 공개하면서 말이다. 그러자 박완주는 "하루에 2,000통씩 조직적으로 문자를 보내는 등 그분들이 우리 초선 의원들이나 의원들에 대해서 정말로 이렇게 품위를 유지 못하는, 건강하지 못한 토론 문화"를 보여서야 되겠느냐고 개탄했지만, 민 주당 권리당원 게시판은 박완주를 저격하는 글로 도배되었다. "박 완주가 적폐다", "원내대표 후보에서 사퇴하라", "망둥이가 민주당 을 망친다"는 글이 줄줄이 올라온 것이다.[17]

4월 16일 윤호중은 의원 총회에서 총 169표 가운데 104표를 받 아, 65표를 받은 박완주를 39표 차로 꺾고 174석 거여巨與의 원내 대표에 당선됐다. 그는 "개혁의 바퀴를 여기서 멈춰서는 안 된다"며 "국민의 뜻을 받들어 검수완박(검찰의 수사권 완전 박탈)과 언론 개혁 을 계속 밀고나갈 것"이라고 했다. 바로 이날 문재인 대통령의 국정 수행 지지도가 30퍼센트로 취임 후 최저치를 기록했건만, 여태까지 해왔던 대로 계속 가겠다니 윤호중의 강심장이 놀라울 뿐이었다.

국민의힘 의원 조수진은 윤호중을 겨냥해 '이 정권의 오만과 폭 주를 대표하는 인물'이라고 지칭하면서, "그의 등장이 모든 것을 말 해준다"라고 직격했다. 그는 "법안을 기습 상정하고 야당의 반대 토 론도 막았다"라며 "문재인 정권은 검찰총장을 쫓아내기 위해 검찰 수사권을 통째로 빼앗을 것처럼 협박하기도 했는데 이 일도 윤 대 표가 앞장섰다"라고 날을 세웠다.[18] 국민의힘 의원 김기현은 "비상 식적인 분이 원내대표가 됐으니 참으로 기가 막힌다"고 했다.[19] 국 민의힘 대변인 윤희석은 논평에서 "국민 사이에선 윤 원내대표 선출이 '과거로의 회귀가 아니냐'는 걱정이 존재한다"고 했지만,[20] 국민의힘은 내심 박수를 쳤을지도 모르겠다.

●

"피해자님이여! 진심으로 사과드립니다"

"선열들이시여! 국민들이시여! 피해자님이여! 진심으로 사과드립니다. 민심을 받들어 민생을 살피겠습니다." 4월 22일 윤호중이 국립서울현충원을 참배한 뒤 방명록에 쓴 글이다. 그는 원내대표단과 함께 현충원을 찾았는데, 현충탑에 분향한 뒤 홀로 무릎을 꿇고 약 1분간 고개를 숙이기도 했다. 그는 주변 인사들에게 "현충원에 온 것이 국민들 앞에 나온 것과 느낌이 비슷하더라"며 "마음이 너무 무거워 국민 앞에 무릎을 꿇은 것"이라고 했다.[21]

하지만 방명록 문구 속 '피해자님'이 박원순·오거돈 성추행 사건 피해자들을 향한 사과였다는 것이 알려지면서 비판이 쏟아졌다. 오거돈 성추행 사건 피해자는 "저는 현충원에 안장된 순국선열이 아니다"며 "도대체 왜 현충원에서 사과를 하느냐"며 반발했다. 그는 "말뿐인 사과는 필요 없다"며 "제발 그만 괴롭혀주시길 부탁한다"고 했다. 박원순 성폭력 피해자의 법률 대리인 김재련도 "무엇을 잘못했는지조차 담기지 않은 사과는 가식적인 메아리에 불과하다"고 밝혔다.[22]

『한겨레』는 사설을 통해 "윤 위원장의 '방명록 사과'는 시점과 장소, 방식 모두 제대로 된 사과라고 보기 힘들다"며 이렇게 비판했다. "오히려 부적절한 사과로 피해자에게 다시 한 번 상처를 줬다는 비판을 피하기 어렵다. 윤 위원장은 재보선 참패 뒤 민주당의 쇄신을 이끌 막중한 책임을 지고 있다. 그런 그가 사려 깊지 못한 행동으로 첫 공식 행보를 시작한 것은 무척 실망스럽다. 깊이 성찰하기 바란다."[23]

이런 일련의 비판에 윤호중이 다소 의기소침해졌는지는 모르겠지만, 4월 24일 정부가 '화이자 백신 2,000만 명분 추가 계약'을 해내자 예전의 전투성을 되찾았다. 그는 "야당과 일부 언론이 소모적 가짜뉴스를 이용해 방역을 정쟁화해온 것에 유감을 표한다"며 "이런 행태는 국민의 안전을 위협하고 국민의 일상 회복을 오히려 더디게 할 뿐"이라고 비판했다. 그는 "국민의 안전, 삶을 도외시한 채 당리당략을 앞세워서는 안 될 것"이라며 "민주당과 정부는 안전하고 신속한 백신 접종이 이뤄지도록 힘쓰겠다"고 밝혔다.[24]

이런 당당한 자세에 대해선 제3장에서 비판했으니 그냥 넘어가자. 내가 정작 궁금했던 건 현충원 '피해자님' 사건이었다. 비판이 많이 나오긴 했지만, 그 나름의 진정성은 있었던 게 아닐까? 그 사건과 관련해 한동안 미쳐 돌아갔던 민주당의 행태에 정당 조직인으로서 공식 사과는 할 수 없을망정 개인으로서 자신의 진심은 사과하고 싶었다는 착한 마음의 표현은 아니었을까? 홀로 무릎을 꿇은 것도 그런 진정성의 표현은 아니었을까?

설사 그렇다 하더라도, 문제는 그가 세상의 상식과는 좀 다른 면을 보이기도 한다는 점인데, 그의 강성 정치도 그런 괴리와 관련이 있는 것인지도 모르겠다. 게다가 문재인의 경우처럼 원래 착한 사람이 무엇엔가 휘둘려 고집을 피우기 시작하면 더 무서운 법이라는 점도 감안할 필요가 있겠다.

윤호중은 최근 언론 인터뷰에서 "강성 친문親文으로 통한다"는 기자의 질문에 이렇게 답했다. "친문으로 분류되는 의원 중 내가 가장 온화하지 않나? 난 부드러운 원칙주의자다. 다만 법사위원장을 하면서 야당 의원들이 회의를 방해하는 행태를 보일 때 단호하게 대처하면서 그런 이미지가 생겼을 수 있다."[25] 이 말이 진심이라면, 즉 정말 자신이 친문으로 분류되는 의원 중 가장 온화하다고 믿는다면, 더 이상 할 말은 없다.

하지만 뭔가 좀 이상하지 않은가? 좀 '아스트랄(4차원 세계에 있는 것 같은)'한 면이 있다고나 할까? 앞으로 더 관심을 갖고 지켜보면서 생각해볼 필요가 있을 것 같다. 이 글에선 사람의 언행은 자주 얼굴을 배신한다는 걸 확인한 것으로 만족하련다. 애초에 나의 얼굴 감상법에 문제가 있는 건지도 모르겠지만 말이다. 얼굴을 보고 사람을 판단하려 드는 게 정치적으로 올바르지 않다는 걸 잘 알고 있음에도 이런 글을 쓰다니! 앞으로 더 올바르게 되려고 애쓰련다. 국민의힘 원내대표 김기현은 윤호중에 대해 "미소가 아름다운 남자"라고 했는데, 윤호중이 부디 앞으로 아름다운 미소와 더불어 아름답고 부드러운 언행을 보여주시길 기대한다.

1   마이클 린치(Michael P. Lynch), 성원 옮김, 『우리는 맞고 너희는 틀렸다: 똑똑한 사람들은 왜 민주주의에 해로운가』(메디치, 2019/2020), 12쪽.

2   손덕호, 「[총선 D-7] 황교안·박형준, '애마·시종' 막말 윤호중 고소…尹 "무고죄로 맞고소"」, 『조선비즈』, 2020년 4월 8일.

3   신용호, 「"도끼눈 뜬 윤석열 권력 독버섯 막아…개혁 의지는 없어": 거여 속도전의 중심, 법사위 이끄는 친문 실세 윤호중」, 『중앙일보』, 2020년 7월 31일, 28면.

4   민주당의 한 의원은 "윤호중 의원은 '이해찬 직계'라고 봐도 무방한 인물"이라고 했다. 오현석, 「대선 1년 앞 움직인 '상왕'…이해찬 "네 번째 대통령 만들고 싶다"」, 『중앙일보』, 2021년 3월 20일.

5   박상기, 「1주택자도 못 피할 부동산 증세…與 "집의 노예 벗어난 역사적인 날"」, 『조선일보』, 2020년 8월 4일, A3면.

6   김진하, 「윤호중 "윤석열, 악마에 영혼 판 파우스트…정치 안할 듯"」, 『동아닷컴』, 2020년 10월 26일.

7   원선우, 「윤호중, 기자 출신 조수진에 "지라시 만들 때 버릇 나와"」, 『조선일보』, 2020년 11월 27일, A8면.

8   선정민, 「"윤석열, 한국의 트럼프…하나회 척결하듯" 막 던지는 여권 인사들」, 『조선일보』, 2020년 12월 1일.

9   심새롬·김홍범, 「"토론 없어!" 윤호중, 왼손으로 의사봉 주워 공수처법 '탕탕탕'」, 『중앙일보』, 2020년 12월 8일; 오병상, 「폭주하는 여당보다 무력한 야당이 밉다」, 『중앙일보』, 2020년 12월 8일; 심새롬·김홍범, 「"가세연 X맨" "하하" 문 잠근 윤호중 방서 새어나온 웃음」, 『중앙일보』, 2020년 12월 8일.

10   하준호, 「"윤호중 잘한다"…독재 비판 쏟아져도 계좌엔 후원금 수북」, 『중앙일보』, 2020년 12월 10일.

11 박용하, 「"오세훈은 쓰레기" "문 대통령은 대역죄"…'조마조마' 막말 선거」, 『경향신문』, 2021년 3월 29일.

12 김은중, 「임대차법 강행한 윤호중, 원내대표 나서며 "난 의회주의자"」, 『조선일보』, 2021년 4월 12일.

13 성한용, 「민주당 새 원내대표 윤호중 누구? 대야 '강경 기조' 유지 전망」, 『한겨레』, 2021년 4월 16일.

14 성연철, 「문 대통령 "더는 부동산 투기로 돈 벌 수 없을 것"」, 『한겨레』, 2020년 7월 16일.

15 한주홍 외, 「윤호중 "원 구성 재협상할 여유 없어" vs 박완주 "재분배 논의"」, 『뉴시스』, 2021년 4월 13일.

16 곽희양, 「윤호중 "친문 책임론 납득 어려워…당 분열 의도성 짙은 주장"」, 『경향신문』, 2021년 4월 15일.

17 박소영, 「[포커스] 소신 발언에 '문자 폭탄'…쇄신 가로막는 '문파'?」, 『TV조선』, 2021년 4월 15일.

18 권준영, 「윤호중 때린 조수진…"이 정권의 오만과 폭주를 대표하는 인물"」, 『디지털타임스』, 2021년 4월 18일.

19 이사민, 「김기현 "與 원내대표 윤호중, 기가 막힌다…또 심판받을 것"」, 『머니투데이』, 2021년 4월 19일.

20 김형원, 「與 원내대표 윤호중 "개혁 속도 조절 없다"…입법 독주 시즌2 되나」, 『조선일보』, 2021년 4월 17일.

21 이서희, 「"피해자님이여, 사과…" 현충원 가서 '박원순 피해자' 소환한 윤호중」, 『한국일보』, 2021년 4월 22일.

22 이슬비, 「윤호중, 현충원서 뜬금없는 '피해자님이여!'」, 『조선일보』, 2021년 4월 23일; 「[사설] 성추행 피해자에게 방명록 사과한 윤호중, 이게 혁신인가」, 『경향신문』, 2021년 4월 24일.

23 「[사설] 윤호중의 부적절한 '피해자' 사과, 제대로 다시 해야」, 『한겨레』, 2021년 4월 24일.

24 조현호, 「윤호중, 화이자 백신 확보에 "언론·야당이 가짜뉴스 정쟁화했다"」, 『미디어오늘』, 2021년 4월 26일.

25 최승현·주희연, 「"가상화폐 투자는 자기 책임…조세 감면 특혜 줄 수는 없다": 윤호중 與 새 원내대표 인터뷰」, 『조선일보』, 2021년 4월 30일.

제7장

이해찬과
설훈의
현실 감각

꼰대는
무엇으로
사는가?

꼰대의 집단적 특징은
듣기listening 기능이 마비된 것이다."[1]
● 소설가 김훈

●

"극우보수 세력을 완전히 궤멸시켜야 한다"

"우리 시대에 정치적인 말과 글은 주로 변호할 수 없는 것을 변호하는 데 쓰인다.……때문에 정치적인 언어는 주로 완곡어법과 논점 회피, 그리고 순전히 아리송한 표현법으로 이루어진다."[2] 영국 작가 조지 오웰이 1946년에 발표한 「정치와 영어」라는 글에서 한 말이다. 오늘날에도 여전히 정치 언어는 주로 변호할 수 없는 것을 변호하는 데 쓰이긴 하지만, 그 방식은 크게 달라졌다. 적어도 한국에선 노골적인 비난, 독설, 조롱, 욕설이 정치 언어의 핵심이 되었다. 잘못에 대한 변호를 해야 할 일에도 "공격이 최선의 방어"라고 생각하는 건지 적반하장賊反荷杖 수법을 쓰는 게 무슨 관행처럼 여겨지고 있다.

혈기왕성한 젊은이들이 그런다면 혈기 때문에 그러나보다 하고 넘어갈 수도 있겠지만, 이제 사실상 은퇴했거나 은퇴가 임박한 지도자급 정치인들까지 그러니 참 묘한 일이다. 반대편에 대한 증오 때문에 그러는 걸까? 그렇다 하더라도 반대편을 완전히 제압할 수 없다면 증오라는 게 상승작용을 일으키기 마련이라는 걸 모를 리 없을 게다. 전 국민이 편을 나눠 증오의 대결을 벌임으로써 나라가 망가지는 걸 원하진 않을 텐데 도대체 왜 그러는 걸까? 습관 때문에 그런다면, 부디 자제해 주시라고 읍소라도 해야 하는 걸까? 외람되지만, 그런 읍소를 하고 싶은 분이 있어 감히 한 말씀 드리고자 한다.

그간 조용히 지내던 더불어민주당 전 대표 이해찬이 4·7 재보궐 선거를 3주 앞둔 3월 17일부터 친여 매체들과의 인터뷰 형식을 통해 본격적인 지원 공세에 나섰다. 민주당의 원로로서 민주당을 돕는 건 당연한 일이다. 그런데 민주당이 열세에 처해 있는 걸 뒤집어 보려는 과욕 때문인지 말이 너무 거칠었다. 윤석열의 언어에 대해 "검사가 아니라 깡패의 언어"라고 한 게 인상적이었지만,[3] 실소가 터져 나오는 건 어쩔 수 없었다. 언어에 관한 한 이해찬이 결코 큰소리칠 입장이 아니라는 생각이 들었기 때문이다. 한국의 정치 언어가 천박하고 살벌해진 데엔 자신이 적잖은 기여를 했다는 걸 인정하는 게 좋지 않을까? 이해찬은 그간 수많은 '증오 표현'을 했지만, 여기선 대표적인 몇 가지만 살펴보기로 하자.

"저 극우보수 세력을 완전히 궤멸시켜야 됩니다. 철저하게 궤멸시켜야 합니다. 쭉 장기 집권해야 합니다."[4] 2017년 4월 30일 문재인 대선 후보의 공동선거대책위원장 자격으로 충남 공주 유세장에서 하신 말씀이다. 장기 집권은 좋지만 반대 정당이 궤멸된 체제 하의 1당

독재를 민주주의라고 할 수는 없다. 그는 과연 민주주의자인가?

●

" '후레자식' 모욕, 이해찬 대표가 직접 사과하라"

2018년 12월 28일 이해찬은 민주당 대표 자격으로 당 장애인위원회 행사에서 한 축사에서 "신체장애인보다 더 한심한 사람들은……"이라고 했다가 "제가 말을 잘못했다"고 했다. 그는 이어서 "우리가 더 깊이 생각해야 할 사람들은 정신장애인"이라면서 "정치권을 보면 '저게 정상인가' 싶을 정도로 정신장애인들이 많다"고 했다.[5] 나는 이해찬이 신체장애인이건 정신장애인이건 장애인을 차별하고 모욕을 줄 정도로 나쁜 사람은 아니라는 걸 믿어 의심치 않는다. 문제는 야당에 대한 강한 증오심이다. 증오에 눈이 멀다 보니 그런 실언 또는 망언이 나오는 것이다.

2019년 4월 25일 밤 패스트트랙(신속 처리 안건) 사태 당시 국회 대치 상황에서 이해찬은 수많은 동료 정치인들과 취재진이 보는 앞에서 자유한국당 원내대표 나경원을 향해 "너 한번 나한테 혼나볼래"라고 말했다. 어떻게 혼을 낼 수 있다는 것이었을까?

2020년 4월 8일 공개된 김어준의 팟캐스트 '김어준의 다스뵈이다'에서 이해찬은 야당을 '조폭'에 비유하면서 "천박하고 주책없는 당, 저열한 정당, 토착왜구"라고 했다.[6] 이 주장의 사실 여부를 떠나서 누군가가 이해찬의 언어를 '천박하고 주책없고 저열한 조폭 언어'라고 한다면 동의할지 모르겠다.

2020년 7월 10일 이해찬은 박원순 서울시장의 장례식장에서 기자가 '박원순 성추행 의혹에 대한 당 차원 대응 계획'을 묻자 버럭 화를 내고, 적개심이 가득 찬 표정으로 기자를 노려보면서 "후레자식 같으니"라고 욕했다. 무질서한 상황에서 무턱대고 던진 질문도 아니었다. 현장의 질서를 감안해 선발된 풀기자의 질문이었다. 어이없는 봉변을 당한 기자는 '후레자식'이 차마 입에 담을 수 없는 너무 심한 욕인지라 이해찬을 배려한 것인지 나중에 관련 칼럼에서 "나쁜 (놈) 자식 같으니라고"였다고 썼다.[7] 하지만 한국기자협회의 성명에 이어 한국기자협회 편집위원회는 「'후레자식' 모욕, 이해찬 대표가 직접 사과하라」는 제목의 성명에서 "이 대표는 대한민국 기자 전원의 명예를 훼손했다"며 "정식으로, 직접 사과하라"고 했다.[8]

도대체 어떤 증오심이 치밀어 올랐기에 텔레비전 카메라가 돌아가고 있다는 걸 아는 상황에서도 '후레자식'이란 몹쓸 욕을 감히 쓸 수 있었던 걸까? 그가 그런 욕설을 내뱉기 전에 했다는 말에 답이 있을까? "그건 예의가 아니다. 그런 걸 이 자리에서 얘기라고 하나. 최소한 가릴 게 있다." 정치를 30년 넘게 하면서 산전수전山戰水戰을 다 겪은 정치인이 그런 악역惡役이 바로 언론의 역할이란 걸 전혀 몰랐단 말인가? 기자는 가릴 게 있지만 자신에겐 가릴 게 없어서 그런 욕을 한 건가? 이해찬이 그 상황을 당파적으로 해석했기 때문에 벌어진 일이라고 보아야 하지 않을까?

•

이해찬, '증오의 아이콘'이 되려나?

한국은 정치인에게 의외로 관대한 나라다. 이런 망언은 정계 퇴출의 충분한 사유가 됨에도 이해찬은 건재했으며, 이젠 민주당을 돕겠다며 다시 그 거친 입을 가동하고 나섰으니 말이다. 그는 증오를 부추기는 동시에 민주당과 지지자들이 성찰하는 것마저 방해했다. LH 사태가 터졌으면 반성해야 마땅함에도 "윗물은 맑은데 바닥에 가면 잘못된 관행이 많이 남아 있다"며 '바닥 탓'을 하질 않나,⁹ 여론조사가 안 좋게 나오면 달라진 민심을 경청해야 할 텐데 "여론조사의 거의 3분의 2는 장난친 것"이라며 "끝까지 포기하지 않으면 우리가 승리할 수 있다"고 외쳐댔다.¹⁰

선거일이 엿새 앞으로 다가온 4월 1일엔 TBS라디오 〈김어준의 뉴스공장〉 인터뷰에서 서울시장 판세와 관련해 "내부 여론조사상으로 좁아지는 추이를 보인다. 최근에는 한 자릿수 이내로 좁아지는 그런 경향"이라고 언급했다가 선거법 위반을 저지르고 말았다.¹¹ 무슨 근거로 그런 엉터리 정보를 말씀하신 건지 알다가도 모를 일이었다.

도대체 그렇게까지 해야 할 이유가 무엇이란 말인가? 이해찬은

"김대중·노무현·문재인 대통령에 이은 네 번째 대통령을 만들고 싶다"고 했다.[12] 과거의 성공 경험에 비추어 계속하던 식으로 하면 그 목표를 이룰 수 있다는 걸까? 과거엔 이렇게까지 막 나가진 않았던 것 같은데, 나의 기억력 착오인가?

"정치는 인간을 타락시킨다"고 했던 독일 정치가 오토 폰 비스마르크는 "사랑과 호의에는 민감성이 커가는 반면에 증오, 모욕 및 중상모략에 대해 무감각해지는 것은 사람이 나이를 먹는 것의 장점이다"는 명언을 남겼다.[13] 비단 비스마르크뿐만 아니라 나이가 들면 너그러워진다고 말하는 이들이 많다. 그런데 이해찬은 증오가 더 강해지는 것 같으니, 이 일을 어찌할 것인가.

프랑스 작가 조제프 주베르는 "인생이란 노인이 보고 겪은 나라다. 아직 인생의 나라를 여행하지 못한 사람들은 노인에게 길을 물어야 할 것이다"라고 했다.[14] 이해찬은 1952년생으로 요즘 기준으론 '노인'으로 불릴 나이는 아니지만, 원로로서 정녕 민주당과 나라가 잘되길 바란다면 자신이 젊은이들에게 제시할 수 있는 길이 증오 이외엔 없는 건지 다시 생각해봐야 하지 않을까? 훗날 한국 정치사에 자신이 '증오의 아이콘'으로 남길 원하진 않을 텐데, 정정당당한 실력 경쟁에 임하라는 메시지를 던져 줄 수는 없는 걸까? 부디 그렇게 해주시길 간절히 기원한다.

●

민주유공자 예우법 논란

민주당엔 이해찬과 더불어 대표적인 원로 의원인 설훈이 계신다. 1953년생으로 나이도 이해찬과 비슷하거니와 김대중 정권의 탄생에도 똑같이 큰 기여를 하신 분이다. 적어도 1990년대까지만 해도 두 분 모두 총기聰氣가 흘러넘치던 분들이었다. 그런데 과연 지금도 그런 것인지는 잘 모르겠다.

2021년 3월 29일 설훈 등 범여권 의원 73명이 민주화 운동에 공헌한 이와 그 가족에게 혜택을 주는 '민주유공자예우에 관한 법률' 제정안을 발의한 것으로 알려지면서 논란이 일었다. 유신 반대 투쟁과 6월 민주항쟁 등에 나선 이들을 민주화 운동 유공자로 지정해 그 배우자 자녀 등에게 교육·취업·의료·양로 등의 지원을 실시하는 내용의 법안이었다.

설훈은 법안을 대표 발의하면서 "민주화 운동은 권위주의 통치에 항거해 헌법이 지향하는 이념·가치 실현과 우리나라 민주 헌정 질서 확립에 크게 기여했다"며 "민주화 운동 중 4·19혁명과 5·18민주화운동만 관련자들을 국가유공자와 민주유공자로 예우하고 있어, 그 외 민주화 운동 관련자 등에 대한 예우는 미흡하다는 지적이 있다"고 제안 이유를 설명했다.[15]

이와 같은 이름의 법안은 지난해 10월 20대 국회에서도 추진되었으나 '운동권 특혜' 논란이 불거진 뒤 좌초되었다. 당시엔 민주당 의원 우원식을 비롯해 의원 20여 명이 법안 발의에 이름을 올렸지만, 이번엔 민주당 의원 68명, 민주당 출신 무소속 의원 3명, 열린민주·정의당 소속 각 1명 등 73명이 이름을 올렸다.

잠시 지난해 10월로 돌아가보자. 고려대학교 운동권 출신인 더불어민주당 의원 이원욱은 '민주유공자 예우법'에 대해 "나도 민주화 운동 출신이지만 과도한 지원에 납득하기 힘들다"며 반대 의사를 밝혔다. 그는 "(이 법안이 발의된 것을 두고) 국민은 법률을 이용해 '반칙과 특권', '불공정'을 제도화하겠다는 '운동권 특권층'의 시도라고 판단할 것"이라며 "대상과 숫자의 많고 적음이 문제가 아니다. (문제는) 민주화 운동 세력이 스스로를 지원하기 위해 국민이 위임한 권력을 사용했다는 데 있다"고 했다.[16]

반면 법안을 대표 발의한 우원식은 "민주화 운동으로 감옥 갔다 왔다고 예우해주는 게 아니고, 그 피해나 상처가 평생 남게 된 사람들에 대해 한정적으로 (지원)하는 것인데 논란이 벌어지는 것이 잘 이해가 안 된다"고 했다. 이원욱의 발언에 대해선 "민주화 운동을 통해 국회의원이란 사회적 지위를 얻은 것 아니냐. 나도 마찬가지"라며 "이런 사람들이 민주화 운동 과정에서 어려움을 당한 분들에 대해 '너희는 어떤 대가도 바라선 안 된다' 하는 것이 옳은 일인지 반문해보기 바란다"고 했다.

그렇지만 여론은 싸늘했다. 인터넷 국회 입법 예고 시스템에는 국민 5,000명 이상이 법안에 대한 반대 의견을 제시했다. "공정한 절차와 과정이 없는 역차별 제도", "헌법이 금지하는 '사회적 특수 계급'을 만들려는 것"이라는 비판이 나왔다. 진중권은 "고작 자기 자식이 남의 자식에게 갈 기회를 빼앗아 특혜를 누리는 사회를 만들려고 민주화 운동을 한 것이냐"며 "그것이야말로 민주화 운동에 대한 모독"이라고 했다.[17]

●

김영환 등 민주화 운동 유공자들의 비판

그런 싸늘한 여론으로 인해 민주유공자 예우법은 실현되지 못했다. 그간 어떤 변화가 있었길래 그렇게 좌초된 민주유공자 예우법을 5개월 만에 다시 시도하게 된 걸까? 가장 큰 변화는 지난번보다 3배 이상 많은 의원이 논란의 법에 동의했다는 것일 뿐 다른 변화는 없었다. 그래서인지 인터넷엔 다음과 같은 비판이 쏟아졌다.

"민주화는 모든 국민이 함께 이뤄낸 것이지 운동권이 이룬 것이 아니다." "대학 때 몇 년 학생운동 경력으로 국회의원 된 자들이 특혜 세습까지 하겠다니 말이 안 나온다." "자기들 특혜 주는 법을 자기 손으로 만드는 이것이 바로 대한민국." "청와대·국회·공공기관에서 나라 망친 586 운동권 인사들, 정말 염치없다." "당신들만 유신 반대하고 6월 항쟁 한 것 아니다." "나도 그때 데모했는데 보상

해줄 거냐. 사이비 민주 세력 빼고는 어떤 대가를 바라고 한 행동이 아니다." "돌과 화염병 좀 던졌다고 부와 권력을 누리고, 게다가 그것을 상속화 시킨다면 북한의 세습과 무엇이 다른가."[18]

민주화 유공자이자 민주당 출신인 전 의원 김영환은 "나와 내 가족은 특별법에 절대 동의할 수 없다"며 "국민들께 고개 숙여 사죄 드린다"라고 했다. 그는 "부끄럽고 부끄럽다. 이럴려고 민주화 운동을 했냐"라며 "무엇을 더 이상 받는단 말인가. 아주 그동안 한 줌 가오마저 거덜을 낸다. 제발 이 일에서 나와 내 가족의 이름을 빼달라. 민주화가 후퇴를 넘어 깡그리 무너진 지금, 이 나라에서 민주주의를 무너뜨린 자들이 벌이는 이 위선과 후안무치를 어찌 해야 하나"라고 했다.[19]

민주화 운동 유공자인 제주지사 원희룡도 "국민 세금을 걷어 특권 잔치하자는 게 민주화냐"며 비판했다. 국민의당 서울시당위원장 김윤은 페이스북에 자신의 '민주화 운동 관련자 증서'를 올리며 "지금 민주화 운동 팔아 사리사욕만 채우고 대한민국을 구렁텅이로 몰아넣고 있는 자들과 한때 동지였다는 사실이 한없이 부끄럽다"며 "일말의 양심과 나라를 생각하는 애국심이 남아 있다면, 당장 이 역겨운 '민주유공자 예우법'을 자진 철회하라"고 했다.[20]

●

설훈, 현실 감각과 공감 능력을 잃었나?

이런 비판이 빗발치자 바로 다음 날 설훈은 이 법 발의를 철회했다. 나는 이 작은 사건을 지켜보면서 강한 궁금증이 하나 생겼다. 이 법이 옳으냐 그르냐 하는 걸 떠나서 "왜 하필 지금?"이란 생각이 든 것이다. 정치를 하루 이틀 해본 사람들도 아닐 텐데 4·7 재보궐선거를 앞두고 여당 지도부가 그간 잘못했다고 싹싹 비는 읍소 전략을 쓰는 상황에서 왜 그랬을까 하는 게 너무너무 궁금했던 것이다.

다른 누구보다도 대표 발의자인 설훈은 5선 의원으로 정치판의 산전수전山戰水戰을 다 겪은 인물이 아니던가. 그는 2004년 3월 민주당이 노무현 대통령 탄핵으로 미쳐 돌아갔을 때 정범구 의원과 더불어 탄핵에 반대했던 인물이다. 홀로 탄핵 철회 무기한 삭발 단식 농성을 진행하기도 했다. 그렇게 판단력이 뛰어났던 설훈이라면 후배 운동권 국회의원들이 180석을 믿고 밀어붙이자고 하더라도 말리거나 다른 때를 보자고 했어야 했을 텐데 왜 앞장을 섰던 걸까? 그의 총기聰氣가 좀 흐려진 걸까?

2019년 2월 설훈은 20대의 지지율 하락과 관련해 "이명박·박근혜 정부 때 초등학교에서 고등학교 동안 제대로 된 교육을 받았다면 보다 건강한 판단을 할 수 있었을 것이다. 과연 당시에 제대로 된 교육이 됐을까 하는 의문이 든다"는 불후의 '명언' 또는 '망언'을 남겼다. 그는 정의기억연대 관련 비리 의혹이 불거진 2020년 5월 엔 리얼미터 여론조사에서 응답자 70퍼센트가 "윤미향 당선자가 사퇴해야 한다"고 답한 것에 대해선 "국민들이 정확한 팩트를 알 수 없는 상황에서 나온 판단"이라고 했다.

혹 설훈은 민주유공자 예우법 무산에 대해서도 그런 식으로 생각 했던 건 아닐까? 일부 국민이 민주화에 대한 교육을 제대로 받지 못 했다거나 정확한 팩트를 몰라서 오해나 오판을 한 거라고 생각했느 냐는 것이다. 과거에 그를 높게 평가했던 나로선 도무지 이해할 수 없는 일이었다. 설훈은 고생만 하던 예전의 설훈이 아니다. 이젠 원 로 반열에 오르면서 과거에 비해 훨씬 더 큰 권력을 누리게 되었다. 이런 변화가 미친 영향은 없는 걸까?

내가 생각해보고 또 생각해본 끝에 내린 결론은 평소 문재인 정 권이 보여온 '독선과 오만'이 워낙 심해진 나머지 그 핵심 구성원 들이 세상을 대하는 기본적인 현실 감각과 공감 능력마저 무뎌지게 만든 결과일 가능성이 높다는 것이었다. 나는 미국의 진화생물학자 로버트 트리버스가 『우리는 왜 자신을 속이도록 진화했을까?』라는 책에서 내놓은 다음 설명이 가슴에 와 닿았다.

"사람들에게 권력을 쥐었다는 느낌을 갖게 하면, 그들은 남의 관점 을 취할 가능성이 줄어들고 자신의 생각을 중심에 놓을 가능성이 더 높아진다. 그 결과 남들이 어떻게 보고 생각하고 느끼는지를 이해할 능력이 줄어든다. 무엇보다도 권력은 남에게 무신경하게 만든다."[21]

그게 아니라면, 쉽게 흔히 하는 말로 그냥 '꼰대'가 되었기 때문일 수도 있다. 설훈과 이해찬보다 서너 살 아래인 나 역시 꼰대인지라, 감히 비하의 뜻으로 하는 말은 아니다. 내 경우엔 그들에 비해 권력이 없거나 약한 꼰대이기 때문에 나의 문제가 두드러지게 나타나지 않는 것일 수도 있다. 사실 꼰대의 문제는 이해찬과 설훈, 두 분에게만 국한되는 게 아니다. 최근 정치에서 세대 문제와 관련해 나타난 꼰대 현상을 좀 살펴보기로 하자.

●

20대 비난은 꼰대의 특권인가?

문재인 정권에 대한 40대의 '콘크리트 지지'는 경제적 요인에서 비롯되었다는 고려대학교 경제학과 교수 강성진의 분석이 흥미롭다. 그는 40대가 문 정권 들어 급상승한 부동산 시장의 가장 큰 수혜층 중 하나이며, 일자리 문제도 "노동시장 진입이 안 되고 있는 20~30대, 은퇴를 고려해야 하는 50대 이상과 달리 40대는 정규직이 대부분에다 수입이 비교적 안정적이기 때문에 최근 고용 타격도 적었다"고 분석했다.[22]

나는 이 분석에 대체적으로 동의한다. 더 나아가 문 정권에 대한 20대의 낮은 지지율도 이런 경제적 분석을 원용해 설명하는 게 옳다고 생각한다. 물론 경제적 요인만으로 설명할 수 없는 다른 이유들도 있겠지만, 핵심 요인은 경제이며 '공정' 등과 같은 다른 이유들도 대부분 경제에서 파생된 이슈로 보는 게 옳다는 것이다. 따라서 최근 고개를 다시 내밀고 있는 '20대 보수화론'이나 '20대 정치 무관심론'은 번지수를 전혀 잘못 찾았다는 게 내 생각이다.

물론 그렇게 생각하지 않는 사람들도 많다. 특히 '진보'를 자처하는 사람들의 '20대 보수화' 비난이 점입가경漸入佳境이다. 20대 비난은 꼰대의 특권인가 하는 생각이 들 정도였다. 아예 대놓고 욕설을 퍼붓는 유명 인사들도 적지 않다. 이들은 자신의 경험으로 이해할 수 없는 일이 벌어지면 스스로 "왜?"라는 질문을 던지면서 차분하게 알아볼 생각은 하지 않고 무턱대고 훈계하면서 가르치려고 든다. 제풀에 흥분해 해선 안 될 몹쓸 말까지 함부로 내뱉는다.

2021년 3월 28일 시인 류근이 페이스북을 통해 아주 재미있는 말을 했다. 그는 "20대 청년의 오세훈 지지율이 60%라고 수구 언론들이 막 쌍나발을 불기 시작한다"며 "20대 청년이 그 시간에 전화기 붙들고 앉아서 오세훈 지지한다고 뭔가를 누르고 있다면 그 청년 얼마나 외로운 사람인가"라고 했다. 그는 "선택적으로 언론을 믿는 분들이 계시다"라며 "언론은 그날 확정된 스포츠 스코어 정도 믿으면 된다"고 했다. 이어 "그렇게 당하고도 모르시냐"며 "도대체 정상적 사고력을 가진 사람이라면 어찌 오세훈, 박형준 같은 추물들을 지지할 수 있겠느냐"고 했다.

류근은 "LH(한국토지주택공사) 직원들의 오랜 부패 행태를 문재인

정부의 책임으로 단일화시키는 프레임에 속는 사람들은 어차피 공동체 발전에 도움이 안 된다"며 "그들을 미워하는 심리엔 자신이 그 투기 정보에서 소외됐다는 질투와 시기가 한몫하고 있는 거 아니냐"고 했다. 그러면서 "오히려 크게 한탕씩 해먹은 오세훈, 박형준, 윤석열 일가의 부정엔 너그러우면서 정의로운 척 핏대 세우는 분들 참 측은하기 짝이 없다. 안타깝다"고 했다.

류근은 "이번 보궐선거는 수구 부패 언론과의 싸움"이라며 "이미 졌다고 힘 빼는 공작질에 자꾸 속으면 결국 우리 후세의 미래를 해치는 일이 돼버린다"고 했다. 이어 "건강하고 건전한 사람들의 양심을 믿어야 한다"며 "이미 전세가 역전됐다고 말하는 목소리는 꾹 숨긴 채 자꾸만 헛소리하는 기레기짓에 속으면 안 된다"고 했다.[23]

류근은 이틀 후 "이 글이 유권자 비하라고 (일각에서 비판을 한다)"며 "늘 그래왔듯 생활시 한 편일 뿐"이라고 적었다. 이어 "뭐라도 꼬투리를 잡고 싶은 종자들이 그렇게 썼다"며 "유권자 비하가 아니라 돌대가리들을 비판한 것"이라고 했다.[24]

●

"20대 보수화는 이명박·박근혜 정권의 교육 탓"

누구에게건 소셜 미디어를 통한 배설의 자유는 있는 바, 그 자유에 시비를 걸 수는 없는 일이다. 정색을 하고서 "당신 생각과 다르면 돌대가리냐?"라고 물어봐야 아무 소용없는 일이다. 류근이 올해 56세라고 하니, 그는 자신의 개인적인 세대 경험에 몰입한 나머지 자신의 경험으로 다른 사람들의 경험까지 천하통일을 해보려고 욕심을 냈다고 볼 수도 있겠다.

그런데 사실 문제는 류근의 이런 주장이 전혀 독특하지 않다는 데에 있다. 이렇게 생각하는 사람들이 너무 많다. 4월 3일엔 『한겨레』 기자 출신인 친문 인플루언서 허재현이 가세하고 나섰다. 그는 오세훈 지지 연설에 나선 청년들을 "바보 20대들"이라고 부르면서 지지자들에게 이렇게 당부했다. "얘네들 얼굴 잘 기억했다가 취업 면접 보러 오거든 반드시 떨어뜨리세요. 건실한 회사도 망하게 할 애들입니다. 국민의힘 지지해서 문제가 아니라 바보라서 문제입니다."[25]

이에 국민의힘 의원 윤희숙은 "저는 말 그대로 피가 솟구치는 분노를 느꼈다"고 했다. 그는 "젊은이들 취업을 막을 힘이 우리 세대에게 있다는 것을 과시하는 저열함, 젊은 타인을 바보라 인증할 정도로 자신들은 현명하다는 오만함에 아득해진다"며 "'좋은 세월에 일찍 태어나 좋은 일자리 잡고 이름을 만든 것, 그것도 권력이라고 손에 쥔 거 없이 막막해하는 젊은이들에게 협박질이냐'고 따지고 싶다"고 했다.[26]

이미 2019년 2월 민주당의 두 의원이 류근과 허재현보다는 좀 점잖은 언어로 20대를 저격한 바 있다. 류근과 비슷한 나이인 홍익표는 "왜 20대가 가장 보수적이냐. 거의 60~70년대 박정희 시대를 방불케 하는 반공 교육으로 그 아이들에게 적대감을 심어준 것" 이라고 말했다. 북한에 대한 20대 여론이 우호적이지 않은 것을 이 명박·박근혜 정권의 교육 탓으로 돌린 것이다. 류근과 홍익표보다 는 10여 년 연상인 설훈은 며칠 후 20대의 지지율 하락과 관련해, 앞서 소개했듯이 "이명박·박근혜 정부 때 초등학교에서 고등학교 동안 제대로 된 교육을 받았다면 보다 건강한 판단을 할 수 있었을 것이다. 과연 당시에 제대로 된 교육이 됐을까 하는 의문이 든다"고 했다.[27]

박정희·전두환 독재 정권 기간에 10대 시절을 보낸 사람들은 교 육을 잘 받아서 민주화에 나섰는가? 20대는 박근혜 탄핵 촛불 집회 의 주역이었다는 점을 까먹은 걸까? 그땐 진보였는데, 이젠 보수로 바뀌었다는 걸까? 그러니 20대가 "촛불 혁명으로 정권 교체를 할 때는 혁명의 주역으로 치켜세우면서 정부 지지를 철회하자 못 배워 서 그렇다, 잘못 배워서 그렇다고 비난하느냐"고 반발하는 건 당연 한 일이다.[28]

문제는 그들의 낡은 이분법 틀에 있다. 박원익과 조윤호는『공정 하지 않다: 90년대생들이 정말 원하는 것』에서 이렇게 말한다. "기 성세대는 일단 '너는 누구 편이냐?' 하고 묻는 데 익숙한 세대들이 다. 오늘날 50대가 된 과거 민주화 세대의 경우 젊은 시절에 오래된 보수 기득권 체제를 없애는 일이 공통의 사명이자 목적이었다. 그 래서 때로 '우리 편'이 잘못했을지라도 어느 편이 권력을 잡는지가 매우 중요한 세대였다. 49대 51의 싸움에 익숙해진 세대들이다. 그러나 과거 세대의 노력으로 만들어진 '민주주의 대한민국'에서 자란 20대는 정치적 입장을 먼저 정하고 내 편 네 편으로 싸우기보다 개별 사안을 더 정확하고 공정하게 파악하려는 자세를 더 '좋은 태도'로 인정한다."●

●

'보수 꼰대'와 '진보 꼰대'의 차이

20대를 비난하는 일련의 주장을 어떻게 보아야 할까? 전형적인 '꼰대'의 행태다. 꼰대의 치명적인 약점은 역지사지易地思之를 하지 않으면서 내로남불이 매우 심하다는 점이다. 또한 꼰대는 위계를 중시한다. 물론 나이도 위계를 세우는 데에 중요한 기준이다. 늘 '급'을

● 　박원익 · 조윤호, 『공정하지 않다: 90년대생들이 정말 원하는 것』(지와인, 2019), 138쪽. 이어 박원익과 조윤호는 이렇게 말한다. "기존의 정치 프레임으로 해석되지 않는다는 이유로 20대를 '탈(脫)이념'을 지향한다고 해석하기도 한다. 그러나 이런 관점도 요점을 놓치고 있는 것은 마찬가지다. 청년들이 탈이념화한 게 아니라 이들이 따르는 '새로운 이념'에 대해 사회적으로 설명할 말을 찾지 못하고 있는 것이다. 기성세대가 제공해왔던 이념적 프레임의 유효기간은 끝났다. 20대를 민주화 세대와 태극기부대 사이의 어느 좌표에 놓을 이유가 없다. 이를테면 진보라면 세트 메뉴 A를 고르고, 보수라면 세트 메뉴 B를 골라야 한다는 식의 목록들을 교체해야 할 시점이 다가온 것이다."(262쪽)

따지면서 자신보다 '급'이 떨어지는 상대는 깔보는 성향이 강하다.

이걸 드라마틱하게 보여준 게 홍익표가 2019년 2월 27일 〈김어준의 뉴스공장〉에 출연해 한 발언이었다. 바른미래당 의원 하태경이 홍익표의 발언을 비판한 것과 관련, 김어준이 "저희가 하태경 의원과 담판을 한번 자리를 마련하면 나오실 겁니까?"라고 묻자, 어떤 일이 벌어졌는가?

> **홍익표** 저는 그 사람하고 자꾸 엮이는 게 좋지 않은 게 소수 정당이
> 잖아요. 저는 1당의 수석대변인인데. 왜냐하면 이 사람은,
>
> **김어준** 그쪽도 최고위원입니다.
>
> **홍익표** 아니, 그래도 미니 정당이고 영향력도 없는 정당인데. 그런
> 데 자꾸 이렇게 이분의 특징이,
>
> **김어준** 당까지 디스하시는군요, 이제.
>
> **홍익표** 그러니까 자꾸 뭔가 정치적 논란을 만들어서 자기 몸값을
> 올리려고 하는데, 정치 그렇게 하면 안 됩니다.[29]

전형적인 꼰대 마인드가 잘 드러난 발언이라고 할 수 있겠다. 나이 차이가 많아서 그런가 하고 검색을 해봤더니 홍익표는 1967년 생, 하태경은 1968년 생으로 겨우 한 살 차이다. 하지만 홍익표는 하태경의 나이가 아무리 많아도 자신은 거대 정당의 수석대변인으로서 영향력도 없는 미니 정당의 의원은 상대할 수 없다고 했을 것 같

다. 인터넷에 돌아다니는 '꼰대의 육하원칙'을 떠올리게 하지 않는 가? "Who(내가 누군 줄 알아) / What(네가 뭘 안다고) / Where(어딜 감히) / When(왕년에) / How(어떻게 나한테) / Why(내가 그걸 왜)"[30]

투쟁을 위해 강력한 위계가 필요해서였는지는 모르겠지만, 과거 운동권 문화는 꼰대 마인드의 산실이었다고 해도 과언이 아니다. 한 경험자의 증언을 들어보자. "운동권 조직 특유의 '꼰대스러움'이 싫 었어요. 선배들은 운동 경험이나 경력이 있어서 더 그랬겠지만 되게 꼰대같이 굴었어요.……운동권 선배들은 기껏해야 나보다 한두 살 많은데, 행동하는 것은 자기가 왕이에요. 후배들은 아무것도 모르는 아이인 것처럼 대하고 자기가 모든 걸 다 아는 듯이 행동하죠."[31]

운동권 출신이 아니더라도 운동권 문화가 지배하는 민주당에선 그런 꼰대 마인드를 자연스럽게 체득하게 된다. 물론 보수 정당도 다를 게 전혀 없다. '보수 꼰대'와 '진보 꼰대'의 차이는 무엇인가? 사회학자 오찬호가 「당신은 꼰대가 아니십니까」라는 글에서 그 차 이를 명쾌하게 제시한 바 있다. "살다 보니 권력을 행사하는 위치에 있게 된 사람들이 자신의 특권을 자연적 질서로 이해하면서 불평등 을 부정한다"면 그들은 보수 꼰대다. 반면 "거시에만 몰두해 일상적 으로 풀어나가야 할 수순을 깡그리 무시하는" 사람들은 진보 꼰대 다. 그는 진보 꼰대에 대해 다음과 같이 말한다.

"이들은 일상생활 속에 등장하는 해프닝조차 구조악의 표출이라 면서 폭력, 권력, 기득권 등의 무서운 단어를 오용하여 상대를 공격

하고 발가벗긴다. 사회운동의 당위에 지나치게 집착해 적을 설득시
키기는커녕 동일한 목표를 지향했던 아군마저 등을 돌리게 하는 경
우가 대표적이다. 이들에게 공격받은 이들은 상처를 좀처럼 회복하
지 못하며 살아간다."[32]

●

인간의 귀는 둘인데 입은 하나인 이유

'진보 꼰대'들이 놓치고 있는 것은 자신들이 생각하는 '진보'니 '보
수'니 하는 개념을 일반 대중이 그대로 받아들이고 있지 않다는 사
실이다. 민생의 관점에선 자칭 '진보' 중엔 진보의 구호를 자기 밥
그릇 키우는 데에 이용하는 '수구'가 많으며, 누가 누구에게 감히
진보의 이름으로 손가락질을 할 수 있는 상황이 아니라는 게 중요
하다. 그냥 싫으면 싫다고 할 일이지, 그 싫음에 진보의 화려한 미사
여구는 쓰지 말라는 것이다. '공동체 발전'이니 '우리 후세의 미래'
니 '건강하고 건전한 사람들의 양심'이니 하는 추상적 언어를 앞세
워 생각을 달리 하는 사람들에게 모욕을 줘선 안 된다는 이야기다.

미래는 오히려 586 세대보다는 20대를 요구하는지도 모른다. 캐
나다 맥매스터대학 교수 송재윤은 "현재 586 권력 집단은 1987년
이래 성장을 멈춘 듯하다. 자폐적 고립주의, 반인류적 종족주의, 비
실용적 독자 노선, 감상적 평등주의가 그들의 정신을 지배한다. 달

힌 태도, 뒤떨어진 국제 감각, 운동권의 특권의식이 그들의 트레이 드마크다. 음모 정치, 선전 선동, '내로남불'의 이중 잣대가 그들의 생존 방식이다"며 다음과 같이 말했다.

"놀란 586 권력 집단이 짐짓 근엄하게 젊은 세대를 꾸짖지만, 종 이호랑이의 포효일 뿐이다. 20대의 정치 세력화는 시대의 요청이 다. 오늘의 정치적 결정이 그들의 미래를 좌우하기 때문이다. 30년 전부터 586은 기성세대를 공격해서 정치권력을 확장해왔다. 이제 그들이 비판의 부메랑을 맞을 차례다. 성경 구절대로 '해는 떴다 지 며 그 떴던 곳으로 빨리 돌아가고', 시대에 역행하는 낡은 세대는 권 력의 뒷전으로 밀려날 수밖에 없다. 586 권력 집단에 저항하는 미 래 세대가 새롭게 떠오르는 새벽의 태양이다."[33]

물론 이 말에 다 동의하거나 믿을 필요는 없다. 다만, 20대에게 그 어떤 문제가 있다 해도 그들에겐 정치를 신앙으로 대하진 않으 며, 절차적 공정 의식이 강하고 부당한 갑질을 참지 않는다는 장점 이 있다. 국가의 미래를 돌보지 않는 당파싸움으로 인해 '두 개로 쪼개진 한국'을 넘어설 수 있는 돌파구가 그들에게서 나올 수 있다. 꼰대가 꼭 나이의 문제만은 아니다. 요즘 '젊은 꼰대'가 좀 많은가. 나이와 이념과 정치적 성향을 초월해 상대에 대한 존중심이 있느냐 하는 게 꼰대를 판별하는 기준이며 그렇게 되어야 한다. 20대 비난 이 꼰대의 특권은 아니며 그래선 안 된다는 건 두말할 나위가 없다.

나는 꼰대로서 '조금 나은 꼰대'가 되기 위한 좌우명을 하나 갖고 있다. "인간의 귀는 둘인데 입은 하나인 이유는 말하는 것만큼의 두 배를 들을 수 있기 때문이다." 로마시대 철학자 에픽테토스의 말이다. 이 말은 "인간의 귀는 둘인데 입은 하나인 이유는 많이 들으라는 뜻이다"로 변용돼 사용되기도 한다. 사람들이 듣기보다는 말하기를 워낙 좋아하기 때문에 주의를 기울여 듣는 경청傾聽이 그만큼 어렵다는 뜻이다. 경청은 저절로 되는 일이 아니다. 노력해야 한다. 꼰대는 모름지기 권위나 관성이 아닌 경청으로 살아야 한다. 우리 모두 같이 노력하면 좋겠다.

1   김훈, 「[거리의 칼럼] 꼰대」, 『한겨레』, 2020년 10월 5일.

2   조지 오웰(George Orwell), 이한중 옮김, 『나는 왜 쓰는가: 조지 오웰 에세이』 (한겨레출판, 2010), 270쪽.

3   김은중, 「이해찬 "尹는 MB키즈, 安은 뿌리 없는 조화, 尹은 깡패의 언어"」, 『조선일보』, 2021년 3월 17일.

4   뉴시스, 「이해찬 "극우보수 세력 완전히 궤멸시켜야"」, 『중앙일보』, 2017년 4월 30일.

5   「[사설] 장애인 앞에서 장애를 '한심'이라는 건 말실수인가 인성인가」, 『조선일보』, 2018년 12월 31일.

6   손덕호, 「윤호중 이어 이해찬, "통합당은 천박하고 주책없는 토착왜구" 막말 쏟아내」, 『조선일보』, 2020년 4월 9일.

7   문광호, 「[기자수첩] 기자의 질문과 정치인의 대답…이해찬 대표의 경우」, 『뉴시스』, 2020년 7월 13일.

8   편집위원회, 「'후레자식' 모욕, 이해찬 대표가 직접 사과하라」, 『기자협회보』,

2020년 7월 15일.

9 이슬비, 「이해찬 "LH 사태 어쩔 수 없는 현실, 윗물은 맑은데 바닥이…"」, 『조선일보』, 2021년 3월 18일.

10 김은중, 「"LH 의혹? 윗물은 맑은데 바닥에 가면…" 보선 3주 앞두고 돌아온 이해찬」, 『조선일보』, 2021년 3월 19일.

11 김동호, 「'지지율 差 한 자릿수' 이해찬에 "선거법 위반" 결론」, 『연합뉴스』, 2021년 4월 28일.

12 오현석, 「대선 1년 앞 움직인 '상왕'…이해찬 "네 번째 대통령 만들고 싶다"」, 『중앙일보』, 2021년 3월 20일.

13 마루야마 마사오, 김석근 옮김, 『현대정치의 사상과 행동』(한길사, 1956/1997), 413, 416쪽; 에리히 슈빙어(Erich Schwinge), 김삼룡 옮김, 『정치가란 무엇인가?』(유나이티드컨설팅그룹, 1983/1992), 277쪽.

14 A. C. 그레일링(A. C. Grayling), 남경태 옮김, 『미덕과 악덕에 관한 철학사전』](에코의서재, 2001/2006), 262쪽.

15 홍주희, 「與, 운동권 셀프 특혜 논란 '민주유공자 예우법' 또 발의」, 『중앙일보』, 2021년 3월 29일.

16 이세영, 「운동권 출신이 봐도 이건 아닌 민주화 유공법…"특권층 되고 싶나"」, 『조선일보』, 2020년 10월 8일.

17 김경필, 「與 이원욱 "민주유공자 예우법 납득 못해" 우원식 "대가 바라지 말라는 게 옳은가"」, 『조선일보』, 2020년 10월 10일.

18 안준용, 「與 "민주화 운동 자녀에 교육·취업 지원"…또 운동권 특혜법 논란」, 『조선일보』, 2021년 3월 29일.

19 김은중, 「與 운동권 특혜법에…김영환 "부끄럽다, 민주화 유공자 반납"」, 『조선일보』, 2021년 3월 30일; 고석현, 「"한 줌 가오마저 거덜" 운동권 특혜법에 유공자 반납한단 김영환」, 『중앙일보』, 2021년 3월 30일.

20 주희연, 「與 '운동권 셀프 특혜' 논란에 민주유공자법 발의 철회」, 『조선일보』, 2021년 3월 30일; 최지원, 「"유공자 특별법 부끄럽다" 당사자도 반발…與, 발의 철회」, 『TV조선』, 2021년 3월 30일.

21 로버트 트리버스(Robert Trivers), 이한음 옮김, 『우리는 왜 자신을 속이도록 진화했을까?: 진화생물학의 눈으로 본 속임수와 자기기만의 메커니즘』(살림, 2011/2013), 47쪽.

22 신현보, 「40대의 이유 있는 '콘크리트지지'?…경제학자 "이것 때문"」, 『한국경

제』, 2021년 4월 5일.

23 김은경, 「류근 "20대 오세훈 지지? 얼마나 외로우면 여론조사에…"」, 『조선일보』, 2021년 3월 30일.

24 이세영, 「류근 "20대 비하 아니라 돌대가리들 비판한 것"」, 『조선일보』, 2021년 3월 31일.

25 김창우, 「때리는 '이대녀'보다 말리는 '4050'이 더 밉다」, 『중앙선데이』, 2021년 4월 24일.

26 서유근, 「윤희숙 "吳 지지 청년 면접 떨어뜨린다? 저열한 뒷세대 협박질"」, 『조선일보』, 2021년 4월 4일.

27 변지희, 「홍익표도 설훈처럼 "반공 교육 때문에 20대 보수적"」, 『조선일보』, 2019년 2월 24일; 정환보, 「'20대 청년 비하' 뭇매…여당, 자중지란」, 『경향신문』, 2019년 2월 26일.

28 박원익·조윤호, 『공정하지 않다: 90년대생들이 정말 원하는 것』(지와인, 2019), 154쪽.

29 「더불어민주당 홍익표 국회의원 바른미래당 비하 사건」, 『나무위키』.

30 김경희, 「내 안의 '꼰대'주의보」, 『중앙일보』, 2017년 6월 28일.

31 안치용·최유정, 『청춘을 반납한다: 위로받는 청춘을 거부한다』(인물과사상사, 2012), 141~145쪽.

32 오찬호, 「당신은 꼰대가 아니십니까」, 『경향신문』, 2019년 4월 29일.

33 송재윤, 「20대가 586 권력을 몰아낸다」, 『조선일보』, 2021년 4월 19일.

제8장

김상조,
무능과 위선은
동전의
양면인가?

'욕망'을
비난하는 진보는
위선이다

인간은 욕망이다.1
● 프랑스 사상가 블레즈 파스칼

●

"너(언론)랑 나(지식인)만 잘하면 돼!"

오래전 도올 김용옥이 텔레비전에서 기자와 대담을 했다. 마지막에 기자가 "그 많은 문제들을 해결하는 방법은 뭡니까?"라고 묻자, 도올은 "너(언론)랑 나(지식인)만 잘하면 돼!"라고 답했다. 이 프로그램을 시청하던 어느 지식인은 "무릎을 탁 쳤다. 정말로 우문에 현답이다"며 「"너랑 나만 잘하면 돼"」라는 제목의 칼럼을 썼다. 그는 이 칼럼에서 "나는 가치판단을 하기 이전에 비용과 편익을 비교 형량하도록 훈련받은 경제학자다"며 다음과 같이 말했다.

"나이 들면서 '가치 상대주의' 성향이 더 강해졌고, 요즘은 '보수에 대한 비판' 이상으로 '진보의 금기에 대한 도전'에 집중하고 있다. 따라서 내 생각과 다르다는 것 자체를 문제 삼지는 않는다. 오히려 한국 사회에서는 내가 '소수 중의 소수'라는 것을 너무나 잘 알고 있다. 그럼에도 내가 한국의 언론과 지식인에 대해 평정심을 잃은 것은, 기초 사실관계를 확인하고 논리의 일관성을 점검하는 '깐

233

깐함'을 찾아보기 어렵기 때문이다. 그 최소 요건마저 갖추지 못했다면, 그건 언론도 아니고 지식인도 아니다."[2]

이 칼럼의 필자는 누구인가? 당시 한성대학교 교수이자 경제개혁연대 소장이었던 김상조다. 내가 보기에 그는 실사구시實事求是 정신에 충실한 지식인이었다. 그는 "거대담론one-size-fits-all-model만으로 세상을 변화시킬 수 없다"면서 "한국 사회에서 부족한 것은 거대담론을 만들어내는 능력이 아니라 구체적인 정책을 만들고 집행하는 능력"이라고 주장하기도 했다.[3] 2017년 제19대 대통령 선거에서 문재인 캠프에 합류했던 그가 문재인 정부 첫 공정거래위원장이 되었을 때 많은 사람들이 기대를 걸었던 건 당연한 일이었다.

그런데 점차 그는 좀 이상한 언행을 보이기 시작했다. 그는 7월 공정위 신뢰 개선 추진 방안 브리핑에서는 "나쁜 짓은 금융위가 더 많이 하는데 욕은 공정위가 더 먹는다"는 발언으로 논란을 빚자 금융위원장 최종구를 찾아가 직접 사과했다. 9월에는 네이버 창업자 이해진을 애플 창업자인 스티브 잡스와 비교하며 깎아내린 후, 다음 창업자 이재웅으로부터 "맨몸으로 최고 인터넷 기업을 일으킨 기업가를 이렇게 평가하는 것은 오만"이라는 비판을 받고 사과했다.

사과를 한 건 잘한 일이지만, 달라진 건 없었다. 김상조가 2017년 11월 2일 5대 그룹 최고경영자CEO를 불러 간담회를 한 뒤 참석한 '확대 경제 관계 장관회의'에서 지각을 한 변명으로 "재벌들 혼내주고 왔다"고 말한 '사건'은 더욱 이해하기 어려운 일이었다. 한 참석자의 증언에 따르면, "김 위원장이 갑자기 논란이 될 말을 하는 바람에 참석자 모두가 당황해했다"며 "김동연 부총리가 '에이, 여기서 그런 말씀 하시면 안 돼요'라고 그의 발언이 농담인 것처럼 분위기를 수습했다"고 한다.[4]

이미 이재웅이 주장했던 것처럼 "정말 오만해졌나?"라는 의구심을 불러일으키기에 충분했다. 아니 문제의 핵심은 오만이라기보다는 그가 여전히 책임으로부터 비교적 자유로운 교수나 시민운동가의 정체성을 갖고 있는 건 아닌가 하는 점이었다. 고위 공직자가 된 사람이 교수나 시민운동가의 정체성을 갖고 있는 건 기존 관료 체제에 '포섭'되지 않는다는 걸 의미한다는 점에서 바람직하지 않으냐고 생각할 사람들도 있겠지만, 그게 그렇질 않다. 김상조의 말마따나, "한국 사회에서 부족한 것은 거대담론을 만들어내는 능력이 아니라 구체적인 정책을 만들고 집행하는 능력"이기 때문이다. 이와 관련된 진짜 큰 문제는 그가 청와대 정책실장이 된 후에 나타났다.

●

김현미·홍남기·김상조를 지킨 문재인의 고집

2019년 11월 19일 문재인은 '국민과의 대화'에서 "부동산 가격이 안정돼 있다"며 "부동산 문제와 관련해서는 우리 정부에서는 자신 있다고 장담하고 싶다"고 했다. 이게 얼마나 황당한 발언이었는지는 채 한 달도 안 돼 구체적으로 밝혀졌다.

12월 11일 경제정의실천시민연합(경실련)은 문재인 정부 청와대 1급 이상 전·현직 참모 65명의 집값이 문 정부 출범 전 8억 2,000만 원에서 11억 4,000만 원으로 평균 3억 2,000만 원 올랐다며, "소득 주도 성장이 아닌 불로소득 주도 성장만 나타나고 있다"고 했다. 김상조의 서울 강남구 아파트도 4억 4,000만원 상승했다.[5] 사정이 이렇다면 화들짝 놀라서 무슨 조치를 취해야 했건만, 문 정권의 부동산 정책은 엉뚱한 방향으로 치닫기만 했다.

2020년 7월 2일 경실련은 "국민은 20회 넘는 '땜질식' 부동산 대책을 남발하는 김상조 청와대 정책실장, 홍남기 기획재정부 장관, 김현미 국토부 장관을 믿을 수 없다"며 "이들을 즉각 교체하라"고 했다. 7월 8일 노무현 정부에서 청와대 홍보수석을 지낸 이화여대 국제대학원 교수 조기숙은 〈JTBC 뉴스룸〉에 출연해 정책 전문성 부재를 지적했다. 그는 "운동권 출신 정치인이나 교수들에게 정책학은 부르주아 학문이기 때문에 정책학에 대한 기본 이해가 떨어진다"며 "사람은 욕망을 갖고 자기 이기심을 추구하기 때문에 정부가 원하는 방향으로 자발적으로 따라올 수 있게끔 보상 구조를 디자인하는 게 정책이라고 본다"고 했다.[6]

7월 24일 야권과 경실련 등 시민단체는 김현미, 홍남기, 김상조 등 경제 라인의 사임을 거듭 촉구했지만, 문재인의 고집은 요지부동搖之不動이었다. 아니 오기까지 발동했던 건지도 모르겠다. 문 정권이 택한 건 전혀 엉뚱한 처방이었으니 말이다. 7월 30일 민주당은 세입자 보호를 명분 삼아 국회 본회의에서 주택임대차보호법 개정안을 강행 처리했다. 이는 나 같은 평범한 사람이 보기에도 선의만 앞세운 아마추어 정책의 극치였다.

바로 그날 미래통합당 의원 윤희숙은 그 유명한 '부동산 5분 발언'을 통해 "우리나라 1,000만 인구의 삶을 좌지우지하는 법을 만들 때는 최소한 최대한 우리가 생각하지 못한 문제가 무엇인지 점검해야 합니다"며 다음과 같이 말했다. "도대체 무슨 배짱과 오만으로 이런 것을 점검하지 않고 이거를 법으로 달랑 만듭니까? 이 법을 만드신 분들, 그리고 민주당, 이 축조심의 없이 프로세스를 가져간 민주당은 오래도록 오래도록 기억될 것입니다. 우리나라의 전세 역사와 부동산 정책의 역사와 민생 역사에 오래도록 기억될 것입니다."[7]

김상조는 8월 11일 "모레 발표될 (한국감정원의) 통계자료에 따르면 강남 4구 주택 가격 상승률은 사실상 '제로(0)'에 근접할 것"이라고 했고, 11월 2일 "매매 시장의 안정세는 자리를 잡아가고 있다고 생각하지만, 서민들의 전세 시장에서 불안정성이 있다는 것은 정부는 잘 알고 있다. 불편하더라도 조금만 더 기다려주길 바란다"고 했다.[8] 그러나 상황은 계속 악화되기만 했다. 그러다가 2021년 3월 2일 한국토지주택공사(LH) 직원들의 신도시 땅 투기 사건이 터지면서 분노하던 민심이 폭발하기 시작했다.

●

'정의로운 척'·'공정한 척'·'선한 척'·'청렴한 척'

다음 날 경실련은 기자회견을 열어 2017년 5월부터 2021년 1월까지 44개월간 '서울 25개 자치구에 있는 75개 아파트 단지 11만 7,000세대 시세 분석 결과'를 공개했다. 분석 결과를 보면 문재인 정부가 출범한 2017년 5월 서울 아파트값은 평당 2,138만 원에서 4년 동안 1,665만 원 올라 2021년 1월 3,803만 원이 되었다. 30평형 아파트값을 기준으로 연평균 약 1억 3,000만 원씩 올라 총 5억 원(78퍼센트) 상승한 것이다.

경실련은 노동자 평균 임금 연평균 상승액(132만 원)과 서울 30평형 아파트값 연평균 상승액(1억 3,000만 원)을 비교한 결과를 제시하며 "약 100배 차이가 난다. 성실하게 땀 흘려 일하는 노동자가 꿈과 희망을 품고 살아갈 수 없는 사회가 됐다"고 지적했다. 그러면서 "정부가 25번 대책을 발표하며 남발한 규제들은 집값 상승을 막지 못했을 뿐만 아니라 애꿎은 실거주 주민에게 불편과 피해만 끼치고 말았다"고 했다.[9]

3월 중순 『조선일보』·TV조선 공동 여론조사의 '정부의 부동산 정책을 100점 만점으로 평가해달라'는 항목에서 서울 시민의 평균 평가 점수는 29.2점이었다. 0점을 준 응답자 34.1퍼센트를 포함해 '잘못하고 있다'(0~49점)는 평가가 65.3퍼센트로 다수였고, '보통이다'(50점)는 14.9퍼센트, '잘하고 있다'(51~100점)는 18.6퍼센트였다. 정부의 부동산 정책에 대한 평균은 이념 성향별로 보수층(15.9점)과 중도층(26.3점)에선 30점에도 못 미쳤고, 진보층(45.7점)도 50점이 안 되는 저조한 점수를 줬다.[10]

3월 28일 '김상조 사건'이 터진 건 바로 이런 상황에서였다. 2020년 7월 31일 시행된 임대차 3법(계약 갱신 청구권·전월세 상한제·전월세 신고제)은 세입자 보호 차원에서 기존 계약 갱신 시 전·월세를 5퍼센트까지만 올릴 수 있게 했는데, 김상조가 '임대차 3법' 시행 이틀 전에 자신이 소유한 강남 아파트 전셋값을 1억 2,000만원(14퍼센트) 올렸다는 게 밝혀진 것이다. 김상조는 "내가 임차인으로서 실거주하는 금호동 집의 전세값이 올라 어쩔 수 없었다"고 해명했지만 금호동 전세값은 5,000만 원만 올려주었으며 예금만 약 14억 원 보유하고 있는 것으로 밝혀졌으니, 해명 아닌 해명인 셈이었다.[11]

문재인은 4·7 재보궐선거를 의식해 즉각 김상조를 이호승으로 경질했지만, 성난 민심을 가라앉히기엔 역부족이었다. 김상조가 사퇴하자 온라인에선 "문재인 정권의 위선 쇼였다"는 글들이 올라왔다. 『조선일보』는 사설을 통해 "'정의로운 척'·'공정한 척'·'선한 척'·'청렴한 척' 행세하는 것만이라도 그만뒀으면 한다"고 했고,[12] 『중앙일보』는 시민단체 출신의 명망가가 문재인 정부의 핵심 축으로 부상했던 것을 두고 "'유·시·민(유명 대학, 시민단체, 민주당)'의

몰락"이라고 했다.[13]

『88만원 세대』 저자인 경제학자 우석훈은 페이스북에서 김상조에게 "삼성 주주총회장에서 고함치던 영웅으로 세상에 나와서 양아치로 집으로 돌아가는 것, 이게 뭔 우스운 꼴인가"라고 했다.[14] 조기숙은 "내부 정보를 이용한 사익 추구로 LH 사건과 전혀 다를 바 없는 불법행위"라면서 "나는 무능까지는 그래도 참을 만하다. 그런데 무능보다 나를 더 화나게 하는 건 위선"이라고 했다.[15]

●

경제 문제에 도덕적 분노를 앞세우는 진보의 수준

"너랑 나만 잘하면 돼"라고 했던 김상조가 도대체 왜 이렇게 된 걸까? 교수 시절의 그에게 뜨거운 지지를 보냈던 나로선 모든 게 잘 납득이 되질 않았다. 시종일관 위선이었단 말인가? 심지어 학자로서의 주장마저도? "한국 사회에서 부족한 것은 거대담론을 만들어내는 능력이 아니라 구체적인 정책을 만들고 집행하는 능력"임을 역설했고 실천하려고 애썼던 그가 어찌하여 부동산 정책은 그렇게 엉터리로 할 수 있었단 말인가? 아니 실수는 얼마든지 할 수 있지만, 왜 그 실수마저 인정하지 않고 고집으로 버텼을까? 홀로 감당할 수 없는 그 어떤 압박이 청와대 내부에 있었던 건가?

학자 시절 '진보의 금기에 대한 도전'을 서슴지 않았던 김상조의 패기는 어디로 사라지고 정권의 핵심 권력에 그리 쉽게 동화될 수 있었던 걸까? 이는 정권에 참여한 모든 진보 지식인들의 공통된 문제일 것이다. 혹 이들은 권력의 자장磁場이나 메커니즘의 힘을 과소평가했던 건 아닐까? 그게 아니라면 개인적 출세의 욕망이 다른 모든 걸 압도할 정도로 강했던 걸까?

생각에 생각을 거듭해보면서 혹 무능과 위선은 분리될 수 있는 것이라기보다는 동전의 양면 관계가 아닐까 라는 생각이 들었다. 무능하기 때문에 그걸 감추거나 포장할 위선이 필요했거나 위선적이었기 때문에 위선의 이미지에 충실하려는 과정에서 무능했던 건 아니었겠느냐는 것이다. 이런 문제가 과연 김상조에게만 국한될 것일까? 나는 한국의 진보가 대체적으로 아직 그 수준에 머무르고 있다는 생각을 할 때가 많다. 차분하게 따져보면서 논의해야 할 사안에 대해 도덕적 분노(또는 분노의 시늉)를 앞세우는 사람들이 너무 많기에 하는 말이다.

이 사건과 관련된 민주당 의원 김경협의 말을 들어보라. 그는 "임대차 3법을 반대하던 자들이 문제의 본질을 교묘하게 왜곡한다"며 책임을 야당에 돌렸다. 김경협은 "임대차 3법이 통과되기 직전에 임대료를 대폭 올렸다면 임대차 3법 탓인가? 아니면 임대차 3법 통과가 늦어졌기 때문인가"라고 주장했는데,[16] 이게 도대체 무슨 뜻일까? 아니 생각해볼 가치도 없는 것 같다. 중요한 것은 문 정권 사람들이 당시 임대차 3법에 반대하면 세입자의 아픔과 고통을 외면하는 것으로 몰아가는 수준의 지적 능력을 갖고 있었고, 그 지적 능력에 상응하는 도덕적 능력을 갖고 있었으며 지금도 여전히 그렇다는 사실이다.

무능한 사람일수록 자신이 무능하지 않다고 더 강하게 확신하는 인지적 편향cognitive bias을 가리켜 '더닝-크루거 효과Dunning-Kruger effect'라고 하는데, 이에 따르면 "무능한 사람은 자신이 무엇을 모르는지 모르기 때문에 자만에 빠지기가 더욱 쉽다."[17]

정치 영역에서 그런 자만은 도덕적 우월감을 수반하기 때문에 어떤 사안에 대한 반대 의견을 지적으로 검토할 생각은 하지 않고 도덕적으로 열등한 것으로 일축해버린다. 이게 바로 문 정권의 임대차 3법 강행 당시 일어난 일이었다. 이런 식으로 무능과 위선이 동시에 발생한 것이다. 너랑 나만 잘하면 되긴 하겠지만, 어떻게 잘 하느냐가 중요하다 하겠다.

●

왜 진보는 선거에 지면 대중의 욕망 탓을 하나?

이 글은 김상조를 비판하기 위한 게 아니다. 물론 그런 효과를 냈다는 걸 부정할 수 없겠지만, 나는 이 문제만큼은 개인의 문제보다는 집단의 문제라는 생각을 갖고 있다. 늘 느껴온 것이지만, 진보적인 사람들은 '욕망'이라는 단어를 두려워하는 경향이 있다. 자신의 내면엔 온갖 욕망이 꿈틀대고 있는데도 남을 향해서만 욕망을 비판하는 일에 익숙하다는 것이다. 욕망이라고 부르는 게 적합해보이는 경우에도 무조건 '탐욕'이라고 강공을 편다. 비판하기가 더 수월해진다는 점에서 그러는 것이겠지만, "그럴 필요 없는데, 도대체 왜 그러지?"라는 게 나의 솔직한 생각이었다.

한 가지 대표적인 사례를 보자. 이명박 정권 시절인 2008년 4월 9일에 치러진 제18대 총선 결과는 진보 진영엔 엄청난 충격이었다. 보수 진영으로 분류되는 한나라당(153석)·자유선진당(18석)·친박연대(14석)·친여 무소속(18석) 당선자를 합치면 18대 국회의 '보수 블록'은 200석을 넘었다. 반면 진보 진영은 통합민주당(81석)·민노당(5석)·친민주당 무소속(6석)을 다 합쳐도 92석에 불과해 보수 진영의 절반에도 못 미쳤다. 이는 진보 진영(열린우리당+민노당)이 162석을 얻었고 보수 진영(한나라당+자민련)은 125석에 그쳤던 17대 총선의 결과를 거꾸로 뒤집은 것이었다.

이런 결과에 실망하고 좌절한 일부 네티즌들은 한나라당의 텃밭이 된 수도권의 유권자들을 원망했다. 진보 진영의 지배적인 해석도 수도권 유권자들이 뉴타운과 특목고로 상징되는 '욕망의 정치'에 투항했다는 것이었다. 과연 수도권 주민들은 뉴타운과 개발 공약 때문에 한나라당에 몰표를 준 걸까? 서울에선 통합민주당 후보들도 똑같이 뉴타운 공약을 내세웠는데(뉴타운 공약을 내세운 후보는 한나라당 24명, 민주당 23명이었다), 단지 한나라당이 그 이슈를 선점

했거니와 여당이라는 이유만으로 표가 한나라당에 몰린 걸까?

유권자들의 욕망이나 탐욕을 비난하는 건 어리석을 뿐만 아니라 사실과도 맞지 않았다. 유권자들에게 욕망이나 탐욕이 언제 없었던 적이 있었던가? 그건 늘 있었던 것이다. 그 거룩한 87년 6월 항쟁 직후에도, 민주 시민들은 이른바 '노동자 대투쟁'은 외면했다. 유권 자들의 욕망이나 탐욕이 갑자기 커진 것도 아니다. 늘 다른 심리 상 태나 이슈들이 그걸 누르거나 공존하게 만들었던 것뿐이다. 그런데 18대 총선에선 그게 없었다. 씨앗이 먹히지도 않을 '견제론'만 있 었을 뿐이다.

유권자의 보수화·우경화를 지적한 것도 아전인수我田引水격 해석 일 뿐이었다. 이건 좌우左右의 문제가 아니었다. 진보-보수의 문제 도 아니었다. 중요한 건 당시 유권자들의 좌절이 "여야를 막론하고 정치권은 국민 뜯어먹는 집단이다"라는 수준까지 나아갔다는 점이 었다. 46퍼센트라는 사상 최저의 낮은 투표율도 바로 그런 정서의 결과였다. 이 근본적인 문제를 보지 못한 채 왜 한나라당과 통합민 주당의 차이를 보지 않느냐고 호통 친 건 번지수를 잘못 찾아도 한 참 잘못 찾은 것이었다.

●

"빨간색을 뽑으면 탐욕에 투표한 것"?

역사는 돌고 도는가? 그로부터 13년이 지난 4·7 재보궐선거 기간 중 민주당과 여권 일각에서 불리한 전세를 뒤집기 위해 또다시 유권자들의 '욕망'을 폄하하거나 비난하는 말들이 나왔으니 말이다. 문재인의 대선 당시 구호였던 '사람이 먼저다', '나라를 나라답게'를 만든 인물로 유명한 정철카피 대표 정철은 3월 23일 페이스북에 이상한 영상 하나를 올렸다. 민주당과 국민의힘을 각각 파란색과 빨간색에 비유하면서 "빨간색을 뽑으면 탐욕에 투표한 것"이라는 내용이었다. 광고의 본질은 대중의 욕망과 탐욕을 일깨우는 것인데, 탁월한 광고인으로 유명한 정철이 왜 그런 모순을 범한 건지 모르겠다. 경제와 정치를 분리해서 보고 실천하는 삶을 살겠다는 것인가?

앞서 보았듯이, 다음 날엔 더불어민주당 의원 고민정이 이 영상을 올려 논란이 되었다. 그러자 국민의힘 의원 허은아는 "민주당과 문재인 대통령은 서울과 부산 시민, 그리고 국민의 마음에 '새파란 피멍'을 들게 했다"며 "지금 국민에게 필요한 것은 상처를 치료해줄 '빨간 약'이다"고 했다. 이어 허은아는 "이 영상을 만든 사람은 정철이다. 문재인의 '사람이 먼저다'와 TBS의 '1 합시다 캠페인'을 만든 사람"이라면서 "이래도 TBS의 '1 합시다 캠페인'이 과연 정권 유착형 공작이 아닌지 다시 한 번 따져봐야겠다"고 말했다.[18]

도대체 어디까지가 정당한 욕망이고 어디서부터 정당하지 않은 탐욕인가? 여권 사람들이 대체적으로 욕망을 멀리하는 삶을 산다면 또 모르겠는데, 야권 사람들과 별 차이 없는 삶을 살면서 그러니 어이가 없었다. 물론 차이가 전혀 없는 건 아니다. 여권은 '척'을 잘한다. 욕망이 없는 척하면서 욕망 충족을 위해 수단과 방법을 가리지 않는 사람들이 많다는 것이다.

탐욕이라 한들, 탐욕은 문 정권의 것이 더 강했다는 것도 지적해 둘 필요가 있겠다. 선거가 끝난 후 단국대학교 교수 장유승은 이렇게 말했다. "애당초 이번 선거는 '후보를 내서 심판을 받는 것이 공당의 도리'라는 아전인수식 논리에서 시작되었다. 여당은 탐욕에 눈이 어두워 무공천 약속을 뒤집었다. 유권자들은 탐욕에 투표하지 말고 정의에 투표하라는 누군가의 말을 충실히 실천했다. 야당이 정의라는 말이 아니다. 유권자들은 탐욕에 투표하지 않음으로써 정의를 실천했다. 이것이 이번 선거의 결과다."[19]

최근 부동산 가격 폭등 사태의 와중에서 그런 이중성이 들통날 만큼 들통났으면 이젠 좀 다른 자세를 취할 때도 되었건만 그렇게 하질 않으니 한번 길들여진 버릇이 참 무서운 것 같다. 그런데 사실 진짜 문제는 그들의 그런 이중성보다는 그런 이중성을 정책에서도 그대로 발휘하고 있다는 점이다. 2020년 7월 30일 더불어민주당이 세입자 보호를 명분 삼아 국회 본회의에서 일방적으로 강행 처리한 주택임대차보호법 개정안이 그 대표적 예다.

부동산 관련 법을 새로 만들려면 일단 '욕망에 불타는 시민'을 전제로 삼아야만 한다. 그래야 실제 시장에서 무슨 일이 벌어질지를 예측해 '의도하지 않은 결과'나 '역효과'를 예방하거나 최소한으로 줄일 수 있다. 이건 대단한 전문적 지식을 필요로 하지 않는, 상식 중의 상식이 아닌가. 그러나 민주당은 그렇게 하지 않았으며, 그로 인해 수많은 세입자들에게 큰 고통을 안겨 주었고, 내내 잘했다고 버티다가 패배가 예상된 4·7 재보궐선거 기간 중 잘못했다고 비는 척하는 쇼를 벌이기에 이르렀다는 건 우리 모두 잘 알고 있는 사실이다.

●

노무현과 문재인도 '욕망에 불타는 시민'이었다

이 글의 목적은 김상조 비판도 아니고 민주당 비판도 아니다. 사적으론 욕망으로 가득찬 사람들이 공적으론 욕망을 부정하는 이중성을 보이는 게 마치 무슨 '진보의 법칙'이나 되는 것처럼 고수하는 버릇이나 관행에 대해 다시 생각해보자는 제안을 하려는 것이다. 그런 이중성을 두드러지게 실천한 나머지 '위선자'라는 몰매를 맞은 진보 인사들이 끝도 없이 나오는 걸 지켜봤거니와 정책의 실패로 수많은 사람들에게 큰 고통을 안겨주었으면 이젠 좀 발상의 전환을 해볼 때도 되지 않았느냐는 것이다.

그런 의미에서 『한겨레』 편집인 백기철이 선거 기간 중에 쓴 「'욕망이란 이름의 전차'에 다시 오를 건가」라는 제목의 칼럼은 아쉽다.[20] 서울시장 보궐선거와 관련해 서울이 '묻지 마 개발 판'으로 변할 조짐을 우려한 내용은 좋은데, '욕망'을 불온시한 제목과 본문의 일부 내용이 마음에 걸린다. 일부 독자들도 제목의 영향을 크게 받은 것 같다. 한 독자는 『인터넷 한겨레』에 올린 댓글을 통해 다음과 같은 의문을 제기한다.

"안전하고 깨끗하며, 치안과 교육 의료 서비스가 좋으며 평화로운 집, 녹물 안 나오고 비 새지 않고 공간이 여유로운 집에서 홈트도 하고, 혼밥도 하고, 아이들 놀이방도 따로 주어서 정리하는 습관을 길러주고 싶고, 문화 시설이 가까워서 문화생활을 즐길 수 있고 회사에서 가까워서 출퇴근이 편한 집, 남의 눈치 보지 않고 불안하지 않으며, 제대로 유지 보수가 되는 집, 이런 집을 갖고 싶은 욕망이 없는 사람이 있나? 아니 이런 욕망을 제어하는 게 가능한 건가? 그럼 왜 대통령은 사저를 그렇게 크게 짓는 데?"

그렇다. 욕망에 비판적인 사람들이 존경해 마지않는 노무현과 문재인 역시 욕망이 강한 사람들이었다는 걸 인정해야 한다. 그들은 군사독재 정권 시절에 사법고시에 합격한 인물이었다. 그땐 검찰은 물론 사법부도 정권권력의 하수인에 지나지 않던 시절이었다. 하지만 우리는 노무현과 문재인에게 그런 미친 세상에서 왜 사법고시에 응시했느냐고 따져 묻진 않는다. 혹자는 '인권변호사'가 되기 위해 그런 게 아니냐고 생각할지 모르지만, 그들이 처음부터 그런 뜻을 가졌던 것도 아니다. 출세하고 싶은 욕망, 그게 왜 문제가 된단 말인 가? 우리가 문제 삼아야 할 것은 욕망 그 자체가 아니라 욕망 실현 의 방법론이 얼마나 정당했는가 하는 점이다.

나는 모든 법과 규칙은 '욕망이란 이름의 전차'에 올라 '욕망에 불타는 시민'들을 염두에 두고 만들어져야 한다고 생각한다. 진보 정권들의 부동산 정책이 실패를 거듭하는 이유는 '욕망이 없는 시 민'을 전제로 했기 때문이다. 그러면서 정권의 고위급 인사들 상당 수가 사적으론 위법의 소지가 다분한 탐욕으로 자기 주머니를 챙기 는 짓을 해왔기 때문에 '위선자'를 넘어서 '나라를 망가뜨린 자들' 이라는 비난까지 받는 것이다.

여기서도 중요한 건 내로남불이다. 나의 욕망은 아름답지만 너의 욕망은 추악하다는 이중 기준을 버려야 한다. 욕망은 관리의 대상 이지 제거의 대상이 아니다. 진보파들도 자랑스럽게 생각하는 한국 의 눈부신 경제성장의 동력은 "우리도 한번 잘살아보겠다"는 한 맺 힌 집단적 욕망이었음을 잊지 말아야 한다. 내로남불형 위선이야말 로 우리가 제거해야 할 악덕이다. 진보와 보수의 차이는 욕망 실현 의 방법론 문제에서 나타나야 하는 것이지, 욕망 자체를 부정하는 것은 진보가 아니라 위선이다.

나는 몸담았던 대학으로 돌아갈 김상조가 대중의 욕망을 존중하 면서 진보적인 길을 모색하는 새로운 시도를 하면서 그 성과를 통해 명예회복을 하시길 간절히 바라마지 않는다.

1   카트린 방세(Catherine Bensaid), 이세진 옮김,『욕망의 심리학: 내 마음은 상처받지 않는다』(북폴리오, 1992/2005), 23쪽.
2   김상조,「"너랑 나만 잘하면 돼"」,『경향신문』, 2015년 8월 12일.
3   이정환,『한국의 경제학자들』(생각정원, 2014), 109~110쪽.
4   손해용,「[단독] 김상조 "재벌 혼내느라 늦었다" 김동연 "그런 말하면 안 돼"」,『중앙일보』, 2017년 11월 4일.
5   김홍수,「[만물상] 불로소득 주도 성장」,『조선일보』, 2019년 12월 12일, A38면.
6   김지혜,「조기숙 "文 정부 부동산 실패, 운동권 출신 정치인·교수 탓"」,『중앙일보』, 2020년 7월 8일.
7   선정민,「"전 임차인입니다" 레전드 연설이라는 야당 윤희숙 5분 발언」,『조선일보』, 2020년 7월 31일.
8   김명진,「김상조, 전세 대란에 "불편해도 조금만 기다려달라"」,『조선일보』, 2020년 11월 2일.
9   장필수,「경실련 "문 정부 4년간 서울 30평 아파트 6억 4천→11억 4천"」,『한겨레』, 2021년 3월 3일.
10   홍영림·김아진,「서울 시민 34% "文 정부 부동산 정책은 0점"」,『조선일보』, 2021년 3월 15일.
11   윤성민,「김상조 예금 14억…"목돈 필요해 전세금 올렸다" 靑 해명 황당」,『중앙일보』, 2021년 3월 29일.
12   「[사설] 이번엔 정책실장 부동산 내로남불, '정의로운 척' 더는 못 보겠다」,『조선일보』, 2021년 3월 30일.
13   허진,「권력에 들어가자 권력 감시 잃었다…'유·시·민'의 몰락」,『중앙일보』, 2021년 3월 30일.
14   김아진·노석조,「공정을 외친, 위선의 퇴장」,『조선일보』, 2021년 3월 30일.
15   고석현,「조기숙 "김상조는 불법…文 정부 위선, 무능보다 더 화난다"」,『중앙

일보』, 2021년 3월 30일.

16 이가영, 「임대차법 통과 늦어, 임대료 올린 김상조 욕먹었다는 김경협」, 『중앙
일보』, 2021년 3월 29일.

17 마이클 린치(Michael P. Lynch), 성원 옮김, 『우리는 맞고 너희는 틀렸다: 똑
똑한 사람들은 왜 민주주의에 해로운가』(메디치, 2019/2020), 29쪽. 강준
만, 「왜 자신이 어리석다는 사실을 전혀 모를까?: 더닝-크루거 효과」, 『습관
의 문법: 세상을 꿰뚫는 이론 7』(인물과사상사, 2019), 72~77쪽 참고.

18 장주영, 「허은아 "피해 호소인 이어 '색 장난'…고민정 정신 못 차렸다"」, 『중
앙일보』, 2021년 3월 24일.

19 장유승, 「아전인수식 선거 분석」, 『경향신문』, 2021년 4월 29일.

20 백기철, 「'욕망이란 이름의 전차'에 다시 오를 건가」, 『한겨레』, 2021년 4월 1일.

제9장

'박원순 사건'의 메시지는 무엇인가?

권력이 타락시킨 '의전 문화'와 '페미니즘'

고위직에 있는 사람들이
자기 최면에서 벗어나기는 어렵다.
이들은 항상 자신들을
숭앙하는 사람들에
둘러싸여 있기 마련이다.[1]
● 미국 제30대 대통령 캘빈 쿨리지

문제의 핵심은 '잘못된 의전 문화'다

2년 7개월간 서울시청 출입 기자였던 『오마이뉴스』 기자 손병관이
최근 출간한 『비극의 탄생: 50인의 증언으로 새롭게 밝히는 박원
순 사건의 진상』이란 책을 읽었다. '50인의 증언'을 들었다곤 하지
만, 증언의 대부분이자 핵심은 서울시청 공무원들의 증언이다. 언론
인권센터는 이 책이 "2차 가해의 집약체"라고 비판한 바 있다.[2] 왜
이런 책을 썼을까? 그는 머리말에서 "혹자는 이 책이 어느 한 사람
의 아픔을 건드린다고 생각할지 모르겠다. 그 사람에게는 오직 한
사람의 피해자가 보였을지 모르겠지만, 나는 취재 과정에서 무수한
피해자들의 사연을 접했다"며 다음과 같이 말한다.

"그들은 가장의 죽음으로 황망한 처지에 놓인 유족일 수도, 어느
순간 천인공노할 범죄를 묵인·방조·은폐한 공범으로 몰린 공무원
들일 수도 있다. 그들 중 어느 한쪽의 목소리가 더 크다고 해서 그의
고통이 더 크다고 생각하지 않는다. 결국 이들 모두의 '신원伸寃(한

을 풀어줌)'을 위해서는 내가 알아낸 진상을 있는 그대로 내보이는 것이 내 본분이라는 결론에 이르렀다."

이렇듯 손병관이 피해자의 범위를 확대시켰으니, 혼란을 피하기 위해 앞으로 진짜 피해자는 경찰에서 붙인 가명인 '잔디'라고 부르기로 하자. 성추행과 관련해 도움을 청한 서울시 공무원이 20명이었다는 잔디 측의 발언으로 인해, 30여 명이 경찰 조사를 받았다고 하니 그들의 불만과 고통이 적지 않았으리라는 건 미루어 짐작할 수 있겠다. 이들 사이에서 "내가 왜 이런 대우를 받아야 하나", "피해자가 해도 너무한다"는 비판론이 부상했다고 한다. 잔디를 지지하는 쪽이었던 한 공무원은 "경찰을 매개체로 말이 오가면서 양쪽 모두 전면전으로 갈 수밖에 없게 됐다"고 말한다. 이 사건으로 인해 졸지에 일자리를 잃은 별정직 공무원 27명은 무슨 생각을 했을까?

이런 갈등 상황에서 기자에게 가장 필요한 덕목은 '거리 두기'이겠건만, 손병관은 그걸 포기하고 오히려 자신이 새롭게 규정한 피해자들에 대한 '감정이입'의 수준으로까지 나아간다. '천인공노할 범죄를 묵인·방조·은폐한 공범'이라는 과장법은 공무원들의 억울함이 크다는 걸 말하기 위해 동원한 것이겠지만, 그런 억울함의 고통이 죽음까지 생각한 피해자의 고통보다 작지 않을 수 있다는 그의 생각엔 결코 동의할 수 없다.

문제의 핵심은 한국 사회 전반에 널리 퍼져 있는 '잘못된 의전 문화'다. 얼마나 황당할 정도로 잘못되어 있는가를 알고 싶은 분은

『김지은입니다: 안희정 성폭력 고발 554일간의 기록』이란 책을 읽어보시기 바란다. 그런 점에선 기존 조직 질서에 순응할 수밖에 없는 공무원들도 피해자로 볼 수 있겠다. 이렇게 넓게 보면 일부 공무원들이 느꼈을 억울함도 해소하면서 "기존 의전 문화를 혁명적으로 바꾸자"는 개혁적인 저널리즘 의제가 도출될 수 있다.

손병관이 그렇게 나아갔더라면 좋은 저널리즘이 될 수 있었겠건만, 그는 그런 '복잡성'을 포기한 채 선명하고 단순한 이분법 논지를 향해 달려간다. 그간 알려진 피해자와 가해자의 위치를 뒤집어보겠다는 야망의 의지가 책 곳곳에서 드러난다. 이 책에 의전 문화의 문제가 전혀 거론되지 않는 건 바로 그런 이유 때문일 게다.

●

왜 '권력'의 문제를 외면했는가?

이 책은 잔디가 기존 의전 문화에 탁월하게 잘 적응해 유능하다는 평가를 받은 인물이었다는 점을 반복적으로 강조한다. 잔디의 성격 묘사에도 적잖은 공을 들인다. 다른 해석의 여지가 충분한 잔디의 어떤 행위에 대해서도 "피해자에게는 매우 치명적이었다"는 식으로 단언하는 방식을 취한다. 심지어 이미 '2차 가해'로 큰 논란을 빚었던, 잔디가 박원순에게 보낸 사적인 편지의 전문을 다시 게재하면서 잔디의 고소는 이해할 수 없는 일이라는 점을 강조한다. 공무원들의 증언은 대부분 이를 뒷받침하는 데에 활용되고 있다.

공무원들은 손병관이 '믿을 만한 기자'라는 신뢰를 근거로 인터뷰에 응했는데, 바로 이 신뢰가 문제였을까? 아니면 손병관이 미리 내리고 들어간 결론에 따른 '확증 편향'이 문제였을까? 내가 가장 의아했던 건, 기자로서 당연히 반론 질문을 해야 할 증언이 자주 나오는데도 손병관은 그렇게 하질 않고 그 증언을 보강하는 다른 증언이나 해설에만 주력한다는 점이다. 몇 가지 예를 살펴보자.

박원순이 운동 등을 마치고 시장실에서 샤워를 하는 동안 새 속옷을 챙겨줘야 하는 게 문제가 되었다. 수행비서관이었던 공무원은 "그냥 속옷을 갖다 놓으라고 한 건데 그걸 '성인지 감수성 부족' 운운하는 게 오버 아닌가?"라고 말한다. 이 말에 대한 추가 질문은 없다. 성인지 감수성이 없거나 약한 사람의 입장에선 오버로 볼 수도 있겠다는 코멘트를 했다면 더욱 좋았을 것이다. 더 나아가 "아니 공무公務도 아닌데 속옷은 자신이 직접 챙기지 그걸 왜 비서에게 시켰을까? 시민운동가가 권력자가 되더니 변했나?"라는 의문을 품었더라면 더욱 좋았을 것이다. 놀랍게도 이 책엔 전반적으로 '권력'의 문제가 누락되어 있다.

잔디는 비서실에서 같이 일하면서 막역한 사이가 된 여성 공무원에게 박원순의 텔레그램 메시지를 보여준 적이 있다. "다른 사람들이 보면 오해할 수 있는 메시지가 뭐였나?"라는 손병관의 질문에 이 공무원은 이렇게 답한다. "제일 마음에 걸렸던 표현은 '잔디 냄

새 좋아 킁킁'. 또 하나는 업무 지시 등의 별다른 이유 없이 밤에 메시지를 보냈다는 점. 그 외 나머지는 친근감을 표현하는 메시지들이었다. 그러나 피해자와 시장이 허물없이 편하게 지낸다는 사실을 알고 있었기 때문에 딱히 거슬리지는 않았다." 아무리 허물없이 편하게 지낸다 해도 밤에 이상한 메시지를 보내고 '잔디 냄새 좋아 킁킁'이란 표현을 쓴 게 거슬리지 않았다는 건 좀 이상하지 않은가? 아니, 어이없지 않은가? 그러나 이에 대해서도 관련 추가 질문은 없다. 아예 질문에 '오해'라고 했으니, 질문대로 답이 나온 셈이다.

박원순은 민생 탐방을 위해 삼양동에서 한 달간 부인과 함께 옥탑방살이를 한 적이 있다. 이와 관련된 다음 증언은 어떤가? "2018년 8월 초순 잔디가 퇴근 후 서너 명의 직원들과 함께 작은 화분을 사들고 찾아온 적이 있다. 삼양동이면 집도 먼 편인데 굳이 올 필요가 있나 싶었다." 이렇게 말한 공무원은 별 뜻 없이 한 말일 수도 있겠건만, 「제6장 시장과 피해자」는 아무런 해설 없이 이 말을 소개하는 것으로 끝을 맺고 있다. 너무 이상했다. 손병관은 도대체 무슨 메시지를 전하고 싶었던 걸까? 나는 이 대목을 읽으면서 손 기자가 재구성한 세계에선 잔디가 혼자 찾아갔더라면 큰일 날 뻔했다는 생각마저 들었다.

●

미시적인 것에 집착하는 '터널 시야'는 위험하다

2020년 9월 17일 유튜브 채널 '열린공감TV'에 '단독! 고故 박원순 시장 고소인 영상 공개!'라는 제목으로 박원순과 한 여성이 나란히 서서 같이 케이크를 자르는 모습을 담은 영상이 올라왔다. 악의적인 편집과 더불어 "누가 누구를 성추행하는 것인가, 저 모습이 4년 동안 성적 괴롭힘을 당한 사람이라고 볼 수 있나"는 자막을 곁들여서 말이다. 수천 개의 댓글 대부분이 잔디에 대한 공격이었다.[3] 『한겨레』가 「피해자에게 '피해자다움'을 추궁하는 악의적인 2차 가해」라는 제목의 사설을 통해 비판한 건 당연한 일이었다.

그러나 손병관은 "동영상에 붙은 일부 자막을 보며 좀더 차분한 톤으로 전달했더라면 하는 아쉬움이 없었던 것은 아니다"며, 『한겨레』사설을 이렇게 비판한다. "피해 실체를 확인하려는 시도 자체에 '2차 가해'나 '피해자다움 강요'라는 프레임을 씌운다면 언론의 역할은 뭐가 남을까? 한쪽 얘기는 듣지 않고 목소리 큰 또 한쪽의 얘기만 전하는 것은 저널리즘이 아니라 프로퍼갠더라고 나는 배웠다."●

프로파간다라니, 참으로 놀라운 말씀이다. 지금은 소셜 미디어의 시대가 아닌가. 소셜 미디어를 통해 이루어진 폭포수 같은 '2차 가해'엔 단 한마디도 하지 않으면서 목소리가 약해질 대로 약해진 언론 탓을 하다니, 이래도 되나? 그는 모든 언론 보도를 프로파간다로 보는 것 같다. 그래서 이런 진단을 내렸으리라. "시시비비를 가려야 할 언론계가 무책임한 담론을 확대 재생산해 결과적으로 대중의 혼란을 증폭시켰다는 점에서 박원순 사건을 '2020 언론 대참사'라고 명명해도 손색이 없다고 본다. 그런 면에서 일부 기자들이 무비판적으로 수용해온 페미니즘의 서사, '피해자 중심주의'와 '2차 가해', '피해자다움'도 재고해볼 필요가 있다."

그러니까 손병관은 '2020 언론 대참사'에 대항해 홀로 싸우는 의로운 언론인인 셈이다. 그래서 자신의 기사에 제동을 건 『오마이뉴스』 편집국장과도 갈등을 벌였을 것이다. 편집국장은 "보다 거리를 두고 사안을 보는 사람들 입장에서도 생각해야 한다"거나 "너무 미시적인 것 같다"는 반론을 제기했다고 한다. 나는 이 견해에 전적으로 동의한다. 손병관은 '거리 두기'를 하지 않았을뿐더러 '미시적인 것'에 너무 집착했다고 보기 때문이다.

이 책엔 이 사건의 중요한 콘텍스트가 누락되어 있다. 손병관은 '언론의 압도적인 지원 사격'에 대해서만 반감을 느낄 뿐, 문재인

● 손병관, 『비극의 탄생: 50인의 증언으로 새롭게 밝히는 박원순 사건의 진상』(왕의서재, 2021), 238쪽. 「피해자에게 '피해자다움'을 추구하는 악의적인 2차 가해」라는 『한겨레』 사설 제목은 손병관이 본 종이신문 제목인 것 같고, 인터넷판엔 다음 제목으로 게재되었다. 「[사설] 도 넘은 '박원순 사건' 피해자 2차 가해, 용납 안 된다」, 『한겨레』, 2020년 9월 22일, 27면.

정권의 주요 인사들과 그 지지자들, 박원순을 사랑했던 지식인들과 각계 인사들, 그리고 일부 서울시청 공무원들이 양산해낸, 잔디에 대한 압도적인 반대 사격에 대해선 단 한마디도 하지 않는다. 그 압도적인 반대 사격의 양은 한 권의 책으로 묶어내도 모자랄 만큼 엄청났다.

나는 손병관이 그런 중요한 콘텍스트를 누락한 것이 고의였다고는 생각하지 않는다. 내가 보기에 그는 미시적인 것에 집착한 나머지 이른바 '터널 시야tunnel vision'에 빠졌다. 이는 터널 속으로 들어갔을 때 터널 안만 보이고 터널 밖은 보이지 않는 것처럼 주변을 보지 못한 채 시야가 극도로 좁아지는 현상을 뜻한다. 한 가지 주제를 깊게 파고드는 연구자들에게 자주 나타나는 현상이다. '터널 시야'가 꼭 나쁜 건 아니다. 자신의 연구 주제에 대해 큰 업적을 이룰 수 있으며, 집중을 위해 불가피한 면도 있다.⁴ 문제는 이게 인간세계의 갈등을 다룰 때엔 독이 될 수 있다는 점이다.

●

균형을 잃은 '저널리즘의 비극'

2021년 1월 잔디는 입장문을 통해 "신상털이와 마녀사냥은 날마다 심해졌다"며 "주어진 자리에서 최선을 다해 살아보려던 제가 왜 이렇게 숨어서 숨죽이고 살아야 하는지 잘 모르겠다"고 했다. 잔디의 어머니는 "우리 딸 앞에서 지난 6개월간 숨도 제대로 못 쉬었습니다. 가슴이 답답하고 터져버릴 것 같아 대성통곡이라도 하고 싶지만, 나는 우리 딸 앞에서 절대로 내색하지 못했습니다. 내가 힘들다고 하면 같이 죽자고 하기 때문입니다"라고 했다.[5]

손병관은 이런 말을 믿지 않는 건가? 아니면 그런 고통을 인정한다 해도 중요한 것은 여전히 잔디가 피해자답지 않았다는 것인가? 그의 책을 '한 줄 요약'으로 말한다면, "잔디는 피해자답지 않았다"일 텐데, 도대체 우리가 언제까지 피해자의 피해자다움을 강조했던 과거의 세상에 갇혀 살아야 한단 말인가? 아직 그런 과거와 결별하지도 못한 상황에서 손 기자는 '피해자 중심주의', '2차 가해', '피해자다움' 등을 재고해볼 필요가 있다고 주장하시니, 아무리 요즘 복고가 유행이라지만 좀 너무하는 게 아닌가 싶다.

나는 이른바 '정치적 올바름political correctness'의 지지자이지만, 자주 과유불급過猶不及을 지적해왔다. '정치적 올바름'을 오남용함으로써 지지할 사람들마저 등을 돌리게 만드는 우愚를 범해선 안 된다는 주장이었다.[6] 그런데 언젠가 어느 페미니스트가 마치 내가 '정치적 올바름'에 반대하는 것처럼 말한 걸 보고서 길게 한숨을 내쉰 적이 있다. 내가 이 말을 하는 이유는 '피해자 중심주의', '2차 가해', '피해자다움' 역시 과유불급의 원칙을 지켜야 한다는 점엔 흔쾌히 동의한다는 뜻이다. 내가 동의할 수 없는 것은 그런 문제의식을 반드시 밟아야 할 절차를 건너뛰고 이 사건에 곧장 적용하려는 손병관의 성급한 욕망이다.

어떤 절차인가? 박원순에게 피소 사실을 알린 사람은 누구이며 어떤 과정을 거쳤는가? 이는 뒤늦게나마 알려지긴 했지만, 이걸 한 걸음 더 들어가 탐구하는 건 박원순 옹호자들이 형성한 '침묵의 카르텔'과 권력의 자장磁場을 이해하는 데에 매우 중요하다. 그러나 이 책엔 박원순 사망 이틀 전까지의 상황을 시간대별로 간단히 정리한 기록만 있을 뿐 이런 이야기가 전혀 없다.

가해-피해의 쌍방 관계에서 가해자로 지목된 사람에 대한 이해, 공감, 신원은 사실에 근거했을 땐 얼마든지 아름다울 수 있지만, 이런 작업이 균형을 잃고 어느 한쪽의 언행만 선의로 해석하는 선택적 저널리즘이 된다면 그건 결코 아름다울 수 없다. 진실에 근접하기보다는 오히려 진실로부터 멀어지게 만드는 저널리즘의 비극이 될 수 있다. 나는 이 책을 '저널리즘의 비극'이라고 부르련다.

●

"서울시장 사건 피해자를 의심하는 분들에게"

나는 앞의 글을 절반 분량으로 압축해 4월 6일 『영남일보』·『충청투데이』·『중부일보』·『무등일보』 등 4개 지역신문에 「'박원순 사건', 어떤 저널리즘의 비극」이라는 제목의 신디케이트 칼럼을 기고했다. 이에 손병관 기자는 이 신문들에 「박원순 사건, 왜 비극의 탄생이겠는가」라는 제목의 반론을 기고했다. 좋은 반론을 주신 손 기자께 감사드린다. 내가 보기에 반론의 핵심은 다음과 같다.

"박원순 사건은 내 창작의 산물이 아니다. 남들이 눈여겨보지 않은 디테일들을 하나하나 취재하다보니 전혀 예상하지 못한 '큰 그림'이 나왔을 뿐이다. 물론, 취재를 거듭하면서 책의 등장인물들이 처한 상황의 '비극성'에 주목한 것은 사실이다. 달리 책 제목이 '비극의 탄생'이겠는가? 기자 생활 20년 동안 한 가지 깨달은 게 있다. 세상사가 선악으로 일도양단 나눠질 때도 있지만, 그 경계선이 명확하지 않을 때도 많다는 점이다. 아쉽게도 강준만 칼럼은 '피해자=선, 박원순=악'이라는 고정관념에서 벗어나지 못하고 있다. 나는 큰 틀에서는 박 시장과 피해자 모두 불쌍한 사람으로 본다."

"세상사가 선악으로 일도양단 나눠질 때도 있지만, 그 경계선이 명확하지 않을 때도 많다"는 말은 내가 평소 즐겨하는 것이기에 우선 반가움을 표하고 싶다. 하지만 내가 '피해자 = 선, 박원순 = 악'이라는 고정관념에서 벗어나지 못하고 있다는 말씀엔 동의하기 어렵다. 내가 문 정권을 가장 비판하는 게 '선악 이분법'인데, 어찌 그럴 수 있겠는가. 나의 입장은 전 서울시 미디어 비서관 이대호가 『한겨레』에 기고한 「서울시장 사건 피해자를 의심하는 분들에게」라는 글의 핵심 메시지와 비슷하다는 말씀을 드리고 싶다.

이대호는 이 글에서 "(서울시청 내에) 피해자를 의심하고 추궁하는 분들이 많지는 않습니다. 하지만 안타깝게도 고인을 좋아하고 존경했던 분들 중에 피해자를 의심하는 사람들이 있습니다. 피해자의 과거 행동이나 그가 작성했던 문서를 제시하며 '가짜 피해자인 것 같다'고 주장합니다. '합리적 문제 제기'라며 피해자의 신원이 드러날 수 있는 자료를 공개합니다"라면서 다음과 같이 말했다.

"이 사람들이 바라는 것은 고인의 누명을 벗겨서 안타깝게 세상을 떠난 위대한 정치인의 명예를 지키는 것이라고 합니다. 저는 이런 행동들이 잘못되었고, 고인의 명예를 지키고 싶다면 더더욱 하지 않아야 하는 일이라고 생각합니다. 의심을 가질 수는 있습니다. 그러나 그 의심이 당사자가 등장하는 영상을 검증도 없이 배포하는 일이어서는 안 됩니다. 편견을 조장하고 신원을 노출해 피해자를 더 고통스럽게 만드는 일이기 때문입니다.……저는 비서실에서 일하는 동안 고인이 성폭력 가해자가 될 수 있다는 생각을 단 한 번도 해본 적이 없습니다. 그것이 우리 팀의 실패였습니다. 인간은 누구나 잘못을 저지를 수 있고, 예외는 없습니다. 아무리 존경받을 만한 삶을 살았더라도 힘을 가진 사람은 폭력의 가해자가 될 수 있습니다."[7]

손병관은 박원순을 적극 옹호하는 일부 서울시 공무원들이 그렇게 제시한 정보를 무비판적인 수준을 넘어서 긍정적인 자세로 활용하고 있다. 그러면서도 그게 잘못되었다고 말하는 이대호를 왜 인터뷰 하지 않았을까? '피해자다움'과 관련된 문제에 대해서도 비판만 할 게 아니라 "피해자는 피해자다워야 한다"는 전통적인 고정관념이나 편견의 희생자가 된 사례들이 무수히 많을 텐데, 이에 대해 잘 알고 있을 전문가들을 만나볼 생각은 왜 하지 않았을까? 왜 그는 자신의 '확증 편향'을 충족시켜주는 방향으로만 직진한 걸까?

●

"시장에게 사적인 연락을 하지 말라"는 비서 매뉴얼

손병관은 이 책의 결론인 「제17장 박원순은 왜 죽었을까?」를 2020년 12월 30일자 『조선일보』 사설을 소개하는 것으로 시작한다. "(성추행이) 사실이 아니라면 박 전 시장 스스로 목숨을 끊지 않았을 것이다"는 주장으로, 아마도 대부분의 사람들이 갖고 있을 상식적인 생각일 게다. 박 전 시장은 실종되기 전날 공관 회의에서 "(피해자와) 4월 이전 문자를 주고받은 것이 있는데 문제를 삼으면 문자가 될 소지가 있다"고 했고, 젠더 특보 임순영에게 보낸 메시지에서 "너무도 많은 사람의 지지와 지원을 받았는데, 나의 작은 실수로 큰일이 터져서 너무 힘들다", "아무래도 이 파고는 내가 넘기 힘들 것 같다"고 했다. 전화기를 끄기 직전 비서실장과의 마지막 통화에서 "이 모든 것을 혼자 감당하기 버겁다"고 했다. 이는 『조선일보』의 주장을 뒷받침해주는 것으로 볼 수 있겠지만, 손병관은 다음과 같이 다른 해석을 제시한다.

"박원순이 누구인가? 그는 '안희정 1심 무죄'가 나오자 '피해자가 성희롱으로 성적 모독감을 느꼈다면 피해자의 관점에서 보는 게 요즘의 보편적 이론'이라고 했던 사람이다. 그는 자신이 이런 혐의를 받게 됐을 때 '얼마나 심한 행동을 했냐'는 경중을 따지고 시시비비를 가릴 사람이 아니었다. 그런 혐의가 일부라도 드러났을 때, 그를 따르던 사람들이 '왜 말과 행동이 다르냐'고 따져 물었을 때 답하는 문제를 더 괴로워할 사람이었다."

이걸 읽는 순간 나는 즉각 이런 생각이 들었다. "박원순이 그렇게 특별한 인물이라면 더 특별하게 조심했어야지 그게 어찌 옹호론의 근거가 될 수 있단 말인가?" 손병관은 박원순에 대해선 그런 이해심을 발휘하면서도 그의 그런 극단적 선택이 잔디에게 초래할 '가해' 또는 '폭력'에 대해선 그 어떤 이해심도 보여주지 않는다. 이런 균형 부재가 마음에 걸렸던 것인지는 모르겠지만, 손병관은 다음과 같은 말로 결론을 끝맺었다.

"박원순의 죽음을 '억울함의 호소'로 보는 전통적인 관전법은 통하지 않았다. 오히려 '어떤 자살은 아주 최종적인 형태의 가해였다'며 박 시장을 힐난하는 기제로 작동했다. 나는 이 또한 우리 사회가 자살의 복합성을 이해하는 과정으로 받아들이려고 한다. 다만, 인간이라는 소우주의 파멸을 놓고 '죄를 인정한 것이다', '얼마나 억울했으면 그러겠냐'는 식으로 일도양단의 해석을 내리는 것은 실제로 일어난 사건을 파악하는 데 그리 도움이 되지 않는다고 본다."

묘한 일이다. 나는 이 책의 메시지를 "얼마나 억울했으면 그러겠냐"로 읽었는데, 마지막에 이르러 그리 말씀하시니 말이다. 출판사는 이 책에 대해 "상상도 못 할 충격적 반증, 이어지는 반전"이라는 소개 문구를 붙였는데, 이는 손 기자의 뜻에 반한다는 것인가? 올 1월 어느 진보 시민단체는 "고故 박원순 전 서울시장을 고소한 피해자를 무고 및 미필적 고의에 의한 살인죄로 고발하겠다"고 주장하기까지 했다. 손병관이 의도했건 의도하지 않았건, 그의 책은 이런 주장을 하는 지지자들에게 자신들이 옳았다는 '확증'으로 여겨지지 않았을까?

그럼에도 나는 손병관이 "문제의 핵심은 '잘못된 의전 문화'"라는 나의 주장에 일부나마 동의해준 게 반갑다. 그래서 드리는 말씀인데, 나는 손병관이 자신이 인터뷰를 한 사람들 중에 포함되어 있을 서울시 고위층 인사들을 너무 믿지 않는 게 좋을 것 같다는 말씀을 드리고 싶다. 지난 4월 4일 서울시가 공개한 '국가인권위원회 권고 사항에 대한 서울시 이행 계획' 중 '비서 매뉴얼'이 그들의 의식 수준을 잘 말해주고 있으니 말이다.

매뉴얼 6쪽 중 관리자에 해당하는 것은 1쪽이고 나머지는 비서가 어떻게 해야 한다는 수칙에 대한 것이라니, 문제의 원인이 관리자보다는 비서에게 더 있다는 뜻일까? 해당 매뉴얼은 피해자를 보호하라고 만든 건데, 시장에게 사적인 연락을 하지 말라는 등 비서가 하면 안 되는 일만 적어놓았을 뿐 상사에게 지우는 의무는 별로 없었다.[8] 도대체 이걸 어떻게 이해해야 할까?

오슬로대학 교수 박노자가 제기한 "왜 하필이면 고위 공직자마

269

다 '여비서'가 달려 있어야 하는가"라는 문제,⁹ 더 나아가자면 "왜 존경받던 시민운동가마저 그런 이상한 의전 문화에 아무런 문제의 식을 못 느꼈을까"라는 문제의 수준까지 나아갈 수는 없었던 걸까? 우리 모두 한국의 잘못된 의전 문화를 바꾸기 위해 같이 힘써보기 로 하자.

●

진혜원이 박원순 사건 피해자에게 준 조언

서울시의 낙후된 의전 문화만 문제였던 게 아니다. 박원순 지지자 들의 문제도 심각했다. 한 사례로 동부지검 검사 진혜원의 '2차 가 해'를 살펴보기로 하자.

2021년 3월 19일 진혜원은『비극의 탄생: 50인의 증언으로 새 롭게 밝히는 박원순 사건의 진상』이란 책을 읽고 "한 가지 깨달음을 얻었다"고 했다. 그는 "주제넘을 수도 있지만, (고소인에게) 조언을 드린다면, 항상 내 인생에 대한 통제 권한은 내가 가지는 것이 장기 적으로는 가장 중요하다는 점을 꼭 알려드리고 싶다"며 "주변이나 언론에서 고소인과 다른 사람들을 이간질하려는 술책에 절대 넘어 가지 말라"고 했다.¹⁰

도대체 책에 무슨 내용이 있길래 그리 말씀하신 건가? 2020년 7월 13일은 박원순 전 시장의 발인 일이었는데, 일부 여성단체들이 서울 은평구 여성의전화 사무실에서 기자회견을 연다는 예고 기사가 떴다. 피해자와 가깝게 지냈던 전 비서실장이 피해자에게 문자 메시지로 "모든 걸 덮자는 것도 아니야. 다만 오늘 하루만 피하면 안 될까?"라고 요청했다. 피해자는 이렇게 답했다고 한다. "그 일정은 제가 정한 것이 아니라 어려울 것 같아요. 저를 도와주시는 분들께서도 너무 정치적으로 이용되는 것을 염려하셔서 오늘로 정하신 걸로 알고 있어요. 죄송해요." 전 비서실장은 훗날 경찰 조사에서 "그날은 고인을 추모하는 시간이었다. 진상 규명이든 뭐든 (기자회견은) 그날 하루만 피하면 된다고 생각했다"고 회고했다고 한다.

그것 참 희한한 일이다. 고인에 대한 추모는 발인 일에만 가능한가? 이미 추모의 시간은 충분히 있었고 앞으로도 많을 텐데 말이다. 그럼에도 기자회견 시점을 두고 말이 많았고 비난도 적지 않았다. 박원순 사건의 피해자 대리인인 변호사 김재련은 언론 인터뷰에서 "박 전 시장 발인 때 기자회견을 해서 비난받았다"는 기자의 질문에 다음과 같이 답했다.

"서울시장이 갑자기 사망했다. 피해자가 고소한 다음 날 그랬기 때문에 엄청나게 많은 언론의 관심을 받았다. 피해자가 드러나지 않은 상태에서 경찰 조사를 받게 하고 싶었지만, 어찌 된 일인지 알려야 하는 상황에 놓인 것이다. 피해자가 기자회견을 하는데, 가해자의 여러 가지 사정까지 다 고려해야 하나? 나는 그렇지 않다고 생각한다. 왜 하필 발인 날에 했느냐고 하는데, 그날이 중요한 게 아니라 왜 그 기자회견을 하게 됐는지가 중요하다. 당시 장례를 5일간 서울시장葬으로 했는데, 10일장 하면 10일까지 있어야 하고 100일 장 하면 100일까지 기다려야 하나."[11]

당시 심각한 코로나 상황에서 장례를 서울특별시장으로 한데다 장례위원엔 민주당 의원 100여 명이 이름을 올리는 등 서울시뿐 아니라 민주당 차원에서 치러지는 장례라는 점을 공식화한 것을 두고 뜨거운 '2차 가해' 논란이 벌어졌다. 그런 상황에서 피해자는 전 비서실장의 메시지에 대해 왜 화를 내지 않고 죄송하다고 했을까? 가깝게 지내던 친분 때문이었을 게다. 그래서 자신을 도와주는 사람들 핑계를 댔을 게다. 그렇게 볼 수 있는 가능성도 있다는 뜻이다.

●

피해자에 대한 '2차 가해'의 선봉에 섰던 진혜원

손병관이 위 메시지를 공개함으로써 진혜원이 말했던 "고소인과 다른 사람들을 이간질하려는 술책"의 가능성을 시사하고 싶었는지는 알 수 없지만, 변호사의 조력을 받는 모든 성추행 피해자들이 기자회견 일정 같은 결정은 변호사에게 맡기며, 정말 정치적 이용의 가능성을 염려해 장례 마지막 날을 택했을 수도 있다는 정도의 해설은 덧붙여야 하지 않았을까? 선의 해석의 쌍방향성이 중요하며, 진혜원의 경우처럼 책을 읽고서 '내 인생에 대한 통제 권한' 운운하는 독자가 있을 수도 있다는 점에서 말이다.

내가 정작 궁금한 건 전 비서실장이 그간 잔디와 사적으로 주고받은 모든 문자 메시지를 손병관에게 공개하는 걸 두고 잔디의 허락을 받았을까 하는 점이다. 허락을 받지 않고 그리했다면, 잔디가 전 비서실장에게 가졌던 신뢰에 대한 배반이 아닐까? 손병관은 왜 그런 생각은 해보지 않았을까? 아니 손병관부터 주요 취재원 3명의 말을 그들의 동의를 구하지 않고 책에 옮겼으니, 그런 윤리의 문제를 초월했다고 봐야 할 것이다.

어찌 되었건 진혜원에 관한 이야기를 계속해보자. 널리 알려진 사실이지만, 진혜원은 피해자에 대한 '2차 가해'의 선봉에 섰던 분이다. 그것도 아주 당당한 자세로 말이다. 폭포수처럼 쏟아지는 2차 가해로 인해 나중에 죽음까지 생각한 피해자에게 같은 여성으로서 '2차 가해'에 앞장섰던 분이 '내 인생에 대한 통제 권한'을 조언하다니 어이가 없다. 그의 활약상을 좀 감상해보자.

2020년 7월 13일 진혜원은 자신의 페이스북에 박원순과 팔짱을 끼고 찍은 사진과 함께 "몇 년 전 종로에 있는 갤러리에 갔다가 평소 존경하던 분을 발견했다. 한 분도 아니고 두 분이나! 냅다 달려가서 덥석 팔짱을 끼는 방법으로 성인 남성 두 분을 동시에 추행했다"고 적었다. 진혜원은 "페미니스트인 제가 추행했다고 말했으니 추행이다. 권력형 다중 성범죄"라고도 했다. 그는 이어 "고소장 접수 사실을 언론에 알리고, 고인의 발인 일에 기자회견을 하고, 선정적 증거가 있다고 암시하면서 2차 회견을 또 열겠다고 예고하는 등 넷플릭스 드라마 같은 시리즈물로 만들어 '흥행몰이'와 '여론재판'으로 진행한다"고도 썼다.[12]

7월 15일 진혜원은 "파이드라는 '히폴리토스에게 강간당한 치욕을 못 견디겠다'는 거짓 유서를 쓰고 자살해버린다"며 "BC(기원전) 428년에 쓰인 희곡인데, 시공을 초월해 아래와 같은 메시지를 주는 처연한 작품이라고 생각한다. 사실 관계는 프레임을 짜고 물량 공세를 동원한 전격전으로 달려든다고 확정되는 것이 아니라 이성과 논리로 증거를 분석하는 절차를 거쳐 확정되는 것"이라고 주장했다.[13]

●

평판을 압도하는 정파성의 힘

2021년 들어서도 진혜원의 2차 가해는 멈추지 않았다. 1월 15일 진혜원은 "꽃뱀이 발생하는 이유에 대한 가설이 매우 다양하지만 사회적 생활을 하는 지능 있는 포유류 중에서는 '지위 상승'과 '경제적 지원' 가설이 가장 유력하다"며 "즉, 단기적 성적 접촉을 통해 자신의 지위를 상승시키고, 경제적 지원을 받아내고자 하는 전략을 구사한다는 것"이라고 했다. 이어 "이러한 전략이 가능한 것은 수컷의 경우 '성 신호 착각' 문제가 발생해서 상대방이 자신을 경제적,

사회적 지위 상승을 위해 이용한다는 것을 깨닫기도 전에 상대방이 자신에게 성적 호감을 느낀다는 착오를 주는 현상이 발생하기 때문"이라고 부연했다.

진혜원은 '수틀리면 왜 표변하는가'라는 소제목 글을 통해서는 "암컷이 목적을 달성하지 못했을 때 표변하는 이유는, 집단생활 관계에서의 '평판'에 있다는 것이 지배적 견해"라며 "문란한 암컷의 경우, 자신이 문란하다는 소문이 나면 장기적 배우자 관계를 맺을 수 있는 수컷을 더 이상 만날 수 없어 들통 났을 때에는 발뺌하는 전략을 진화시켜 오게 된 것"이라고 주장했다.[14]

1월 27일 『파이낸셜뉴스』의 기사 제목이 재미있다. 「박원순 사건은 '침묵' 김종철은 '분노' 그 검사 왜 그랬을까」. 진혜원이 정의당 대표 김종철의 성추행 사건 피해자 장혜영 의원에게는 응원의 메시지를 보냈다는 내용의 기사다. 진혜원이 박원순 사건 때 '침묵' 했다기보다는 '2차 가해'를 열심히 했으니 제대로 붙인 제목은 아니지만, 정의당 사건에 대해 다른 자세를 취했다는 건 흥미롭지 않은가.

진혜원은 도대체 왜 그런 걸까? 그렇게 해도 괜찮기 때문일 게다. 이건 법적 문제를 떠나 사회적 평판의 문제다. 그의 첫 '2차 가해'가 나온 직후인 2020년 7월 15일 여성변호사회가 대검찰청에 진 검사의 징계를 촉구하는 진정서를 제출하면서 "(진 검사의 글이) 너무 부적절하다고 판단했다"고 한 게 바로 그런 평판의 문제를 시사해준다. 우리는 평판이 무서워서라도 발언의 적절성 수위를 조절하지만, 진혜원은 전혀 개의치 않는다. 왜 그럴까? 아니, 왜 그럴 수 있을까?

평판을 압도하는 정파성의 힘 때문일까? 진혜원은 페이스북에 문재인과 문 정권을 지지하는 글을 수시로 올리는 동시에 문 정권식 검찰 개혁을 위한 독설에도 앞장서는 바, 무슨 말을 하건 친문 세력의 지지를 받게 되어 있다. 실제로 추미애 법무부 장관 시절 검찰 인사에서 징계를 받기는커녕 오히려 영전했으니, 반대편이나 중립 지대의 평판 따위는 고려할 가치가 없는 건지도 모른다. 그는 정의당 사건처럼 정파성과 무관한 경우엔 얼마든지 상식적일 수 있지만, 정파성과 직결된 문제에선 상식을 초월할 수 있는 것이다.

●

친분과 정파성에 근거한 직감은 위험하다

특히 4·7 재보궐선거 기간 중 진혜원의 정파성 표현은 도가 지나쳤다. 그는 3월 31일과 4월 1일 자신의 페이스북에 국민의힘 오세훈 서울시장 후보, 박형준 부산시장 후보를 비난하는 글을 올린 데 이어 투표일 하루 전인 4월 6일 페이스북에 "깨시민을 제외한 나머지 전부를 '숭구리당과 그 선거운동원'이라고 부르는 이유가 있다"며 "숭구리당과 그 선거운동원들은 언제, 어디서든 직위를 팔아 치부하고 이를 반대하는 사람들을 탄압하는 성향을 갖고 있다"고 했다.

이어 "최근 생태탕 관련해서 반박할 수 없게 되자 제보자의 입건 전력을 언론사에 팔아넘기는 선거운동원들이 등장했다"면서 "국가기관이 보호해야 할 개인의 정보가 선거운동을 위해 팔아 넘겨진 것이며, 이것이 이들의 본질"이라고 주장했다. 진혜원은 "이런 이들을 예로부터 '매국노'라고 불렀다"며 "국가기관과 담론과 국가의 자원을 사유화하는 매국노들을 혐오한다"고 말했다. 진 검사는 이 글과 함께 "나에게 한 발의 총알이 있다면 왜놈보다 나라와 민주주의를 배신한 매국노 배신자를 백 번 천 번 먼저 처단할 것이다"라는 문장이 적힌 백범 김구 선생의 사진을 올렸다. 이로 인해 그는 공직선거법 위반 혐의로 고발당했다.[15]

박원순 사건에 대한 이의 제기나 다른 주장은 얼마든지 가능하다. 아니 바람직한 면도 있다. 개인적인 친분 관계나 정파성에 휘둘리지 않는다는 조건 하에서 말이다. 진혜원에 대해선 굳이 이 조건을 문제 삼을 필요조차 없다. 그의 첫 2차 가해 발언이 사건 발생 직후라고 해도 좋을 7월 13일에 나왔다는 사실이 중요하다. 문제가 많을망정 손병관은 그래도 나름 수개월간의 취재 끝에 자신의 판단을 내렸건만, 진혜원이 의존한 건 오직 자신의 직감뿐이었다. 물론 친분 관계와 정파성의 영향을 받은 직감이었겠지만 말이다.

그러나 여기서 한 가지 조심할 게 있다. 진혜원의 정파성을 '권력욕'으로 오해해선 안 된다. 그건 그의 신념인 것으로 보인다. 그렇지 않다면, 진혜원이 신임 검찰총장으로 김오수가 지명된 것과 관련해

"죽을 쒀서 개에게 줄 때가 있다"며 "개도 먹고 살아야 하니까"라는 페이스북 글을 날릴 이유가 없지 않은가. 김오수의 법무부 차관 시절 법무부 징계와 관련된 악연 때문이라는 설이 나오긴 했지만,[16] 중요한 건 '정권의 방패'라는 말을 들을 정도로 실세가 될 검찰총장과의 갈등도 피하지 않겠다는 진혜원의 패기다. 이는 권력욕과는 거리가 멀어도 한참 멀다. 진혜원에겐 자신의 내면세계가 가장 중요한 것으로 보인다.

어느 신문은 진혜원이 사주를 좋아한다고 해서 '사주왕'이라는 별명을 붙였다. 진혜원은 2017년 검찰 조사를 받는 피의자에게 사주풀이를 해주며 "사주를 보니 당신의 변호사는 도움이 안 된다. 같이 일하지 마라"는 취지의 부적절한 언행으로 견책 처분을 받기도 했다고 한다. 임은정 대검찰청 감찰정책연구관에 대해선 "관상은 김홍도의 〈송하맹호도〉에 등장하는 여유 있는 호랑이와 같이, 측은지심과 시비지심을 구비한 맹호라고 할 수 있다"고도 했다.[17]

사주와 관상을 좋아하고 직감에 의존하는 게 문제될 건 없다. 잘 맞기만 한다면 귀중한 재능이라고 할 수 있겠다. 그러나 직감이란 늘 오류의 가능성을 내포하기 마련인 바, 한 사람의 인생을 좌우할 수 있거나 죽음으로까지 내몰 수 있는 사안에 대해선 직감에 의존한 주장은 자제하고 또 자제해야 마땅하다. 그러나 진혜원은 그렇게 하지 않았다. 자신의 인생에 대한 진정한 통제 권한은 친분 관계와 정파성에 근거한 직감을 뛰어넘을 때에 비로소 확보될 수 있지 않을까?

진혜원의 '2차 가해'는 능동적이고 적극적으로 이루어졌지만, 잘못된 직감일망정 자신의 확신에 따른 것이었다는 점에서 적어도 비겁하지는 않았다. 오히려 더 큰 문제는 '2차 가해'를 적극 비난해야 할 페미니스트들이 '2차 가해'에 가담했다는 사실이었다. 정치권에 몸담은 페미니스트들이 바로 그들이다. 정치권력이 '의전 문화'에 이어 페미니즘마저 타락시킨 걸까?

●

페미니즘, 왜 권력 앞에만 서면 작아지나?

"그대 앞에만 서면 나는 왜 작아지는가?" 김수희가 애절한 음색으로 이렇게 물을 때 고개를 끄덕이지 않을 사람이 누가 있을까? 아직 사랑을 해보지 않은 사람이나 사랑을 좀 엉터리로 한 사람은 그게 무슨 뜻이냐고 되물어볼지도 모르겠지만 말이다. 사랑은 권력인가? 아니, 권력은 사랑인가? 사랑 못지않게 권력 앞에만 서면 작아지는 분들이 적지 않기에 묻는 말이다.

물론 그 누구건 권력자 앞에서 작아지는 느낌을 받는 건 당연한 일이긴 하다. 일부 독재자들이 그런 느낌을 극대화하기 위해 온갖 술수를 부리기도 한다는 것도 잘 알려진 사실이다. 히틀러가 새로 지은 관저의 총면적은 23만 평방미터에 달했는데, 외교관들이 호화로운 입구에서 히틀러의 책상까지 가려면 무려 480미터를 걸어야 했다고 한다.[18] 초장부터 기를 팍 죽여놓겠다는 심보가 아니고 무엇이랴. 이 점에선 히틀러에게 밀릴 무솔리니가 아니다. 『무솔리니 전기』의 저자 데니스 스미스는 다음과 같이 말한다.

"무솔리니의 방에 있는 그의 책상은 입구로부터 약 60미터 떨어진 곳에 위치하고 있다. 바닥은 대리석으로 만들어져서 사람들이 무솔리니에게 다가갈 때 발소리가 당혹스러울 정도로 크게 울린다. 그런데 책상 앞에 뒤로 깊숙이 기대앉은 무솔리니는 방문자가 코앞에 다가가야만 비로소 그의 존재를 알아차릴 수 있다. '일반적인 면담의 규칙은 방문자가 수령님(무솔리니) 책상 앞까지 다가갔다가 다시 문 쪽으로 냅다 뛰어가 문 앞에 서서 경례를 붙이는 것이었다.' 이 규칙에는 대법원 판사라고 해도 예외가 없었다."[19]

히틀러와 무솔리니의 수준엔 못 미칠망정 각 분야의 권력자들은 자신의 권력을 돋보이게 만들려고 애를 쓴다. 가장 먼저 신경 쓰는 게 집무실의 크기다. 10여 년 전 장관실(50평)보다 넓은 시장·군수·구청장실이 50개나 된다는 언론 보도가 있었는데, 지금은 어떤지 모르겠다. 넓은 집무실 앞엔 외모를 고려해 뽑은 게 분명해 보이는 남녀 비서들이 버티고 있기 마련이다. 방문객은 일단 여기서 기가 죽고 집무실에 들어서서 또 한 번 기가 꺾여 고분고분해지더라는 게 많은 이들의 한결같은 증언이다.

권력자들의 이런 과시용 의전 문화는 집무실에서 자동차, 그리고 행사시 좌석 배치에 이르기까지 전방위적으로 나타나곤 하는데, 이를 좀더 실사구시적인 모습으로 바꿀 수는 없을까? 이런 문제가 제기될 때에 자주 제시되는 대안 중의 하나가 각 조직의 상층부에 여성의 수를 늘려야 한다는 것이다. 영국 수상을 지낸 '철의 여인' 마거릿 대처는 "말만 하는 허풍을 찾으려면 남자에게서 찾고, 실제 행동으로 옮긴 실천을 찾으려면 여자에게서 찾아라"라고 주장한 적이 있다.[20] 자기홍보성 발언이긴 하지만, 여성이 남성에 비해 허세가 덜하다는 건 널리 통용되는 상식이 아닌가 싶다.

여전히 크게 부족하긴 하지만 여성 국회의원의 수가 늘어나는 걸 반긴 사람들이 기대했던 것도 그런 게 아니었을까? 남성 우월주의에 찌들어 소통과 화합을 멀리하는 정치권 풍토에 그 어떤 새로운 바람을 불러일으키길 기대하지 않았겠느냐는 것이다. 특히 여성운동 경력이나 그 어떤 남성 못지않은 자질과 실력으로 국회에 진출한 페미니스트들에겐 그런 기대가 컸다는 건 두말할 나위가 없다.

●

'피해 호소인' 3인방 남인순·진선미·고민정의 비극

그러나 비극적이게도 그간 우리가 확인한 건 페미니즘의 가치가 권력 앞에만 서면 작아지다 못해 쪼그라들고, 심지어 남성 의원들이 정파적 이익을 앞세워 주도한 반페미니즘 작태에 여성 의원들마저 가담한 모습이었다. 이런 모습이 두드러지게 나타나게끔 하는 데에 큰 역할을 한 '박원순 사건'은 한국 페미니즘사의 중요한 분기점으로 간주해야 할지도 모르겠다. 이와 관련, 박원순 사건의 피해자 대리인인 변호사 김재련은 다음과 같이 말한다.

"권력을 갖게 됐을 때는 내가 그 권력을 왜 가지고 있는지, 어떤 일을 하다 그 자리에 가게 됐는지 끊임없이 점검하고 성찰해야 한다. 남인순 의원은 여성 권익을 위해 활동해왔고, 그게 자산이 돼 국회의원이 됐다. 그런 사람이 법에도 없는 피해 호소인이라는 표현을 쓴 거다. 진선미 의원은 2018년 여성폭력방지기본법이 통과될 때 여가부 장관이었다. 누구보다 그 법의 내용을 잘 알 텐데도 그랬다. 고민정 의원도 청와대 대변인을 지낸 만큼 그 문제에 대한 민감도는 다른 사람보다 훨씬 높아야 했다."[21]

어찌 이 '피해 호소인' 3인방뿐이겠는가. 이들 외에도 여러 여성 정치인과 유명 인사들이 피해자에 대한 2차 가해에 가세했다. 도대체 왜 그런 일이 벌어진 걸까? 1970년대 초반 미국 인류학자 마저리 울프는 중국 여성의 삶에 성취적이고 획득적인 성격이 두드러진다는 점을 강조하면서 제시한 '자궁 가족uterine family'이라는 개념을 제시했는데,[22] 이 개념의 연장선상에서 이해해야 하는 걸까?

여성이라곤 하지만 오랜 희생과 투쟁을 통해 자궁 가족의 수장이 된 어머니들은 가부장제의 적극적인 공모자요 협력자로서 맹활약한다. 자신이 낳은 자식들을 기반으로 세력권을 구축해온 어머니에게 가부장제의 해체는 상상하기조차 싫은 재앙일 수 있다. 당했던 며느리가 시어머니가 되면 달라질 법도 하건만, 그 시긋지긋한 고부 갈등이 여전히 계속되고 있는 이유도 바로 여기에 있다.

물론 오늘날 그런 자궁 가족의 양상도 달라져가고 있긴 하지만, 아직 갈 길이 멀다는 것도 분명한 사실이다. 자궁 가족이라는 개념에서 우리가 주목해야 할 것은 '나의 이익'과 '사회적 당위'라는 가치의 충돌이다. 우리의 삶에서 자주 나타나는, 너무도 진부한 이야기다. 오히려 그렇기에 자신의 정치적 이익을 위해 페미니즘의 가치를 배신한 페미니스트들만 탓하기도 쉽지 않다. 역대 거의 모든 대통령들이 지방 출신이었지만, 이들이 사실상 '지방 죽이기'에 앞장선 주범이었음을 상기해보라. 하지만 그걸 비판하는 사람이 얼마나 되는가?

국민 대다수가 '개천에서 난 용'이 되기를 원하는 사회에서 국가 균형발전은 그다지 인기가 있는 주제가 아니다. 균형발전을 하건 말건 중앙이 잘되면 나라가 잘되는 것이지 무슨 잔소리냐고 큰소리칠 법도 하다. 마찬가지로 페미니즘 배신자들도 페미니즘이 인기가 있는 주제가 아니라는 걸 잘 알고 있기에 자신의 소속 정당과 그 인근에서 다수가 "무슨 얼어 죽을 페미니즘이냐?"고 적대감을 보이는 것에 동화되었거나 주눅이 들었을지도 모르겠다.

보다 많은 여성이 권력자의 위치에 설 때에 비로소 페미니즘의 가치도 빛을 발할 수 있으니 그 과정에서 나타나는 비교적 사소한

'배신'이나 '양보'를 너무 트집 잡을 일은 아니라는 반론도 가능하겠다. 좋다. 이런저런 할 말이 많을 게다. 그럼에도 그 어떤 이해를 하건 페미니즘이 권력 앞에만 서면 작아진다는 사실은 바뀌지 않는다.

그들이 권력을 수단으로 보았건 목적으로 보았건, 자신의 자궁가족을 거느린 시어머니 행세를 하고 있다는 사실도 바뀌지 않는다. 미국 작가 에드워드 애비는 "권력은 늘 위험하다. 가장 나쁜 것들을 유혹하며 가장 좋은 것들을 타락시킨다"고 했는데, 권력을 갖게 된 페미니스트들이 명심해야 할 말이 아닐까?

1 이상돈, 「국회 견제 사라진 대통령 '컬트' 같은 존재 된다」, 『중앙일보』, 2020년 8월 10일, 23면.

2 정인화, 「"박원순 사건 다룬 '비극의 탄생'은 2차 가해 집약체"」, 『국민일보』, 2021년 3월 26일.

3 조유미, 「"박원순 시장이 오히려 성추행 당해" 親與 세력, 악의적 편집으로 2차 가해」, 『조선일보』, 2020년 9월 21일, A10면.

4 강준만, 「왜 갈등 상황에서의 몰입은 위험한가?: 터널 비전」, 『생각의 문법: 세상을 꿰뚫는 50가지 이론 5』(인물과사상사, 2015), 129~134쪽 참고.

5 김연주, 「朴 피해자 가족 "죽지 못해 산 6개월, 24시간 붙어 숨 쉬는 것 확인"」, 『조선일보』, 2021년 1월 20일, A1면; 김명일, 「박원순 피해자 "마녀사냥 시달려…인권위가 혼란 잠재워달라"」, 『한국경제』, 2021년 1월 25일.

6 강준만, 「'정치적 올바름'의 소통을 위하여: '자유·위선·계급'의 3대 쟁점을 중심으로」, 『사회과학연구』, 57집 2호(2018년 12월), 227~257쪽 참고.

7 이대호, 「서울시장 사건 피해자를 의심하는 분들에게」, 『한겨레』, 2020년 10월

5일, 27면.

8 김민정, 「"시장에 사적 연락 금지"…서울시 '비서 매뉴얼' 논란」, 『이데일리』, 2021년 4월 6일.

9 박노자, 「시스템이 바뀌지 않으면 비극을 막을 수 없습니다」, 『오마이뉴스』, 2020년 7월 13일.

10 김승연, 「진혜원, 박원순 피해자 향해 "자기 인생 통제권 가지길"」, 『국민일보』, 2021년 3월 19일.

11 남정미, 「노랑머리 마녀? 성폭력에도 들이미는 '진영 논리' 촌스럽다」, 『조선일보』, 2021년 4월 17일.

12 조윤영, 「여성변호사회, '박원순 고소인 조롱 논란' 현직 검사 징계 요청」, 『한겨레』, 2020년 7월 15일.

13 민서연, 「'젠더 감수성 침해! 빼애애~' 박원순 고소인 조롱 글 진혜원에 여성변회, 징계 촉구」, 『조선비즈』, 2020년 7월 15일; 김은경, 「진혜원, 박원순 성추행 인정한 법원에 "나치 돌격대 수준"」, 『조선일보』, 2021년 1월 14일.

14 김명일, 「진혜원 "문란한 암컷은 수틀리면 표변"…박원순 피해자 겨냥?」, 『한국경제』, 2021년 1월 16일.

15 서유근, 「진혜원 "'깨시민' 제외하면 野 선거운동원…매국노라 불러"」, 『조선일보』, 2021년 4월 6일; 박현준, 「'매국노' SNS 글 올린 진혜원 검사…"선거법 위반" 고발」, 『뉴시스』, 2021년 4월 14일.

16 박국희, 「진혜원, 김오수 총장 지명에 "죽 쒀서 개 줬다"」, 『조선일보』, 2021년 5월 4일.

17 서유근, 「사주 왕 진혜원, 이번엔 "임은정은 유관순 열사 이미지"」, 『조선일보』, 2021년 3월 2일.

18 데얀 수딕(Deyan Sudjic), 안진이 옮김, 『거대건축이라는 욕망』(작가정신, 2005/2011), 61쪽.

19 데이비드 L. 와이너(David L. Weiner), 임지원 옮김, 『권력중독자』(이마고, 2002/2003), 140쪽.

20 제레미 홀든(Jeremy D. Holden), 이경식 옮김, 『팬덤의 경제학: 약자가 강자를 이기는 새로운 게임의 법칙』(책읽는수요일, 2012/2013), 29쪽.

21 남정미, 「노랑머리 마녀? 성폭력에도 들이미는 '진영 논리' 촌스럽다」, 『조선일보』, 2021년 4월 17일.

22 조혜정, 『한국의 여성과 남성』(문학과지성사, 1988), 79쪽.

THE
인물과사상 01
ⓒ 강준만, 2021

초판 1쇄 2021년 6월 8일 찍음
초판 1쇄 2021년 6월 14일 펴냄

지은이 | 강준만
펴낸이 | 강준우
기획·편집 | 박상문, 고여림
디자인 | 최진영
마케팅 | 이태준
관리 | 최수향
인쇄·제본 | ㈜삼신문화

펴낸곳 | 인물과사상사
출판등록 | 제17-204호 1998년 3월 11일

주소 | (04037) 서울시 마포구 양화로7길 6-16 서교제일빌딩 3층
전화 | 02-325-6364
팩스 | 02-474-1413

www.inmul.co.kr | insa@inmul.co.kr

ISBN 978-89-5906-607-0 03300

값 16,000원